Ein Beitrag zur Archäologie des ländlichen Raumes im Rhein-Neckar-Kreis

Untersuchungen eines Gehöfts in Neckarhausen (Hauptstraße 379)

Bausteine zur Ortsgeschichte
Edingen-Neckarhausen
2012

Herausgegeben vom Förderverein Gemeindemuseum
Edingen-Neckarhausen e. V.

Edition Ralf Fetzer

Umschlagbildnachweise:
Titelseite: REM. Archäologische Denkmalpflege und Sammlungen, Mannheim.
Rückseite: S. Wichmann, Wilhelm von Kobell, München 1970, 160.

Bibliografische Informationen der Deutschen Bibliothek
Die Deutsche Bibliothek verzeichnet diese Publikation in der Deutschen Nationalbibliografie; detaillierte bibliografische Daten sind im Internet über http://dnb.ddb.de abrufbar.

Herausgeber: Förderverein Gemeindemuseum Edingen-Neckarhausen e. V.

Gesamtherstellung, Layout und Satz: Edition Ralf Fetzer 2012.
Inhaltliche Konzeption und wissenschaftliche Redaktion: Dr. Klaus Wirth.
Bildbearbeitung: Frank Tavener, rem Mannheim.
Lektorat: Uli Wetz, Edingen-Neckarhausen.

ISBN: 978-3-940968-11-1
Druck: tz-Verlag & Print GmbH, Roßdorf

Eine Klärung der Rechte an dem Bildmaterial erfolgte, soweit möglich, durch die Herausgeber und die Autoren.

© 2012. Alle Rechte vorbehalten. Edition Ralf Fetzer

Der Druck dieses Buches wurde finanziell unterstützt durch Mittel des Gewinnsparvereins Baden e.V. und des Regierungspräsidiums Karlsruhe.

Edition Ralf Fetzer
Postfach 1136 • 68527 Edingen-Neckarhausen
Tel.: 06203/839375 • Fax: 06203/839376
E-Mail: kontakt@edition-ralf-fetzer.de • www.edition-ralf-fetzer.de

Vorwort

Der 3. Band der Reihe „Bausteine zur Ortsgeschichte" – herausgegeben vom Förderverein Gemeindemuseum Edingen-Neckarhausen e.V. und verlegt bei der Edition Ralf Fetzer unseres Mitgliedes und örtlichen Historikers Dr. Ralf Fetzer – unterscheidet sich von den beiden Vorgängerbänden dadurch, dass neben einem Gebäude in Ilvesheim vor allem ein historisches Objekt in unserer Gemeinde, das inzwischen abgerissene Gebäude Hauptstraße 379 im Ortsteil Neckarhausen, als Beispiel für die archäologische, historische, architekturwissenschaftliche und soziologische Arbeitsweise dient und dass die Geschichte dieses Objekts vom Mittelalter bis zu seinem Abriss im Jahr 2012 beschrieben wird.

Während Band 1 und Band 2 der „Bausteine" Beiträge zu unterschiedlichen ortskundlichen Themen enthalten, widmet sich somit dieser 3. Band der ortsgeschichtlichen Dokumentation und stellt darüber hinaus auch eine interessante Einführung in das Arbeitsgebiet derjenigen Wissenschaften dar, die bei der Erforschung der Geschichte von Bauwerken beteiligt sind. Unser Förderverein erfüllt damit auch eine satzungsgemäße Aufgabe, denn die Museumsarbeit erstreckt sich über die vorzüglichen Ausstellungen unserer Aktivengruppe in der IG Museum hinaus auch auf andere Formen der Präsentation und Dokumentation.

Wir sind den großzügigen Spendern, die dieses Projekt – eine Herzensangelegenheit für uns – erst ermöglicht haben, außerordentlich dankbar. Unser Dank gilt ebenfalls den Reiss-Engelhorn-Museen, die uns wissenschaftlich begleitet und unterstützt haben, und ganz besonders dem Abteilungsleiter „Archäologische Denkmalpflege und Sammlungen", Dr. Klaus Wirth. Er hat bei allen drei Bänden mitgewirkt, für Band 3 lag auch die redaktionelle Federführung in seinen Händen. Herzlich danken wir auch den Mitautorinnen und -autoren, den Fotografinnen und Fotografen sowie unserem Verleger.

Und nicht zuletzt danken wir im Voraus Ihnen, liebe Leserinnen und Leser, die Sie diese, wie wir meinen: gelungene Dokumentation erworben haben und damit unsere weitere Arbeit unterstützen. Wir wünschen Ihnen viel Freude, aber auch interessante Einblicke und Erkenntnisse beim Lesen und Schauen.

Dietrich Herold
1. Vorsitzender

Einführung

Auf kleiner Fläche wurden in den Jahren 2011 und 2012 baubegleitend archäologische Ausgrabungen innerhalb des heute überbauten historischen Ortskerns von Neckarhausen, Rhein-Neckar-Kreis, Hauptstraße 379, durchgeführt. Die Entdeckung von mittelalterlichen und neuzeitlichen Befunden nebst umfangreichem Fundmaterial bildete die Grundlage für Untersuchungen, deren Ergebnisse hier erstmals präsentiert werden sollen.

Es ist gelungen, für dieses Auswertungsprojekt viele namhafte und in ihren Teilgebieten ausgewiesene Spezialisten zu gewinnen. Der Themenkomplex berührt dabei die Bereiche Dorfentstehung, Grundstücksstruktur, Hausbau (Archäologie des Mittelalters und der Neuzeit bis ins 20. Jahrhundert, Bauforschung, Putz- und Farbfassungen, Dendrochronologie), Handwerk sowie materielle Ausstattung (mittelalterliche und neuzeitliche Keramik, Münzen, Ausstattungsobjekte aus dem 20. Jahrhundert) und liefert, unterstützt von natur- und geschichtswissenschaftlichen Auswertungsmethoden, Aussagen zu Umweltvegetation (Archäobotanik), Fauna (Tierknochen), Ernährung, politisch-historischen Grundlagen (Grundherrschaft) und historischer Topografie. Ein Novum stellt die Auswertung oraler Quellen zu Lebensverhältnissen in den letzten 80 Jahren auf dem bäuerlichen Anwesen dar. Die mündlich mitgeteilten Informationen von ehemaligen Bewohnern des Hofes konnten mittels historischer, sehr detaillierter Grundrisspläne verifiziert werden.

Der Vergleich der Gebäudeanordnung der sogenannten fränkischen Hofreite von Neckarhausen, Hauptstraße 379, und solchen in Seckenheim, Freiburger Straße, mit einem Hof aus Ilvesheim, Alte Schulstraße 28, zeigte große Unterschiede in Baukonstruktion und Raumnutzung. Dies lässt den Schluss zu, dass sich die Nutzungskonzepte von landwirtschaftlichen Hofanlagen im frühen 18. Jahrhundert signifikant voneinander unterscheiden konnten.

Somit mag der vorliegende „Baustein" 2012 zunächst nur Teil eines Fundamentes für weiterführende Untersuchungen sein, die alle Facetten der Mittelalter- und Neuzeitarchäologie im ländlichen Raum („Dorfarchäologie") umfassen mögen.

Klaus Wirth

Inhalt

Vorwort von Dietrich Herold 3

Einleitung von Klaus Wirth 4

Zwei bäuerliche Anwesen in Neckarhausen, Hauptstraße 377 und 379 – eine ehemalige stattliche fränkische Hofreite – von Dagmar Dietsche-Pappel 7

Gehöfte in Neckarhausen, Hauptstraße 377 und 379 – aus der Sicht von Zeitzeugen – von Sonja Zacher 33

Bauforschung in der Hauptstraße 379 in Neckarhausen von Benedikt Stadler 39

Ein Bauernhof in Ilvesheim, Alte Schulstraße 28 – ein originelles Individuum – von Dagmar Dietsche-Pappel 67

Großfamilie Feuerstein auf dem Bauernhof in Ilvesheim, Alte Schulstraße 28. Aus der Erinnerung von Frau Ilse Feuerstein, geborene Feuerstein von Sonja Zacher 75

Baugeschichte des Wohnhauses von Ilvesheim, Alte Schulstraße 28 von Benedikt Stadler 78

Frühmittelalterliche Grundherrschaft in Neckarhausen? Eine Spurensuche in Neckarhausen von Claus Kropp 84

Archivalische Spurensuche zur Besitzgeschichte von Ralf Fetzer 99

Ausgrabungen in Neckarhausen, Rhein-Neckar-Kreis, Hauptstraße 379 – Befunde und Funde von Klaus Wirth 113

Neckarhausen, Hauptstr. 379 – Farbgestaltungen der Stubenwände ab der Bauzeit mit Interpretationsansätzen und Hinweisen zum Untersuchungsvorgehen von Wilfried Maag 149

Die mittelalterlichen und neuzeitlichen Keramikfunde von Uwe Gross 161

Zwei Mainzer Räder in Neckarhausen. Die Fundmünzen aus dem Gebäude Hauptstraße 379 von Matthias Ohm 189

Archäobotanische Untersuchungen von Julian Wiethold 197

Tierknochenfunde des 11./12.–20. Jahrhunderts aus Edingen-Neckarhausen (BW 2011-137) von Reinhold Schoon 202

Fundstücke von Elke Kurtzer 213

Autorenverzeichnis 223

Zwei bäuerliche Anwesen in Neckarhausen, Hauptstraße 377 und 379
– eine ehemalige stattliche fränkische Hofreite –

Dagmar Dietsche-Pappel

Einleitung

Bäuerliche Siedlungen, Gehöfte, selbst Bauernhäuser blieben nach 1945 von der Baugeschichts- und der Bauforschung, der Denkmalpflege und von der Archäologie lange stiefmütterlich behandelt. Die Aufarbeitung der Blut- und Bodenideologie der 30er und 40er Jahre, aber auch stadtbürgerliche Überheblichkeit dürften dazu beigetragen haben (Untermann 2009, S. 234). Auch verwehrte die Fokussierung auf künstlerisch und historisch bedeutende „Denkmäler" vielfach den Blick auf die selbstverständlichen, alltäglichen, während Jahrhunderten entwickelten zweckdienlichen Bauformen, die sich an den Bedürfnissen der ländlichen Bevölkerung, aber auch immer an städtischen Wohn- und Kulturformen orientierten. Dörfer mit intakten, geschlossenen, ein harmonisches Bild bietenden Straßenfronten prägten lange Zeit nahezu unverändert bis in die 70er Jahre das Bild des ländlichen Raumes. Erst der nach dem Zweiten Weltkrieg allmählich einsetzende strukturelle Wandel, die sich verändernden Lebensweisen auch der auf dem Land lebenden Bevölkerung und die infolge von Mechanisierung und Automatisierung gewandelte Arbeitswelt führten zunächst zu einer schleichenden, dann immer augenfälliger werdenden Veränderung des dörflichen Erscheinungsbildes (Schoppe 1981, S. 244). Sanierung, Nachverdichtung oder gar Abriss und Neubau beseitigten befund- und aussageträchtige Bausubstanz unwiederbringlich.

Bei der Konsultation von Zeitzeugen im Rahmen dieser Untersuchung war des Öfteren zu hören: „Wären Sie nur vor ein paar Jahren gekommen, da lebte meine Mutter noch, die wüsste das noch recht genau", aber auch: „Unsere Kinder interessieren sich für unsere Vergangenheit nicht mehr", und: „Unsere Erinnerungen aus der Kindheit hören sich für die jungen Leute an wie aus einer anderen Welt".

Veränderungen bedeuten Eingriffe in die bis dahin unzugänglichen, gewachsenen Strukturen in den alten Ortschaften und bieten damit auch Chancen.

In den Abbruchgenehmigungen des Gehöftes in Neckarhausen, Hauptstraße 379, im Dezember 2011 und des Bauernhauses in Ilvesheim, Alte Schulstraße 28, im Oktober 2011 (siehe Bericht „Ein Bauernhof in Ilvesheim ...") sah Dr. Klaus Wirth, Leiter der Abteilung Archäologische Denkmalpflege und Sammlungen in den Reiss-Engelhorn-Museen, die Chance, mitten in den gewachsenen Ortskernen, wo die Höfe liegen, mithilfe

Abb. 1: Alte Ansichtskarte mit Blick von Ladenburg auf das alte Dorf Neckarhausen sowie Blick in die Hauptstraße Richtung kath. Kirche St. Michael; vorne rechts die alte Schule, das Gasthaus zum Goldenen Hirsch, dahinter neben einer langen Mauer die Bauernhäuser 377 und 379, die „ehemalige fränkische Hofreite", sowie das Nachbaranwesen 375, ebenfalls eine fränkische Hofreite (Privatarchiv Hildegard Mannsbart).

von haupt- und ehrenamtlichen Helfern fach- und sachkundig recherchieren zu können. Es ergab sich die seltene Gelegenheit, neben umfangreichen archäologischen Grabungen (siehe Beitrag von Dr. Klaus Wirth) auch unter der Verantwortung des Grabungsleiters der REM, diese Gehöfte mit ihren Gewölbekellern vor dem Abbruch nach baukundlichen, bautechnischen und baugeschichtlichen Aspekten zu erkunden und auch zu dokumentieren. Durch die Befragung ehemaliger Bewohner dieser Höfe konnten zudem gewonnene Erkenntnisse verifiziert und Zusammenhänge zwischen Bauform, Baustil und Gebäudekomposition einerseits sowie Wohn-, Lebens- und Arbeitsbedingungen andererseits – zumindest für die Zeit, die in diesen Häusern konserviert ist – erklärt werden (siehe Beitrag von Sonja Zacher). Diese Konsultation verschafft Einblicke in eine über einen längeren Zeitraum fast unverändert gebliebene bäuerliche Welt, die sich in den gegebenen Fällen bis in unsere Zeit erhalten hat. Mit der „neuen Zeit" verloren die zum Teil ehemals stattlichen Wirtschaftsgebäude wie Stallungen, Scheunen, Tabakscheuern, der Stolz jedes Bauern, sukzessive ihre Funktion. Die wirtschaftliche Basis dieser Höfe ging verloren. Sie wurden aufgegeben und dem Verfall preisgegeben.

Städtebauliche Aspekte

Die bäuerlichen Anwesen Hauptstraße 379 und 377 liegen mitten im alten, erstmals 773 in Urkunden erwähnten Ortskern von Neckarhausen in nächster Nähe zur spätbarocken katholischen Pfarrkirche St. Michael, neben dem ehemaligen Gasthaus zum Goldenen Hirsch und der ehemaligen Volksschule und unweit der Anlegestelle der Fähre (Abb. 1). Das Dorf entstand an dem Kristallisationspunkt „Fährstation", dem Übersetzpunkt für Waren und Passagiere über den Neckar nach Ladenburg. Die ehemalige Postroute Straßburg–Frankfurt, die Thurn- und Taxislinie, kreuzt sich hier mit der heutigen Hauptstraße, der alten Überlandstraße Mannheim–Heidelberg. Das Dorf selbst entwickelte sich entlang Hauptstraße und Neckar als Straßendorf. Ein „Straßendorf" ist eine geschlossene Reihung von Häusern und Haus-Hof-Ketten entlang einer regionalen oder überregionalen Straße.

Entlang der Hauptstraße reihen sich harmonisch geschlossene, den Blicken wehrende Häuserfronten. Optisch heraus fällt der Bauernhof Hauptstraße 379. Denn bei diesem seit 2004 unbewohnten und inzwischen abgerissenen Gehöft fehlt die ortsübliche Abschottung zur Straßenseite. Neben dem giebelständig, bündig zur Straße stehenden Wohnhaus schließt nur eine ca. 2,00 m hohe und ca. 14,10 m lange Mauer mit eingestelltem Stahlblechtor das Areal zur Straße hin ab. Die dahinter sich gruppierenden Wirtschaftsgebäude sind deutlich einzusehen (Abb. 2). Das daneben stehende, ebenfalls

Abb. 2: Gehöft Hauptstraße 379; Blick in den Innenhof mit Wohnhaus zur Linken, zur Rechten Stallungen und Garagen aus den 60er Jahren, dahinter die quergestellte Tabakscheuer als Hofabschluss (Foto: Dagmar Dietsche-Pappel).

giebelständig stehende Wohnhaus (Nr. 377) eines anderen Eigentümers mit einem für diese Hausgröße überdimensionierten hölzernen Doppeltor, eingefasst von kräftigen Pfeilern und ziegelgedecktem Torbogendach, weist die gleiche Formensprache, Putzstruktur und -farbe auf wie das größere Wohnhaus von Nr. 379. Dies und weitere anzuführende Argumente legen zwingend die Erkenntnis nahe, dass es sich hier ursprünglich um eine Einheit, um eine stattliche „fränkische Hofreite" handelte (Abb. 3).

Fränkische Hofreite

Laut Duden ist der „süddeutsch und schweizerisch veraltet Hofreite genannte Begriff oder das mittelhochdeutsche Wort Hovereite ein umfriedetes bäuerliches Anwesen mit Haus, Hof und Wirtschaftsgebäuden" (Duden online 2012). Es ist jedoch, so das Ergebnis einer umfangreichen Recherche, nicht bekannt, woher sich dieses Wort herleitet. Einer älteren Forschungsarbeit zufolge versteht man unter einem „fränkischen Gehöft" beziehungsweise einer fränkischen Hofreite „einen nach außen mittels Gebäuden geschlossenen quadratischen oder rechteckigen Hofraum. Dieser Hoftypus ist vornehm-

Abb. 3: Die ehemalige fränkische Hofreite; Straßenfront beider Gehöfte (Nr. 379 und Nr. 377) mit großem Wohnhaus rechts (379), dem ehemaligen Austraghäusel links (377) und der trutzigen Toreinfahrt als Bindeglied (Foto: Benedikt Stadler).

lich seit dem 16. Jahrhundert im süddeutschen Raum anzutreffen. Der Entwicklungsschwerpunkt liegt im 18. und 19. Jahrhundert" (Baumgarten 1980, S. 72). Dieser geordneten Bauform mit einer gewissen radikalen Strenge geht eine Entwicklungsstufe, nämlich die des „Haufenhofes" oder „Streuhofes", voraus. „Eine lockere, strukturlose Ansammlung von Wohn- und Wirtschaftsgebäuden unterschiedlicher Größe befindet sich innerhalb eines umzäunten Areals" (Hesse 2012, S. 185). Dies war für Jahrhunderte die charakteristische Hofform.

Charakteristische Merkmale einer fränkischen Hofreite (Abb. 4 und 5)

Die Straßenansicht wird bestimmt durch ein meist giebelständiges, straßenbündiges Wohngebäude und ein in Abstand daneben stehendes, ebenfalls meist giebelständiges kleineres Nebengebäude; dazwischen befindet sich eine große, häufig überdachte Toreinfahrt. Bei größeren Gehöften ist neben dem Tor oft noch eine kleine, separate „Mannpforte" vorhanden. (Auch die ehemalige Hofreite in Neckarhausen weist unter anderem eine solche mittlerweile zugemauerte und verstellte Nebentüre auf.) Das kleine

Abb. 4: Freiburger Straße in Mannheim-Seckenheim; ein schönes Beispiel einer ganzen Straßenflucht von fränkischen Hofreiten; stattliche giebelständige Gehöfte (ca. 1750–1780) reihen sich beidseitig der Straße aneinander (Foto: Dagmar Dietsche-Pappel).

Abb. 5: Blick in den Innenhof einer noch weitgehend unveränderten fränkischen Hofreite in Seckenheim, Freiburger Straße; hier gruppieren sich u-förmig Wohnhaus, Stallungen, Scheunen, Schuppen und querbindend die große Tabakdarre um einen relativ schmalen, tiefen Innenhof. Hinter der Tabakscheuer liegt der Nutzgarten (Foto: Dagmar Dietsche-Pappel).

Nebengebäude dient oft als „Altenteil". Das auch „Austraghäusel" oder „Ausgedinghaus" im Volksmund genannte kleine Wohnhaus ist der Altersruhesitz der Altbauern, die den Hof an die jüngere Generation weitergegeben haben. „Die Altbauern wurden aus dem Grundbuch ausgetragen." Diese Funktion hatte auch das kleine Wohnhaus Nr. 377 inne. Stallungen, Schuppen und Scheunen begrenzen den Hofraum zu beiden Seiten. Eine große Scheuer schließt den Hofraum ab und schafft meist den Übergang von der Bebauung zur kultivierten Landschaft, den dahinter liegenden Gärten und Obststücken.

Dieser traditionelle Hoftypus, die „fränkische Hofreite", wird heute eher „geschlossener Dreiseit- oder Vierseithof" genannt. Er ist etwa ab dem 16. Jahrhundert meist in streng geplanten und klar gegliederten Ansiedlungen zu finden. Vorzugsweise entlang einer Straße („Straßendorf") wurden den Bauern Anbauflächen (Hufe, Hube) als lang-

Abb. 6: Schematischer Lageplanausschnitt, Freiburger Straße in Seckenheim mit den klar zugeschnittenen Flurstücken der fränkischen Hofreiten. Die einzelnen Höfe sind farblich abgesetzt. Hinter den Wohn- und Wirtschaftstrakten ist eindrucksvoll die quergestellte Scheunenkette zu erkennen. Dahinter liegen die Nutzgärten (Schem. Lageplan: Dagmar Dietsche-Pappel 2012).

gestreckte parallele Streifen zugewiesen (Untermann 2009, S. 236). Diese waren wiederum in drei horizontale Zonen unterteilt: Die „Wohnbereiche, die stets aus Kommunikations- und Repräsentationsgründen zur Dorfinnenraumzone hin", also zur Straße hin liegen, „die Wirtschaftszone mit Hofraum" und drittens „die Nutzflächen wie Gärten, Obststücke dahinter zur Flurgrenze" hin (Schoppe 1981, S. 253) (Abb. 6). Abweichend hiervon befinden sich bei den Gehöften Nr. 379 und 377, der ehemaligen „fränkischen Hofreite", jedoch die Nutzgärten über der Hauptstraße zum Flussufer hin in Verlängerung der Flurstücke.

Sonderfall „fränkische Hofreite als Solitär", eine Randbemerkung

Auch als Einzelhofsiedlung, das heißt frei als Solitär in der Landschaft stehend, kommen vereinzelt noch fränkische Hofreiten vor (Abb. 7). Ein schönes Beispiel ist die „Mühlenhofreite" in Flonheim-Uffhofen. Das nach außen geschlossene Gehöft, im Wesentlichen aus dem 16. und 17. Jahrhundert, schmiegt sich in eine Talsenke. Hier wird die ursächliche Funktion dieser Hofform deutlich: Abschottung und Schutz durch die Baukörper.

Abb 7: Die „Mühlenhofreite" in Flonheim-Uffenhofen; ein Beispiel einer fränkischen Hofreite als Einzelhofsiedlung (Foto: Dagmar Dietsche-Pappel).

Denn „Zinnen und Wehrmauern waren nur dem Adel vorbehalten" (Untermann 2009, S. 237).

Zurück zur ehemaligen fränkischen Hofreite in Neckarhausen

Der schematische Lageplan (Abb. 8) im Zeitfenster von 1934 bis 1951 (die Erinnerungsphase der Zeitzeugen), der u.a. anhand von Fotos und einer Bestandsaufnahme rekonstruiert wurde, macht deutlich, dass außer dem erwähnten großen Wohnhaus, dem Austraghäusel und der mächtigen Toreinfahrt mit Seitenpforte (in roter Farbe) keine weiteren oberirdischen Baulichkeiten, wie Scheunen, Stallungen etc., aus der Zeit der fränkischen Hofreite mehr nachweisbar sind. Lediglich der hinter dem großen Wohnhaus liegende, heute zum Grundstück Fichtestraße 5 gehörende erhöht liegende Garten könnte schon zur damaligen Zeit als Bauerngarten genutzt worden sein. In früheren Zeiten wurden die Gehöfte an Flussläufen gerne auf leichten Anhöhen, auf den aus dem Überschwemmungsbereich herausgehobenen Flächen errichtet. Dies lässt sich auch für die Vorgängerbauten von Wohnhaus 379 nachweisen (siehe Bericht Dr. Klaus Wirth). Der bereits erwähnte Bauerngarten liegt auf etwa gleichem Niveau. Interessant ist, dass

Abb. 8: Schematischer Lageplan des Baubestandes der 50er Jahre mit roter Markierung des ursprünglichen Areals sowie der übrig gebliebenen Gebäude der fränkischen Hofreite einschließlich der dazugehörigen Gartenstücke jenseits der Straße; Darstellung der durch Erbteilung und Verkauf entstandenen Parzellierung (Schem. Lageplan: Dagmar Dietsche-Pappel).

es auch in Seckenheim, Freiburger Straße Nr. 6, eine stattliche Hofreite in vergleichbarer Lage mit erhöhter Gartenzone innerhalb des Gehöftareals gibt.

Fährrechte

Bis heute gehören zum Besitz von Nr. 379 und 377 die Fährrechte, ein weiteres Indiz der ursprünglichen Zusammengehörigkeit der beiden Anwesen. 1483 wird die Fähre in einer Urkunde über die Vergabe eines Lehens des Wormser Bischofs erstmals erwähnt. 1745 regelte Kurfürst Karl Theodor in einem Erbbestandsbrief (Erbpachtvertrag) die Lehensverhältnisse der Fähre neu. Spannend zu lesen ist der Bericht über die existenzbedrohende Lage der Fährenbesitzer nach dem Hochwasser von 1784: „Die Erbbestände der Neckarüberfahrt verlieren ihre Schiffe und sämtliches Gerät." Die verkehrsstrategische Bedeutung dieses Fährbetriebes erweist sich auch darin, dass es vor dem Bau der Brücke Ilvesheim–Seckenheim 1926 zwischen Mannheim und Heidelberg keine Brückenverbindung für den fahrenden Verkehr gab (Backes u. Fillbrunn, 1995, S. 23 u. 27).

Wie im Lageplan ersichtlich, gehörten wahrscheinlich die Flurstücke Nr. 81–85 ursprünglich zu dem großen fränkischen Gehöft. Erst durch Erbteilung erfolgte die Aufteilung. Gemäß Berichten von Hildegard Egle, geb. Krauß, und Ingrid Mannsbarth, geb. Transier, sind mit Ausnahme von Flurstück Nr. 84 (und vor dem Verkauf von Nr. 379) alle Grundbesitzer untereinander verwandt (Einblick in die Verwandtschaftsgrade im Einzelnen siehe „Chronologie der Fährteilhaber von 1634–1995", in Backes u. Fillbrunn, 1995, S. 103 ff.). Auf dem Land wie in der Stadt war man über Jahrhunderte bedacht, mittels Heiratspolitik, Vererbung oder Kauf/Verkauf den Besitz zusammenzuhalten, das heißt: möglichst nur im verwandtschaftlichen Rahmen Besitz weiter zu geben. „Die Lieb vergeht, die Äcker bleiben" war ein früher gängiger Spruch, so Hildegard Egle.

Heute sind auf den kleineren Grundstücken entlang der Fichtenstraße (Flurstück Nr. 82–84) jeweils neben dem Wohngebäude noch kleine Nebengebäude vorzufinden, die auf ursprünglich kleinbäuerliche Betriebe bzw. auf bäuerlichen Nebenerwerb hinweisen.

Auch die Gehöfte Nr. 377 und 379 sind durch Aufteilung entstanden. Zum großen Wohnhaus (Nr. 379) gehört heute eine Grundstücksfläche von ca. 760 m². Der Bauernhof mit ehemaligem Austraghäusel (Nr. 377) hat eine Grundfläche von rund 565 m². Die Flächenangaben enthalten nicht die noch in den 50er Jahren dazugehörigen Gartenstücke auf der gegenüberliegenden Straßenseite. Beide Höfe hatten einschließlich der dazugehörenden Felder, Wiesen und Obststücke eine Größe, die eine Großfamilie noch bis in die 50er Jahre gut ernähren konnte. Man war weitgehend Selbstversorger. Die gesamte Familie einschließlich der Kinder war in die Bewirtschaftung eingebunden. In beiden Höfen betrieb man eine Mischwirtschaft aus Ackerbau, Viehhaltung und ab Mitte des 19. Jahrhunderts verstärkt Tabakanbau.

Der Bauernhof Hauptstraße 379

Bestandssituation der Hofstruktur im Zeitfenster zwischen 1934 und 1951, der Zeit unserer Zeitzeugen (Abb. 9):

Die baulichen Gegebenheiten des Hofes haben sich weitgehend bis zum Zeitpunkt der Bauaufnahme erhalten oder sind anhand von Fotos und Erzählungen nachvollziehbar. Die zu einem funktionstüchtigen Gehöft gehörenden Wohn-, Stall-, Darrentrakt (Tabakscheuer), Scheune und Schuppen sind bei diesem Gehöft zu einer dem Dreiseithof ähnlichen Hofform in halboffener Bauweise gruppiert. Das ortsübliche, die Straßenfront prägende kleinere Nebenhaus fehlt. Dem Wohnhaus gegenüber liegen als Grenzbebauung die Scheune für den Fuhrpark und der Hühnerstall nebst der Dunggrube und der Strohboden im Obergeschoss. Dahinter schließt sich die Großviehstallung mit Heuboden darüber an. Die große, traufständige Tabakscheuer bildet den Abschluss des Hofraumes zur Fichtenstraße hin. Den Stallungen gegenüber, entlang der südlichen Grenzmauer, sind die Schweineställe sowie ein offener Schuppen mit Werkbank und Hundehütte angeordnet. Das WC-Häuschen, der Abort, befindet sich am rückwärtigen Ende des Wohnhauses. Ein schmaler Durchgang entlang dem höher gelegenen

Abb. 9: Bauernhof Hauptstraße 379; Bestandsplan der gesamten Hofanlage im Zeitfenster 1934–1951; die Gewölbekeller sind blau gestrichelt; zum Zeitpunkt der Bauaufnahme schon abgegangene Gebäude sind in Umrissen dargestellt (Aufmaß: Dagmar Dietsche-Pappel/Benedikt Stadler 2011/12; Bearbeitung: Dagmar Dietsche-Pappel 2012).

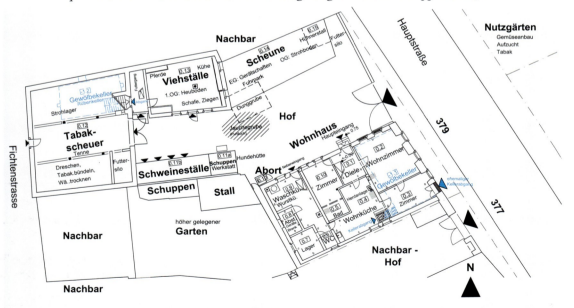

Nachbarsgarten stellt bis anhin die interne Verbindung zwischen den beiden Gehöften Nr. 379 und 377 dar. (Näheres im Bericht von Sonja Zacher)

Gestaltungsprinzipien

Die Wohngebäude von Nr. 379 und von Nr. 377, dem ehemaligen Altenteil, stehen ganz in der baulichen Tradition der fränkischen Hofreite. Angesichts des auf den ersten Blick bescheidenen Erscheinungsbildes der beiden alten Bauernhäuser ist es umso erstaunlicher, hier den typischen Formenkanon in vollem Umfang vorzufinden. „Für den sächsischen Raum nördlich der Mittelgebirge und östlich des Rheins" gab es ab dem 13. Jahrhundert „rechtliche Rahmenbedingungen für Gebäude in Dörfern oder außerhalb von Siedlungen". „In westlichen und südlichen Landschaften des deutschen Reichs sind solche ausdrücklichen Regeln nicht überliefert; … der erhaltene Baubestand zeigen jedoch, dass auch dort grundsätzlich gleichartige Regeln gültig waren" (Untermann 2009, S. 236). In der „Gestaltungssatzung für den Ortskern der Gemeinde Mömlingen" sind diese unter dem Thema „Kurzer Abriss der Entwicklung der typischen Gebäudeformen im Ortskern" zusammengefasst. Die folgenden Beschreibungen decken sich weitgehend mit dem definierten Formen- und Gestaltungskanon der fränkischen Hofreite.

Baubeschreibung des Wohnhauses Nr. 379

Das Wohnhaus (Abb. 10) ist eingeschossig, mit zwei Speicherebenen im steilen Dachraum. Der langgestreckte Baukörper (Außenmaße im Mittel 10,25 m x 16,75 m) steht giebelständig zur Straße. Die über drei Stufen erreichbare Eingangstüre ist stiltypisch, ebenso die mittige Lage innerhalb des Wohntraktes. Im Hausinneren (Abb. 11) ist eine nutzungsbezogene Zweiteilung festzustellen in einen Wohnbereich zur Straße hin und einen kleinen Wirtschaftstrakt dahinter. In der Wohnzone befindet sich ein zur Straße hin orientierter großer Wohnraum (0.2). Von diesem wurde zu einem späteren Zeitpunkt ein kleinerer Raum (0.3), ein Schlafzimmer, abgetrennt (keine Farb- und Putzunterbrechung unter dem Wandanschluss). Die Diele (0.1) und der über Jahrhunderte wichtigste Raum eines Bauernhauses, die Küche (0.4), befinden sich im Mittelfeld. Eine Mägdekammer (0.10) ist spiegelbildlich zum Wohnraum auf der gegenüberliegenden Dielenseite angeordnet.

Im hinteren Drittel des Hauses liegt der kleine Wirtschaftstrakt (Abb. 12) mit Waschküche (0.9) und Abstellkammern (0.7, 0.8) an einem quergeführten Erschließungsgang. Dieser letztgenannte Bereich gehört zu einer jüngeren Bauphase. Im Rahmen der Konstruktions- und Materialbeschreibung wird hierauf noch näher einzugehen sein. Auch die Küche hat im Laufe der Zeit mehrfache Veränderungen erfahren. In den 50er Jahren wurde ein kleines Bad (0.5) abgetrennt. Eine schrägliegende zweiflügige Klappe führt über eine steile hölzerne Treppenleiter von der Küche in den Gewölbekeller (-1.1). Dieser Abgang gehört nicht zur ursprünglichen Bausubstanz, sondern wurde in späteren Umbauphasen eingefügt. Der ursprüngliche Kellerzugang führte von der Hauptstraße

Abb.10: Hofansicht des Wohngebäudes von Nr. 379 mit barocker, symmetrischer Fassadengliederung; der kleine Wirtschaftstrakt dahinter ist ein späterer Anbau (Foto: Benedikt Stadler).

direkt in den Keller. Eine Wandnische in Raum 0.3, heute als Wandschrank kaschiert, ist noch ein Relikt. Aus Zeiten der „fränkischen Hofreite" zeugt im Bereich des Fassadenversprungs in der Küche ein zugemauerter Küchenausgang in den Nachbarhof. Eine Holztreppe aus den 20er Jahren führt von der Diele ins teilweise ausgebaute Dachgeschoss. Rechts des Aufgangs befindet sich der nicht ausgebaute Dachraum, der Speicher (1.9, 1.10, 1.11); das Knechtszimmer (1.8) und die Räucherkammer (1.7) mit noch vorhandenem altem Räucherofen liegen dazwischen. Diese Räume verbindet funktional und direkt eine einfache Treppenleiter mit dem Wirtschaftstrakt im Erdgeschoss und dem Hof. Eine steile Holzstiege führt zu einem weiteren Speicherboden. Der Raum (1.4) über der großen Stube war mutmaßlich immer ausgebaut. Er dient als Schlafzimmer. Davor ist heute eine kleine Kochnische.

Die Fassaden der beiden Wohnhäuser Nr. 379 und Nr. 377 wirken dem Gestaltungskanon entsprechend zurückhaltend, geschlossen und bescheiden. Die Fensteröffnungen sind mit regelmäßigen, gleich großen Sandsteingewänden gefasst. Alle Fenster haben stehende Formate. Holzklappläden sind als Schmuckelement eingesetzt. Auch das für Hofreiten typische Doppelfenstermotiv, zwei direkt nebeneinander stehende, durch ei-

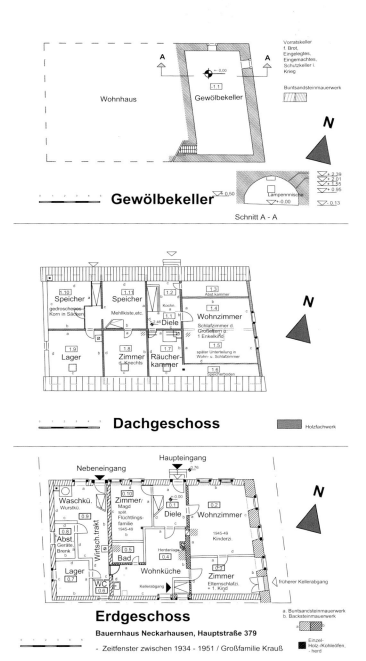

Abb.11: Bauernhaus Nr. 379; Bauaufnahme/Grundrisse von Erdgeschoss (mit Darstellung der Bausubstanz), Dachgeschoss und Gewölbekeller; alle Nutzungsangaben im Zeitfenster 1934–1951 (Bauaufnahme: Aufmaß: Dagmar Dietsche-Pappel/Benedikt Stadler 2011/12; Bearbeitung: Dagmar Dietsche-Pappel 2012).

Abb. 12: Bauernhaus Nr. 379; Blick in den kleinen Wirtschaftstrakt hinter dem Wohnbereich (Foto: Dagmar Dietsche-Pappel).

nen Pfeiler getrennte Fenster, ist im Dachgeschoss des ehemaligen Nebengebäudes vorzufinden. Die Dächer sind ca. 50 Grad geneigt mit Aufschieblingen am Traufübergang. Es sind schlichte Satteldächer ohne Gauben oder Zwerchhäuser. Die Dachüberstände an

Ortgang und Traufe sind gering (max. 30 cm). Ein bestimmendes gestalterisches Element ist der heimische Sandstein. Diese Auflistung ist der für fränkische Hofreiten formulierten Gestaltungssatzung von Mömlingen (Gestaltungssatzung Mömlingen 1999, S. 3–4) entnommen und ist für die beiden hier behandelten Gehöfte ausnahmslos zutreffend.

Gewölbekeller unterm Wohnhaus Nr. 379

Unter der großen Stube befindet sich parallel zur Straßenfront und zum aufgehenden Mauerwerk darüber ein massiver Gewölbekeller (Abb. 11 u. 13) mit den lichten Maßen von ca. 9,00 m x 4,50 m. Der Gewölbestich beträgt ca. 2,39 m; der Gewölbesattel hat eine Höhe ab Oberkante Fußboden von im Mittel 0,74 m. Über eine steile hölzerne Treppenleiter ist dieser Vorratskeller von der Küche aus erreichbar. Der ursprüngliche straßenseitige Zugang ist partiell noch im Mauerwerk und Gewölbebogen zu erkennen. Der Raum weist einen gestampften Lehmfußboden und zwei über Eck liegende Lichtschächte zur guten Durchlüftung auf. Unter dem hofseitigen Kellerschacht befindet sich eine 60 cm x 60 cm x 12 cm tiefe Nische zum Abstellen einer Kerze beziehungsweise Lampe. Gemauert ist der Kellerschacht aus grobbehauenem und partiell lagerhaft vermauertem Buntsandstein; auch im Tonnenbereich ist dieses Material verwendet.

Abb. 13: Bauernhaus Nr. 379; Vorratskeller unter dem Wohntrakt (Foto: Dagmar Dietsche-Pappel).

Gewölbekeller unter der Tabakscheuer

Auch unter der Tabakscheuer, die den Hof zur Fichtenstraße hin abschließt, liegt parallel zur Nachbargrenze Nr. 381 ein massiver Gewölbekeller (Abb. 11), der Futterrübenkeller. Eine breite Sandsteintreppe führt vom Futtergang zwischen Stall und Heuboden nach unten. Die lichten Ausmaße des Kellers betragen ca. 7,00 m x 3,90 m; der Gewölbestich hat eine Höhe von 2,30 m, der Sockel ist im Mittel 0,73 m hoch. Zu erwähnen sind noch eine Lampenwandnische in der Treppenabgangswand sowie eine Beschickungsöffnung seitlich im Treppenbereich. Gestampfter Lehmboden sorgt für ausgeglichene Luftfeuchte.

Die Stirnseite des Tonnengewölbes mit eingebundener Sandsteintreppe verläuft nicht parallel zur Scheunenaußenwand. Der Abgang zum Keller wurde nachgearbeitet; das heißt, dieser Keller gehörte zu einem früheren Gebäude. Auch wurden für das gesamte Gewölbe einschließlich Sockel ausschließlich Feld- und Flusssteine, sogenannte „Lesesteine" (Kimme 2009, S. 46), überwiegend aus Buntsandstein, verwendet. Dies spricht ebenfalls für einen älteren Erbauungszeitpunkt, möglicherweise vor dem 17. Jahrhundert (siehe Bericht Benedikt Stadler).

Konstruktion, Baumaterialien

Sockel und Erdgeschoss des Wohnhauses sind bis Unterkante Deckenbalken des Erdgeschosses in Massivbauweise errichtet. Das Dach- und Speichergeschoss darüber besteht aus Holzfachwerk. Das Satteldach weist eine Kehlbalkenkonstruktion mit doppeltem stehendem Stuhl auf (näheres siehe Bericht Markus Frey). Der Anschluss Dach an Mauerkranz ist – ein besonderer Detailvermerk – mit Strohsäcken gegen Zug und Kälte abgedichtet (Abb. 14).

Besonders auffällig ist die mächtige, bollwerkartige Straßenfront aus grobbehauenem Buntsandstein in einer Stärke von 66 bis 70 cm im Erdgeschoss und 85 bis 90 cm im Kellerbereich; auch die große Toreinfassung ist mit einer Pfeilerstärke von ca. 85 cm besonders trutzig. Die Gefahr schwerer Überschwemmungen zum Beispiel wie 1784 mit „tonnenschweren Eisblöcken", die viele Häuser in Neckarhausen zerstörten, mag ein Grund für diese bauliche Verstärkungsmaßnahme gewesen sein. Inwieweit damals auch Haus Nr. 379 und Nr. 377 von der Zerstörung betroffen waren, lässt sich auch aus dem in Öl gebannten „Eisgang in Neckarhausen" von Ferdinand Kobell (1740–1799), das heute im Schloss in Neckarhausen zu besichtigen ist (Leihgabe des Kurpfälzischen Museums Heidelberg), nicht eindeutig erkennen; möglicherweise war hier auch künstlerische Freiheit im Spiel. Das Fugen- und Rissebild läßt die Interpretation zu, dass die „Prallwand" nicht zerstört wurde und das Haus eine ältere Vita hat.

Die Straßenfront, bestehend aus großen Hausteinen, in unregelmäßigen Lagen verlegt, steht nicht im Verbund mit den auf beiden Seiten anschließenden massiven Außenmauern. Diese sind mit ca. 45 cm Wandstärke schmaler und bestehen aus nur partiell lagerhaftem, grobbehauenem Buntsandstein verschiedener Größe, mit eingestreuten

Abb. 14: Bauernhaus Nr. 379: Strohsäcke als Dämmmaterial im Bereich der Fußpfette (Foto: Dagmar Dietsche-Pappel).

Backsteinen durchsetzt. Dies wie auch der Mauer- und Materialversatz in der Küche und die durch Backstein ersetzte Wand zu den Wirtschaftsräumen lässt den Schluss zu, dass sukzessive die früheren Fachwerkwände durch Massivbauweise ersetzt wurden.

Die beim Wirtschaftstrakt verwendeten Baumaterialien in den Außenwänden, nämlich grobbehauener Buntsandstein, regellos, nicht lagenhaft verarbeitet, Backsteinmauerwerk und Hohlblocksteine in den Trennwänden sowie technische Details, wie unsorgfältige Versetzung der Fenstergesimse, wiederverwendete Türen und die Verwendung von Stahlträgern, verdeutlichen, dass dieser Bauabschnitt einer jüngeren Bauphase angehört, vermutlich Ende des 19. Jahrhunderts. Möglicherweise wurde ein abgegangener Baukörper ersetzt.

Die große, querbindende Tabakscheuer ist nach einem Brand Ende des 19. Jahrhunderts im alten Stil mit mächtigem Dachstuhlgespärre (Abb. 15) wieder aufgebaut worden. Bei der Wiedererrichtung war man offensichtlich bemüht, der Darrenaußenwand (Abb. 16) entlang der Fichtenstraße und an anderen sichtbaren Wandzonen mit recyceltem Baumaterial eine ansprechende Gestalt zu geben. Schichtungen aus behauenem Buntsandstein und Backsteinen sind als dekorative Elemente eingesetzt. Die Brandwände der Scheune und Stallung im Obergeschoss sind aus Backsteinmauerwerk; im Erdgeschoss

Abb. 15: Blick in das Gespärre der Tabakscheune (Foto: Benedikt Stadler).

weist die regelmäßig lagerhaft geschichtete, behauene Buntsandsteinmauer auf eine ältere Bauphase hin.

Der Tennenboden ist aus gestampftem Lehm. Im Stall besteht der Boden aus fachgerecht verlegtem Kopfsteinpflaster, Formsteine mit integrierter offener Rinne leiten die Gülle aus dem Stall und weiter in das in der Hofmitte liegende „Puhlloch". Eine runde Stahlstütze mit geringem ringfömigem Zierrat an Kapitell und Fußpunkt stützt über einen Stahlträger eine preußische Kappendecke aus Magerbeton. Darüber befindet sich

Abb. 16: Bauernhof Nr. 379; Ansicht der Darre von der Fichtenstraße aus (Foto: Dagmar Dietsche-Pappel).

Abb. 17: Bauernhof Nr. 379; Blick vom Hof aus auf querbindende Tabakscheuer und Viehstallung (Foto: Dagmar Dietsche-Pappel).

der Heuboden. Der große Stall für 5–6 Kühe, 1–2 Pferde und mehrere Schafe oder Ziegen weist keine funktionale Trennung zwischen Futtergang und Entsorgungsgang auf, was für kleinere Höfe mit Mischwirtschaft zeittypisch ist. Wesentliche Teile der Stallung wurden um die Jahrhundertwende umgebaut.

Nach dem Verkauf des Gehöfts 1951 an die verwandte Familie Zieher wurde der Hof nur noch im Nebenerwerb geführt. Die im Laufe der Zeit nicht mehr gebrauchte Remise, der Hühnerhof und die Schweineställe einschließlich Werkstatt wurden dem Bedarf der Zeit entsprechend durch Garagen ersetzt. 2004 wurde der Hof aufgegeben, verkauft und im Spätherbst 2011 abgerissen.

Der Bauernhof Hauptstraße Nr. 377

Das heutige Wohnhaus des bäuerlichen Anwesens Nr. 377 (Abb. 18), das ehemalige Altenteil, bildet zusammen mit den direkt anschließenden Stallungen und Schuppen und mit der am Hofende quergestellten Scheune eine L-Form; es handelt sich um einen sogenannten „Hakenhof" (Hesse 2012, S. 184). Dieser Baukörper definiert zusammen

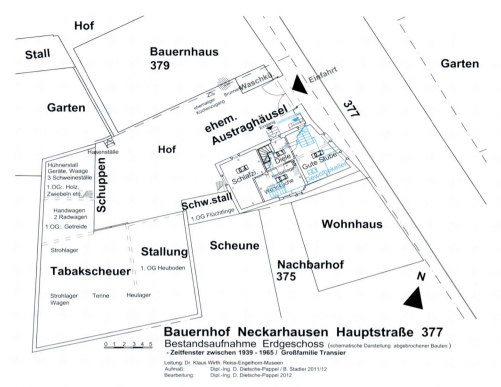

Abb. 18: Bauernhof Hauptstraße 377; Bestandsplan der gesamten Hofanlage mit Nutzungsbeschreibung im Zeitfenster von 1939 bis 1965; der Gewölbekeller ist blau gestrichelt; zum Zeitpunkt der Bauaufnahme schon abgegangene Gebäude sind nur in Umrissen dargestellt (Bauaufnahme: Aufmaß: Dagmar Dietsche-Pappel/Benedikt Stadler 2011/12; Bearbeitung: Dagmar Dietsche-Pappel 2012).

mit der Grenzmauer des erhöht liegenden Bauerngartens und der mächtigen Toranlage den Hofraum. Eine hölzerne Stufenleiter führte noch in den 50er Jahren aufs Nachbargrundstück der Verwandtschaft.

Ehemaliges Austragshäusel (Abb. 19 und Abb. 20)

Es handelt sich um einen spitzwinklig zur Straße hin verlaufenden, länglichen, eingeschossigen Baukörper mit seit 1967 ausgebautem Dachgeschoss. Die Außenmaße betragen an den Längsseiten ca. 11,25 m bzw. 13,30 m, die Gebäudetiefe zwischen 6,00 und 7,10 m. Das ehemalige Austragshäusel war ursprünglich etwa ein Drittel kleiner. Das Parterre liegt erhöht über einem massiven, geräumigen Gewölbekeller. Der Hauseingang erfolgt vom Hof aus über vier Treppenstufen. Ursprünglich bestand dieses ehemalige „Altenteil" nur aus einer Diele (0.1), der Verteilerzone mit gewendeltem Treppenaufgang in die Speicherebene sowie zwei Räumen, einem großen Zimmer (0.2) zur Straße hin orientiert und einer kleinen, dämmrigen Wohnküche mit mittig

Abb. 19: Bauernhof Hauptstraße 377; Ausschnitt Hofansicht mit Haustüre, Kellerabgang und Relikt der „Mannpforte" in der Toranlage (Foto: Dagmar Dietsche-Pappel).

im Haus angeordnetem Kamin und wärmender Herdanlage. Die Fenster der Küche sind zur schmalen Traufgasse zwischen Haus Nr. 377 und 375 hin ausgerichtet. Die Küche ist daher relativ dunkel. Das Schlafzimmer (0.4) hinter Diele und Küche dürfte ein jüngerer Anbau sein (hierzu Näheres unter „Konstruktion und Material").

Im in den 50er Jahren ausgebauten Dachgeschoss liegen links und rechts der Treppe zwei gleichwertige Räume (1.1 und 1.2) und gegenüber der Treppe ein kleines Badezimmer. Eine kleine Diele mit eingebauter Kochnische bildet das Gelenk.

Wirtschaftsgebäude

Die Scheunen, Stallungen, Schuppen wie auch die Tabakscheuer, die zu diesem Gehöft Nr. 377 gehören, bestanden zum überwiegenden Teil aus bretterverschalten Holzkonstruktionen, wie alte Fotos verdeutlichen, das heißt mit begrenzter Lebensdauer. Der Besitzer ließ Mitte des letzten Jahrzehnts alle Wirtschaftsgebäude wegen Einsturzgefahr abreißen. Die ruinenhaften Überreste, nämlich die hohen Brandmauern an den Grenzen zu den Nachbarn, lassen heute noch die stattliche Höhe der alten Nebengebäude erahnen. Das Mauerwerk besteht aus ungleichmäßig gelagertem, grobbehauenem Buntsandstein.

Gewölbekeller

Der massive verputzte Sockel, der sich auch über die Außenmauer des Hauses bis zum Nachbarhaus Nr. 375 erstreckt, gehört zu dem darunter liegenden Gewölbekeller (-0.1). Er ist wie das Tonnengewölbe unter der Tabakscheuer von Haus Nr. 379 komplett aus Feld- und Flusssteinen, den sogenannten „Lesesteinen", gemauert. Die lichten Maße betragen ca. 5,50 m x 4,45 m, die Sockelhöhe 0,77 m und die Höhe des Stichbogens ca. 2,30 m. Ein tiefer Fensterschacht zur Straße hin bringt etwas Licht und Luft in das Gewölbe. Ein nachträglich von der Hofseite her durchgebrochener Zugang mit ca. 1,35 m breiten Sandsteinstufen mit wulstiger Sandsteinbogenfassung um den Kellerabgang führt hinab (Abb. 19). Dieser Steinbogen verstellt heute die alte, zugemauerte Pfortennische der Toranlage. In der rechten Mauerseite des Treppenabgangs ist eine kleine Lampennische eingefügt. Die ursprüngliche Treppenanlage aus Sandsteinblöcken (ca. 1,28 m breit), deren unterste Trittstufen heute entfernt sind, ist am oberen Ende zugemauert (Abb. 18). Sie führte vor der Erweiterung im Erdgeschoss auf der Rückseite des Hauses direkt in die Ställe.

Wie im Bestandsaufnahmeplan (Abb. 20) ersichtlich, stehen die Fluchten der Kellerwände nicht in Bezug zum darüber liegenden Wohnhaus. Besonders die enorme Abweichung von Innenwandflucht zu Straßenfront ist auffällig. Diese Tatsache sowie das verwendete Gesteinsmaterial legen die Annahme nahe, dass dieser Keller wie der unter der Tabakdarre im Gehöft Nr. 379 zu einer früheren Überbauung gehört.

Baukonstruktion, Baumaterialien

Vieles von dem zum Wohnhaus Nr. 379 Gesagten ist auch für das ehemalige Austraghäusel (Nr. 377) zutreffend. Da jedoch der Innenbereich noch intakt ist, können zur Konstruktion und zu den Baumaterialien in Bezug auf Erdgeschoss und Dachgeschoss nur beschränkt Aussagen gemacht werden. Die einzige unverputzte und zugängliche Außenwandseite in der Traufgasse zum Nachbarn Nr. 375 lässt vereinzelte Rückschlüsse zu. So verweist die Verjüngung der 70 cm dicken Traufgassenmauer aus grobbehauenem Buntsandstein, der in ungleichmäßigen Lagen fachgerecht verarbeitet wurde (siehe Wohnzimmer-/Küchenbereich, Abb. 20), auf eine 25 cm dicke Wand aus Backsteinen, mit Natursteinbrocken durchsetzt, auf Austausch von Fachwerk zugunsten von Mauerwerk. Auch die verwendeten Baumaterialen und Konstruktionen im Schlafzimmer (0.4) lassen auf Umbau und Erweiterungsmaßnahmen schließen. Die Außenwände sind im rückwärtigen Gebäudeteil ca. 38–40 cm (einschließlich Putz) dick. Schließt man von der recht unfachmännisch gemauerten Traufgassenwand mit regellos verarbeitetem

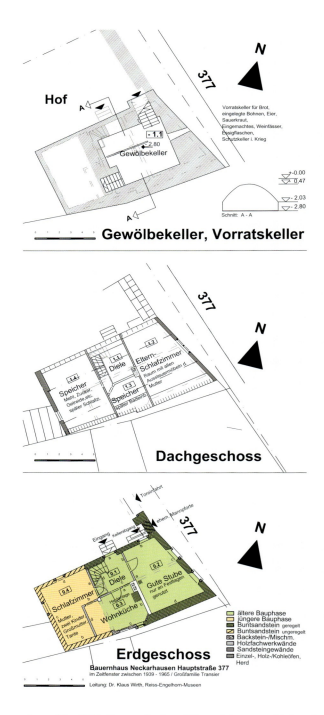

Abb. 20: Bauernhaus Nr. 377; Bauaufnahme/Grundrisse von Erdgeschoss (mit Darstellung der Bausubstanz), Dachgeschoss und Gewölbekeller; alle Nutzungsangaben im Zeitfenster 1939 – 1965. (Bauaufnahme.: Aufmaß: Dagmar Dietsche-Pappel/Sonja Zacher 2011/12; Bearbeitung: Dagmar Dietsche-Pappel 2012).

Mischmauerwerk aus auffallend ungleich großen, behauenen und unbehauenen Natursteinbrocken und Backsteinen auf die beiden anderen gleich starken Außenwände des Schlafzimmers, lässt die Unterschiedlichkeit der Mauerqualität gegenüber dem vorderen Gebäudeteil den Rückschluss zu, dass man es hier mit einem Anbau aus wiederverwendetem Baumaterial zu tun hat. Das heißt, das ehemalige Austraghäusel bestand ursprünglich nur aus Diele, Küche und Wohnraum sowie Speicherflächen darüber. Auch die Aufweitung des Küchenraumes mittels Pfeiler und Stahlträgerunterzug zulasten des Schlafzimmers deuten hierauf hin.

Der Sockel der Straßenfront ist aus den gleichen Lesesteinen gemauert wie der massive Keller darunter, wie an Putzabplatzungen sichtbar wird. Das darüber aufgehende Mauerwerk der Straßenfront ist im Vergleich zum Wohnhaus Nr. 379 mit 66–70 cm nur 42 cm einschließlich Putz stark. Möglicherweise wurde diese Wand erst nach dem katastrophalen Eisgang Ende des 18. Jahrhunderts errichtet und ersetzte eine eingebrochene Fachwerkwand. Doch dies lässt sich erst bei einer eingehenden Untersuchung nach Freilegen des Mauerwerks eruieren, was gegenwärtig nicht möglich ist.

Zusammenfassung

Die Bauernhäuser der Anwesen Nr. 377 und Nr. 379, das heißt das große Wohnhaus und das ehemalige Austraghäusel daneben, die in wesentlichen Baubestandteilen aus dem frühen 18. Jahrhundert stammen dürften, bilden zusammen mit dem mächtigen Torbau eine stattliche einheitliche Straßenfront. Dies ist unter anderem ein Indiz dafür, dass es sich hier um den wesentlichen Teil einer ehemaligen, begüterten „fränkischen Hofreite" handelt. Die dazugehörigen Wirtschaftstrakte sind nicht mehr nachweisbar. Durch Erbteilung und Verkauf, wenn möglich, nur im Kreis der eigenen Verwandtschaft, ist das zur Hofreite mutmaßlich gehörende große Areal (Flurstück-Nr. 81–85) heute fünffach aufgeteilt. Unter anderem entstanden unter Einbeziehung des alten Wohnhauses und des Nebenhauses eigenständige Gehöfte, die bis in die 1950–60er Jahre wirtschaftlich geführt werden konnten. Unter den beiden Bauernhäusern und der Tabakscheuer an der Fichtenstraße befinden sich noch alte Gewölbekeller. Der Keller unter der Tabakscheuer wie auch der unter dem Wohnhaus Nr. 377 dürften, da sie anders ausgerichtet sind als die Gebäude darüber und aus Lese- und Flusssteinen gemauert sind, aus älterer Zeit stammen. Dendroproben von Holzrelikten weisen auf Ende 16./Anfang 17. Jahrhundert hin (siehe Bericht Benedikt Stadler).

Im Zuge der veränderten Wohn-, Lebens- und Arbeitsverhältnisse der Nachkriegszeit verloren die Gehöfte und insbesondere die Wirtschaftsgebäude immer mehr ihre Funktion. Das Anwesen Nr. 377 liegt heute ungenutzt brach. Der Hof Nr. 379 ist verkauft und weitgehend abgerissen. Eine weitere Aufteilung des letztgenannten Grundstückes auf zwei weitere Parteien, die hier zwei Einfamilienhäuser errichten, zeigt den Trend der Zeit nach immer kleiner werdenden Grundstücken. Gleichzeitig verdeutlicht dies auch die schrittweise Verstädterung der alten Dörfer, die zu Vororten der Großstadt werden. Die Neubauten sollen sich, so die städtebaulichen Vorgaben, an der Einheitlichkeit des Straßenbildes von Neckarhausen orientieren.

Literaturverzeichnis

Backes u. Fillbrunn 1995, S. 23, 27, 103 ff.: K. Backes u. G. Fillbrunn: „Fähre Neckarhausen", Geschichte und Geschichten, Gemeinde Edingen-Neckarhausen, Mannheim 1995.
Baumgarten 1980, S. 72, 70: K. Baumgarten: Das Deutsche Bauernhaus, Berlin 1980.
Duden online, 2012: Duden, Biographisches Institut GmbH 2012.
Gemeinde Ilvesheim, Made by Hirsch & Wölfli GmbH, www. Ilvesheim.de/php/am Neckar. php, 2012.
Gestaltungssatzung Mömlingen, 1999, S. 3–4: Gemeinde Mömlingen, Gestaltungssatzung für den Ortskern, Darmstadt 1999.
Hesse 2012, S. 185, 184: M. Hesse: Handbuch der neuzeitlichen Architektur, WBG Darmstadt 2012.
Kimme 2009, S. 46: A. Kimme: Tabellen und Tafeln zur Grabungstechnik, Dresden 2009.
Schoppe 1981, S. 244, 253: O. Schoppe: Analyse und Reflexion einer Siedlungsstruktur am Beispiel des südpfälzischen Winzerdorfes Rhodt. In: Pfälzische Landesdenkmalkunde, Landau 1981.
Untermann 2009, S. 234, 236, 23: M. Untermann: Handbuch der mittelalterlichen Architektur. WBG Darmstadt 2009.

Gehöfte in Neckarhausen, Hauptstraße 377 und 379
– aus der Sicht von Zeitzeugen –

Sonja Zacher

Zur Geschichtsforschung im allgemeinen und zur Darstellung der jüngeren Geschichte im speziellen Sinne ist kontinuierlich mit der „Zeitzeugenbefragung" ein ergänzender Zweig hinzugekommen, die sogenannte „Oral History". Der Ansatz ist, möglichst unbeeinflusst vom Befrager Zeitzeugen sprechen zu lassen mit dem Ziel, ihre Erinnerungen an ihre Lebenswelt für die Nachwelt zu erhalten und auch erfahrbar zu machen.

Bei unserer Bauaufnahme und -dokumentation der Gehöfte in der Hauptstraße 377–379 fanden wir weitgehend seit den 1930er Jahren unveränderte Bausubstanz vor. Zum Verständnis des Vorgefundenen aus einer fast abgeschlossenen Epoche der kleinbäuerlichen Existenz in unserer Region bot es sich an, möglichst viele verfügbare Quellen auszuschöpfen, so auch die der Befragung von Zeitzeugen. Die (durch Umbau oder Abriss) fast verschwundenen baulichen Zeugen beginnen in den Schilderungen von Menschen, die vor 50–70 Jahren in den hier vorgestellten bäuerlichen Anwesen gelebt haben, zu uns zu sprechen. So erhält zum Beispiel ein vorgefundener Raum wie die Küche, zentral im Haus angeordnet mit großem Kamin und Herdstelle, einen anderen Stellenwert, wenn man weiß, dass bis in die 1950er Jahre diese der (mit Ausnahme an Feiertagen) einzige warme Raum im ganzen Haus war. Sie war das Lebens- und Kommunikationszentrum der Großfamilie. Hierüber wurden auch die Nachbarräume (z.B. Schlafzimmer) „überschlägig" erwärmt. In diesem Sinne und auch als kleiner Einblick in die Sorgen und Nöte in der damaligen Zeit sind die folgenden Berichte zu verstehen. Wir lassen Hildegard Egle (Gehöft Nr. 379) und Ingrid Mannsbart (Gehöft Nr. 377) erzählen.

An dieser Stelle sei beiden für ihre Unterstützung gedankt. Durch reichhaltige Schilderungen, unterstützt z.T. auch mit Fotomaterial, leisteten sie einen wichtigen Beitrag zum Verständnis der Bestandssituation.

Großfamilie Krauß auf dem Bauernhof in Neckarhausen, Hauptstraße 379. Aus der Erinnerung von Hildegard Egle, geborene Krauß

(Der Bericht nimmt Bezug auf die Bestandspläne Abb. 9 und Abb. 11 im Bericht von Dagmar Dietsche-Pappel.)

Die Großfamilie im Zeitfenster 1934–1951
    Großeltern: Margarethe (gest. 1941) und Peter Krauß (gest. 1951)
                            Hauskauf 1920 als Vollerwerbsbauer

Eltern: Anna (1913–2001) und Theodor Krauß (1905–1945)
Kinder: Hildegard Egle, geb. Krauß, 1934
Lydia Zieher, geb. Krauß, 1936
1 Magd (1 Knecht im Krieg)

Haustausch 1951 mit Familie Zieher, Nebenerwerbsbauer; Hofaufgabe 2004

Der Cousin von Theodor Krauß, Friedrich Krauß, wohnte mit Familie auf dem Nachbargrundstück, Hauptstraße 377. Das im hinteren Bereich angrenzende Grundstück, Fichtenstraße 5, gehört noch heute Frau Kropp, die wiederum über die Großmutter mit Familie Krauß verwandt war. Die Kinder spielten gemeinsam Verstecken auf beiden Grundstücken 377 und 379 und dem höher liegenden, über eine Leiter erreichbaren Grundstück Fichtenstraße. Außerdem gab es Schnurspiele, Murmelspiele und „Hickels" (Hüpfspiel), oder sie schwammen über den Neckar bis ans Schwimmbad auf der Ladenburger Seite, alles ohne Kontrolle der Eltern.

Die Nutzung der Räume im Wohnhaus aus der Erinnerung von Frau Egle
Die Küche (0.4) im Erdgeschoss war zentraler Aufenthaltsraum für die Großfamilie und für Besuch und der einzige beheizte Raum. Hier wurden beim Dresch- und Fruchtfest sowie beim Tabakfest große Tische aufgestellt. Das Wohnzimmer (0.2) wurde nur an Weihnachten beheizt und benutzt, dieses Fest stellte ein besonderes Erlebnis für die zwei Mädchen dar, weil nur dann die Puppenküche mit neu eingekleideten Puppen aufgestellt wurde. Das Elternschlafzimmer (0.3), in dem auch Frau Egle schlief, konnte durch eine Verbindungstür zur Küche mitgeheizt werden. Später erfolgte die Heizung durch mit Holz und Kohle befeuerte Einzelöfen.

Im großen Kessel der Waschküche (0.9) wurde die Wäsche gekocht, ein Wäscheschwenkgerät mit Holzflügeln, das die Wäsche in verschiede Richtungen schlug und somit den Waschvorgang unterstützte, stand damals schon zur Verfügung. Ca. alle 14 Tage war Waschtag. Es gab keine Schleuder, die Wäsche wurde im unteren, offenen Bereich der Tabakscheune (0.12) im hinteren Teil des Grundstückes getrocknet. Der Kessel diente aber ebenso zum „Schweinekochen", wenn der Metzger Meinecke zur Sauschlacht kam.

Im Dachgeschoss schliefen in einem großen Raum (1.4) die Großeltern und die Schwester Lydia. Den Rest des Daches nutzte man als Speicher für Mehl, Zucker und Korn, Trockenfrüchte waren in Säckchen aufgehängt. Außerdem gab es eine Räucherkammer (1.7) für getrocknete Würste und Schinken. Im Krieg wurde hier noch ein Zimmer für den Knecht (1.8) eingerichtet.

Im Stall (0.13) standen zusammen 2 Pferde, 4 Kühe, Ziegen oder Schafe. 5–6 Schweine wurden im Schweinestall gegenüber (0.11b) gehalten, ebenso freilaufende Hühner, die nur abends unterhalb der Scheune eingesperrt wurden (0.14).

In einem offenen Schuppen (11a) stand die Werkbank, vor dem Schweinestall die Hundehütte. Das Toilettenhäuschen (0.10) war im Hof, ein Bad gab es nicht, Spülstein oder Zinkwanne dienten als Waschgelegenheit.

Der Hof war gerade groß genug, um eine Großfamilie zu ernähren
Zu einem bäuerlichen Anwesen dieser Größe gehörten ca. 300 Ar eigene Äcker, zusätzlich 200 Ar gepachtete Äcker, beide zur Bewirtschaftung von Sommer- und Wintergerste, Raps, Tabak, Mohn und Zuckerrüben, sowie Obststücke mit Kirschen, Zwetschgen, Rhabarber, allen Beerensorten und Äpfeln.

Nach der Ernte fuhren die voll beladenen Ährenwagen direkt in die trockene Tabakscheune (0.12), die Ährenbündel wurden bis zum Dreschen seitlich gelagert. Eine Dreschmaschine kam jedes Jahr auf den Hof in die Scheune, dort wurden die Ähren in Säcke gepackt, für den Eigenbedarf ein Teil in der Kornkammer (1.10) gelagert, den Großteil verkaufte man an die Mannheimer Mühle. Raps brachte man zur Ölgewinnung für den Eigenbedarf zur Schriesheimer Mühle. Zuckerrüben waren Viehfutter und kamen in den Gewölbekeller unter der Tabakscheune, Mohn benutzte man zum Backen von Mohnstreuseln.

Man war auf Nachbarschaftshilfe angewiesen, wenn die Frucht reif war. Für die 20 Erntehelfer aus der Nachbarschaft gab es ein Ernte- oder Fruchtfest, ebenso ein Tabakfest, außerdem wurden sie mit Naturalien entlohnt.

Ein auf der Straßenseite gegenüberliegender Garten (heutige Hauptstraße 350) diente zum Gemüse- und Tabakanbau, er wurde in den siebziger Jahren verkauft.

Das geerntete Wurzelgemüse legte man in eine Bodenmulde, die sogenannte „Miete", schlug es mit Sand ein und deckte es mit Säcken und Stroh ab, so dass es den Winter überstand.

Der Vater, so erinnert sich Frau Egle, war zuerst im Krieg, dann in russischer Gefangenschaft und starb 1945 im Lager bei Astrachan am Schwarzen Meer. Somit blieb nur der Großvater, den die Kinder auch Vater nannten, als männliche Arbeitskraft erhalten. Man holte zur Unterstützung bis 1946 einen Knecht und eine Magd auf den Hof.

Während des Krieges hatte die Familie einen guten Fliegeralarmmelder, denn die Schwester Lydia hörte die Sirenen schon lange vor allen anderen. Der Großvater schimpfte oft mit ihr, weil sie die Panzer am Neckar aus der Dachluke beobachtete und er Angst hatte, die Amis hielten sie für einen Soldaten und würden schießen. Der Großvater weigerte sich erfolgreich, mit den Pferden ins Elsass zu flüchten, als die Front immer näher rückte. Man lagerte gebackenes Brot im Keller (1.1) auf Brettern an Kettenseilen. Die ganze Familie harrte mit Vorräten und Eingemachtem, selbst gemachter Butter und Käse von den Kühen und luftgetrockneter Hartwurst im Keller 8–10 Tage aus, erst dann wagte sie sich wieder nach oben.

Für das Vieh mussten die zwei Mädchen im Oberdorf Richtung Edingen Wasser holen, weil nur noch 2–3 Gärten mit Pumpen versehen waren. Sie sahen unterwegs 7–8 tote Afroamerikaner und waren total erschrocken. Die einmarschierten Amis stationierten im Neckarhausener Schloss. Sie nahmen den Bauern kein Vieh weg, so berichtet Frau Egle, sondern fischten unter Einsatz von Handgranaten im Neckar.

Flüchtlingsströme, die am Bahnhof Neckarhausen ankamen, wurden auf Leiterwagen zu den Höfen transportiert und aufgeteilt, weil jeder, der Platz hatte, Flüchtlinge aufnehmen musste. Auch Familie Krauß bot einer schlesischen Familie mit zwei Kindern Unterkunft und Versorgung gegen Mitarbeit auf dem Hof.

1951, nach dem Tod des Großvaters im Alter von 78 Jahren, konnten Mutter Anna und die zwei Mädchen den Hof nicht mehr alleine bewirtschaften, er wurde verkauft. Es fand ein Haustausch mit Familie Zieher aus der Hinterstraße in Neckarhausen statt. Die Schweine wurden mitgenommen, die restlichen Tiere verkauft, was schlimm für die Mädchen war.

Familie Zieher hatte vier Kinder und einen Sohn namens Waldemar, den Lydia Krauß 1969 heiratete. Ein Bad (0.5) und ein WC (0.6) wurden im Erdgeschoss gebaut, den großen Raum im Obergeschoss teilte man für Flüchtlinge in zwei kleinere. Familie Zieher hatte ein Pferd und eine Kuh sowie Schweine mitgebracht, Hermann Zieher, der Vater, war Kleinbauer und Dreschmaschinenfahrer. Er bewirtschaftete den Hof nur noch im Nebenerwerb bis 2004, danach blieb das Anwesen sich selbst überlassen, nach Verkauf wurden im Dezember 2011 die Gebäude weitgehend abgerissen; nur die alten Keller wie die Brandwände zu den Nachbarn blieben erhalten.

Großfamilie Krauß auf dem Bauernhof in Neckarhausen, Hauptstraße 377. Aus der Erinnerung von Ingrid Mannsbart, geborene Transier

(Der Bericht nimmt Bezug auf die Bestandspläne Abb. 18 und Abb. 20 im Bericht von Dagmar Dietsche-Pappel.)

Die Großfamilie im Zeitfenster 1920–1992

Großeltern:	Eva (1879–1965) und Friedrich Krauß (1877–1918) mit 7 Kindern
Eltern:	Monika, geb. Krauß, und Erwin Transier
Kinder:	Ingrid Mannsbart, geb. Transier, 1941
	Emil Transier, 1944

Ab 1918 wohnte die Großmutter mit den Kindern allein auf dem Hof. Ingrids Mutter Monika war die jüngste, Anna die älteste Tochter. Sie war „die Haustochter", die mehr als alle anderen zu sagen hatte und später das Haus erbte. Sie wurde von den Kindern auch „Tante Anna" genannt und wohnte bis 1992 im Haus. Zum Haus gehörte ein Gartengrundstück auf der gegenüberliegenden Straßenseite (Hauptstr. 348). Dort wohnt Frau Mannsbart heute in einem 1964 erbauten Haus.

Die Nutzung des Wohnhauses ist im Prinzip identisch mit der des Wohnhauses Nr. 379. Das eigentliche Leben spielte sich auch hier in der Küche ab; dort war die einzige Feuerstelle, die mit Tabakstängeln angezündet wurde. Jeden Sonntag um 11:00 Uhr, wenn die Kirchenglocken läuteten, wurden die Nudeln ins heiße Wasser geworfen, weil dann alle Kinder samt Fußball-und Handballkollegen zum „Hocketse" kamen. Der Bruder aus Seckenheim und der Schwager aus Ilvesheim kamen nachmittags zu Fuß zum Kaffeetrinken.

Im Schlafzimmer (0.4) schliefen die Großmutter und Tante Anna im Ehebett, Mutter Monika und Ingrid in einem Bett neben der Tür und Emil im anderen Bett an der gegenüberliegenden Wandseite. Dazu fällt Frau Mannsbart eine lustige Begebenheit ein. Immer wenn ein Ministrant für den Gottesdienst ausfiel, erschien eine Schwester bei ihnen, Emil wurde aus dem Bett geholt, hingestellt, kurz gewaschen, angezogen, und ab ging es in die Kirche. Das kam häufig vor, denn Kirche war jeden Tag.

Im Dachgeschoss befand sich das ursprüngliche Schlafzimmer der Eltern (1.2), einschließlich des gesamten Aussteuermobiliars.

Im Hof war der Misthaufen. Dort tyrannisierte ein „Gockel" alle Familienmitglieder außer der Großmutter, vor ihm hatten alle Kinder Angst. Als er einmal auf Tante Anna losging, machte diese kurzen Prozess und schnitt ihm den Hals ab. Ein Plumpsklo (0.9) neben der Scheune wurde vornehm „Herzhausen" genannt. Jeden Samstag war Badetag. Dann wurden die in der „Wäschküsch" gestapelten Zinkwannen (in verschiedenen Größen auf einem Gestell gelagert) hervorgeholt, ein Brunnen hinter der Waschküche diente als Wasserquelle, man hatte bereits einen Heizkessel für Warmwasser in der Waschküche.

In den Ställen (0.5 und 0.6) standen nur ein Pferd, 4–5 Kühe und 5–6 Schweine, man hatte 10–15 Hühner. Später, als keine Kühe mehr da waren, gab es auch Ziegen, Hasen und Gänse.

Die Straße, damals noch aus Sand, musste mittwochs und samstags nach gewissen Regeln, nämlich so gekehrt werden, dass sich ein „Tannenspitzenmuster" ergab. Jeder Nachbar hatte ein eigenes Kehrmuster .

Da seit dem Zweiten Weltkrieg kein Mann mehr auf dem Hof arbeitete, half der Nachbar von Nr. 381 bei der schweren Feldarbeit, die noch mit einem Pferd bewerkstelligt wurde, da kein Traktor zur Verfügung stand. Auch die Kinder mussten schwer mithelfen bei der Feld- und Gartenarbeit sowie bei der Tabakernte.

Auf dem Neckardamm hinter dem Gartengrundstück fuhr früher die OEG. Frau Mannsbart erinnert sich genau an den Tag im Jahre 1947, an dem der Postbote das Schreiben vom Tod des Vaters Erwin Transier brachte, er starb in russischer Gefangenschaft an Malaria. Sie erzählt, dass sie damals auf den „Kongowagen" aufsprang, um die Großeltern in Seckenheim vom Tod ihres Sohnes zu unterrichten. Recherchen ergaben, dass der „Kongowagen" das letzte Zugabteil mit Plattform und einer Art Balkon aus Gitterstäben war, der eine Öffnung zum Einsteigen hatte.

Ebenso erinnern sich Ingrid Mannsbart und ihr Bruder Emil Transier an Spiele wie „Kliggerles" (Spiel mit Murmeln, Klicker=Murmel) und „Giwwl-Gawwl" (Spiel mit einem Holzstab=Gabel=Gawwl und einem beidseits angespitzten Holstück=Giwwl) in der schmalen Gasse, die zur früheren Anlegestelle der Fähre führte. „Giwwl-Gawwl" war ein Spiel, bei dem der „Giwwl", der über einer kleinen viereckigen Mulde lag, mit der „Gawwl" angehoben und hoch geschleudert wurde. Vor dem Auftreffen auf den Boden versuchte man, den „Giwwl" so oft wie möglich mit der „Gawwl" zu treffen. Die Treffer wurden gezählt und mit den Schritten, die man sich von der Mulde entfernt hatte, multipliziert. Das Ergebnis schrieb man auf den Boden.

Der Hof wurde bis in die 1950er Jahre bewirtschaftet. Ab diesem Zeitpunkt arbeitete Tante Anna bei der Rhein-Chemie, Mutter Monika als Bedienung. 1964/65 wurde das Wohnhaus auf dem ehemaligen Gartengrundstück Hauptstraße 348 gebaut, in dessen Obergeschoss Mutter Monika ca. 1982 mit Frau Mannsbarts Tochter Sabine einzog. Tante Anna wohnte bis 1992 mit Frau Mannsbarts Sohn Thomas im Haus Nr. 377. Sie schlief und lebte nach längerem Krankenhausaufenthalt auf eigenen Wunsch nur noch in der Küche. Seither ist das Haus ungenutzt.

Bauforschung in der Hauptstraße 379 in Neckarhausen

Benedikt Stadler

Einführung

Im Spätherbst 2011 wurden die noch vorhandenen Gebäude des Anwesens Hauptstraße 379 in Neckarhausen für neu zu errichtete Wohnbauten abgetragen, da die alte Bausubstanz nicht mehr zu erhalten war. Vor dem Abbruch und noch abrissbegleitend konnte die Abteilung Archäologische Denkmalpflege der Reiss-Engelhorn-Museen das Areal in großem Umfang erforschen. So wurde im Sommer 2011 das Hauptgebäude archäologisch untersucht. Im Herbst wurde seine Bausubstanz mit Methoden der Bauforschung untersucht. Den Abschluss bildeten archäologische Grabungen nach dem Abriss auf dem Areal des Wohnhauses und der rückwärtigen großen Scheune im Frühjahr und Sommer 2012. Die historische Substanz wurde mit wissenschaftlichen Methoden aus Archäologie, Baudokumentation und Farbuntersuchung erfasst, schriftliche und bildliche Quellen wurden ausgewertet. Der vorliegende Bericht erläutert die Baugeschichte der abgetragenen Gebäude sowie ihre Nutzung.

Abb.1: Ansicht des Anwesens Hauptstraße 379 in Neckarhausen von Nordosten, links im Vordergrund die Fassade des Wohngebäudes.

Abb. 2: Ansicht vom Hof auf die große Scheune zu Beginn des Abbruchs.

Zweck der Untersuchung

Das Anwesen Hauptstraße 379 umfasste das an der Hauptstraße gelegene Wohnhaus, die rückwärtige Scheune und die Garagen an der Grenze zum Anwesen Hauptstraße 377 (Abb. 1).

Um die Geschichte des Anwesens 379 nachzuzeichnen, bedarf es der Kenntnis der Veränderungen an den Gebäuden im Laufe der Jahrhunderte. Grundlage dafür sind die stratigrafischen Untersuchungen, die im Herbst 2011 an der Gebäudesubstanz vorgenommen wurden. Absolute Zeitangaben für die Veränderungen an der Baustruktur lieferten hauptsächlich die Ergebnisse der dendrochronologischen Untersuchungen, die am Gebälk von Scheune und Haupthaus im Frühjahr 2012 vorgenommen wurden (Hofmann 2012). Neben den Veränderungen an den Gebäuden sollte auch ihre Nutzung im Laufe der Zeit erforscht werden. Die Untersuchungen konzentrierten sich auf die Scheune und das Wohnhaus.

Die Scheune

Im hofseitigen Scheunenkomplex waren die ältesten begehbaren Baustrukturen des Grundstücks zu finden (Abb. 2). Nordwestlich des Wohngebäudes schlossen sich bis zur Parzellengrenze moderne Garagenbauten sowie ein Stall aus der Zeit um 1900 an. Das Hauptgebäude des Wirtschaftstrakts war eine Scheune, die den heutigen Hof zur Fichtenstraße hin abschloss.

Die aktuell untersuchte Scheune war erst Ende des 19. Jahrhunderts erbaut worden. Proben für die Dendrochronologie wurden aus vier Dachbalken entnommen (Abb. 3). Die Datierung der Hölzer (Fichte) ergab ein Falldatum um 1898 (Hofmann 2012). Im aufgehenden Mauerwerk war kein Baubestand aus dem Mittelalter oder der frühen Neuzeit mehr vorhanden.

Nicht mit der Scheune in Beziehung zu setzen war ein Keller unter dem nördlichen Scheunenboden (Abb. 4). Der aus einem Tonnengewölbe bestehende Raum war von der Hofseite her zugänglich. Ein erster Hinweis auf ein höheres Alter des Kellers als das des darübergesetzten Bauwerks ergab sich aus den nach Norden zeigenden Fensternischen. Die heute zugesetzten Öffnungen belegen, dass die nördlich angrenzende Parzelle zur Erbauungszeit des Kellers noch nicht flächendeckend bebaut war.

Abb. 3: Blick auf die zur Fichtenstraße gelegene Scheunenwand. An den Stellen der abgesägten Balkenköpfe wurden die dendrochronologischen Proben entnommen.

Abb. 4: Blick vom Eingang aus in den Keller. In der Giebelwand ist eine Lichtnische zu erkennen. Rechts davon die heute zugesetzten Lichtschächte.

Die archäologische Untersuchung der Scheune

Da ein Vorgängerbau der Scheune zu vermuten war, wurde ihr Untergrund archäologisch untersucht. Dabei konnten zwei Fundamente aus Feldsteinen und Sandsteinbruch aufgedeckt werden, die im rechten Winkel zueinander angelegt waren (Abb. 5). Sie waren mit den ebenfalls aufgedeckten Mauerkronen des Kellers verbunden. Im südlichen Bereich des Scheunenareals kamen nur noch unzusammenhängende Mauerfragmente zum Vorschein. Eine Mauerfront bis zum Südwestende der Parzelle konnte nicht nachgewiesen werden. Die Grabungsergebnisse legen nahe, dass auf dem Areal ein teilunterkellertes Gebäude gestanden hat. Der Gesamtgrundriss war nicht mehr zu dokumentieren. Mit Vorbehalt lässt das Fehlen von Mauerstrukturen im Süden des Scheunenareals auf eine Toreinfahrt zur Fichtenstraße hin schließen.

Die Zeitstellung des Baus

Die Erbauungszeit des Scheunenvorgängerbaus ließ sich dank archäologischen Fundgutes eingrenzen. Seine Fundamente lagen in einer Schicht mit vornehmlich spätmittelalterlicher Keramik (Wirth 2012).

Ein weiteres Datum konnte dendrochronologisch gewonnen werden. Die Auswertung der Jahresringzählung der verwendeten Hölzer ergab das Fälldatum eines Bauholzes, das noch als Rest des Lehrgerüsts im Gewölbe steckte (Abb. 6: Winter 1592, Hofmann 2012).

Selbst wenn davon ausgegangen werden müsste, dass für das Lehrgerüst älteres Bauholz wiederverwendet worden war, wäre eine Errichtung des Kellers und auch des Gebäudes darüber spätestens im 17. Jahrhundert anzunehmen.

Abb. 5: Blick von der Fichtenstraße (Südwesten) auf das ergrabene Areal. Im Vordergrund die Grundmauern des Scheunenvorgängers. Im Hintergrund die Anbindung der Mauern an das Gewölbe.

Abb. 6: Stangenrest des hölzernen Lehrgerüsts an der Gewölbedecke in ursprünglicher Lage.

Ausrichtung und Umfeld

Die ursprüngliche Nutzung des teilunterkellerten Baus lässt sich aus der bruchstückhaften bauhistorischen und archäologischen Überlieferung nicht mehr erschließen. Es könnte auch ein Wohnhaus gewesen sein.

Es ist darüber hinaus zu vermuten, dass sich die Ausrichtung der Gebäude auf dem Grundstück zum Ende des 16. Jahrhunderts und im 17. Jahrhundert von der heutigen grundlegend unterschied. Möglicherweise war das Gebäude über dem Keller ursprünglich zur Fichtenstraße hin ausgerichtet (Wirth 2012). Ein funktionaler Bezug zum heutigen Wohnhaus ergab sich nicht.

Das Wohngebäude

Das Wohngebäude des heutigen Anwesens befand sich an der Stirnseite zur Hauptstraße. Es war ein eingeschossiges, giebelständiges Gebäude mit Satteldach, an der Straßenfassade 10,25 m breit und etwa 16,75 m lang (Abb. 7). Es hatte einen Keller aus Natursteinen und einzelne massive Wände aus Naturstein und Backstein im Erdgeschoss. Über dieser Grundkonstruktion war die Fachwerkkonstruktion des Obergeschosses errichtet worden.

Abb. 7: Blick von Norden auf das Wohngebäude.

Die Untersuchungen zeigten, dass die aufgehenden Bauteile unterschiedlichen Epochen zugeordnet werden können, die sich genauer fassen lassen. Neben der Entstehungsphase des Hauptgebäudes lassen sich vor allem Umfang und sogar Ursache eines Umbaus am Ende des 18. Jahrhunderts erkennen.

Die archäologische Untersuchung des Wohngebäudes

Für die zeitliche Einordnung des aufgehenden Gebäudebestands war die archäologische Ausgrabung in der Küche von Bedeutung, sie gab Aufschluss über den Beginn der Errichtung des alten Hauskerns und das Verhältnis zu Vorgängerbauten.

Die Vorbebauung des Platzes konnte bis ins Frühmittelalter zurückverfolgt werden, mehrere hoch- und spätmittelalterliche Vorgängerbauten wurden erfasst. Damit ist die Kontinuität von Wohnbebauung seit dem 13. Jahrhundert hier nachgewiesen (Wirth 2012).

Die Ausgrabungen belegten aber auch, dass die Mauern des heutigen Gebäudes erst in der Epoche des Barock errichtet wurden. Selbst die ins 17. Jahrhundert zu datierenden Mauerstrukturen (siehe Beitrag Wirth) wurden für den Bau des ehemaligen Wohngebäudes nicht wieder aufgenommen, er war anders konzipiert.

Einer der wenigen massiven Bauteile des ursprünglichen Gebäudes war die Brandmauer zwischen Küche und Stube (siehe Aufmaß Dietsche-Pappel). Sie stand auf der

Mauerkrone der rückwärtigen Kellermauer und verband Keller, archäologische Fundschichten und aufgehendes Mauerwerk.

Aus der Baugrubenverfüllung des Fundaments der Brandmauer in der Küche wurden datierende Funde geborgen: Keramik aus der Barockzeit. Damit war ein erster Zeitansatz für die Errichtung gegeben, denn die mit der Brandmauer in Verbindung stehenden Bauelemente konnten nicht vorher entstanden sein.

Die aufgehende Bausubstanz des Gründungsbaus – Stein und Backstein

Was vom massiven Mauerwerk noch in die Zeit der Entstehung zu datieren ist, wird nun im Einzelnen dargelegt.

Der Keller
Der älteste Teil der ursprünglichen Baus ist der aus Sandsteinquadern errichtete Keller (Abb. 8: Außenerschließung). Er besteht aus einem zur Straße parallel ausgerichteten Tonnengewölbe. Die Ecken sind miteinander verzahnt, es ist davon auszugehen, dass das Gewölbe im ersten Bauabschnitt errichtet wurde. In dieselbe Phase gehören auch

Abb. 8: Blick von oben auf die freigelegte Gewölbetonne des Grundstücks nach Abbruch des Wohnhauses. An der straßenseitigen, linken Ecke befand sich der alte Kellerzugang. Auf der gegenüberliegenden Seite war der Keller von der ehemaligen Küche aus zugänglich.

Abb. 9: Blick auf die eingangsseitige Traufwand des Gebäudes. Unter dem abgenommenen Putz kam die bauzeitliche Sockelmauer des Fachwerks zum Vorschein. Darüber die spätere Zusetzung mit Mischmauerwerk.

die Backsteineinfassungen der Kellerfenster zur Straße hin. Der Keller war ursprünglich von der Straße her zu betreten. So fand sich nach dem Abriss an der Nordostecke des Hauptgebäudes eine später vermauerte Zugangsöffnung. Der freigelegte Abschnitt zeigte auch einen Treppenansatz und eine steinerne Treppenwange. Im Gewölbe selbst waren aber keine Hinweise auf einen Zugang, wie zum Beispiel Treppenstufen zur Straße hin, zu erkennen. Es ist daher anzunehmen, dass ein Einstieg in den Kellerraum nur über eine Leiter im Inneren des Kellers möglich war. Die bis in die Gegenwart genutzte Erschließung über den Innenraum (Küche) wurde erst später eingebaut.

Die Fassade

Die straßenseitige Fassade bestand aus Bruchsandsteinmauerwerk. Im Übergang zum Kellermauerwerk fanden sich keinerlei Brüche in der Bauweise. Auch auf der eingangsseitigen Außenwand zeigte die Fassade beim Übergang in den Sockel der Seitenwände keinen Versatz (Abb. 9). Eine gleichzeitige Errichtung von Keller und Fassade ist daher anzunehmen. Zudem zeigten bauzeitliche Hölzer in der Fassade des Erdgeschosses keinerlei Spuren, die auf eine Vorgängerfassade aus Fachwerk hindeuteten. Zusätzlich untermauert wird der Befund durch sehr alte Farbfassungen an der Innenseite der Fassade (Maag 2012). Ursprünglich gehörte die Steinfassade nur zum Erdgeschoss. Im Obergeschoss bestand die Fassade in der ersten Zeit des Hauses aus Fachwerk. Zapfenlöcher auf der Oberseite des noch vorhandenen bauzeitlichen Rähmholzes legen diese Vermutung nahe (freundlicher Hinweis Herr Frey). Es lag auf der obersten Steinlage der Fassade auf und befand sich noch in originaler Lage.

Die Brandmauer

Wie aus dem archäologischen Befund zu ersehen, lagerte auf der Krone der rückwärtigen Kellermauer aufgehendes Mauerwerk, das noch in Teilen als bauzeitlich anzusehen ist (Abb. 10). Diese Brandmauer bestand aus Flusskieseln und wies eine Stärke von etwa 30 cm auf. Die Bezeichnung „Brandmauer" bezieht sich auf ihre Funktion, denn an ihr war das Koch- und Heizsystem des Hauses installiert. Die Mauer zog sich aber nicht über die gesamte Breite des Hauses. Der Anschluss dieser Wandscheibe an die Seitenwände war beim Bau des Hauses in Fachwerk ausgeführt worden (freundlicher Hinweis Herr Frey).

Die Seitenwände

Bauzeitliche Spuren an den Seitenwänden des Hauses waren nur vereinzelt anzutreffen. Die ursprüngliche Struktur einer Fachwerkwand auf einem massiven Sockel war an keiner Stelle mehr gegeben. An der Westseite, der heutigen Eingangsseite, hatten sich Reste von bauzeitlichem Mauerwerk erhalten, die auf den Sockel einer ehemaligen Fachwerkwand schließen ließen (siehe Abb. 9). Auf der Ostseite waren im küchenseitigen Bereich unter dem bauzeitlichen Rähmbalken der Außenwand neuere Mauern aus Natur- bzw. Backstein errichtet. Zur Bauzeit stand auch hier ein Steinsockel mit darauf errichteter Fachwerkwand (Abb. 11).

Abb. 10: Ansicht der Brandmauer von der Küche. Die ältesten, bauzeitlichen Bereiche bestanden aus Bruchsteinmauerwerk. Davor befand sich der Kamin des 19. Jahrhunderts. Verrußungen kennzeichnen die Lage der ehemaligen Ofenöffnungen zur Stube.

Abb. 11: Blick vom Küchenraum auf die südöstliche Traufseite. Im Bereich der Deckenbalken findet sich der Rähmbalken, darunter jüngeres Mauerwerk. Mittig ist der vermauerte Durchgang zu Hauptstraße 377 erkennbar.

Der hofseitige Bereich und das untere Dachgeschoss
Im rückwärtigen Bereich des Hauses konnte bauzeitliches Mauerwerk nicht mehr nachgewiesen werden. Hier fanden sich bis zur Traufe ausgeführte Massivwände aus Backstein oder Sandstein, die aufgrund der Steinbearbeitung ins 19. Jahrhundert zu datieren sind. Im Obergeschoss wurden keine massiven Mauern festgestellt, die in die Entstehungszeit des Gebäudes datiert werden konnten.

Aus der Erbauungszeit haben sich vom bauzeitlichen Massivmauerwerk der Keller, die Fassade des Erdgeschosses, Teile des Steinsockels für die Fachwerkkonstruktion sowie Teile der Brandmauer erhalten. Der größere Teil des Hausgerüsts war aus Holz gefertigt.

Das Fachwerk
In der Entstehungszeit wurde über das bauzeitliche massive Mauerwerk, also die Sockelbereiche und die Brandmauer, ein Fachwerkgerüst errichtet. Die Anbindung an die Massivkonstruktion ist durch die Binnenmauer und die Fassade gegeben. Ein Befund in der ehemaligen Küche zeigt, dass der raumteilende Dachbalken direkt auf der ursprünglichen Trennmauer (Brandmauer) zum straßenseitigen Raum lag (Abb. 12).

Das Fachwerk war in vier Abbünden (Bauabschnitten im Fachwerk) abgezimmert. Davon waren die drei rückwärtigen Abbünde noch in ursprünglicher Lage, denn die Abbundzeichen befanden sich an Ort und Stelle. Insgesamt ist davon auszugehen, dass ein Großteil der Fachwerkkonstruktion des rückwärtigen Gebäudeteils noch aus der Erbauungszeit stammt.

Die Zeitstellung

Die Entstehungszeit des Ursprungsbaus war über zwei verschiedene Methoden bestimmbar. Zur Verfügung standen zum einen die Ergebnisse der archäologischen Ausgrabung, zum anderen die bereits bei den Hölzern der Scheune angewandte Dendrochronologie.

Die Funde aus der Baugrubenverfüllung des Brandmauerfundaments datieren die Entstehung des Ursprungsbaus in die Epoche des Barock. Dendrochronologisch ließ sich der Zeitpunkt der Errichtung weiter präzisieren. Es wurden die Fälldaten der im Fachwerk verbauten Hölzer ermittelt. Die Beprobung der Hölzer wurde nach der Abfolge des Abbunds vorgenommen.

Eine erste Probe wurde aus einem Ständer des zweiten Abbunds entnommen, der im Obergeschoss auf der Zwischenwand zwischen Treppenhaus und straßenseitigen Räumen stand. Dieses Holz (Tanne) wurde im Winter des Jahres 1718/1719 gefällt. Proben (Tanne) aus einem Ständer des dritten Abbunds und einem des vierten hatten ebenfalls die Fälldaten 1718/1719.

Weiterhin wurde noch ein Deckenbalken (Tanne) beprobt, der sich zwischen dem zweiten und dem dritten Abbund befand. Auch hier ließ sich das Fälldatum auf das Winterhalbjahr 1718/1719 eingrenzen.

Die Proben verdeutlichten, dass das Holz des gesamten hinteren Fachwerkgerüsts ab dem zweiten Abbund um 1718/1719 geschlagen wurde. Da es meist bald nach dem Fällen des Baumes verbaut wurde, ist von seiner Verwendung um das Jahr 1720 auszugehen. Es kann also angenommen werden, dass das Fachwerk um diese Zeit

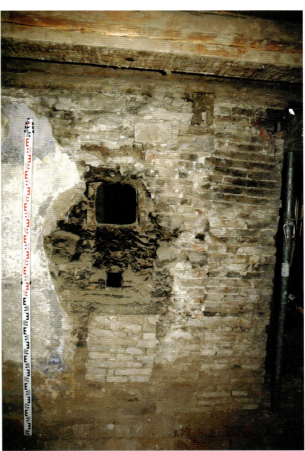

Abb. 12: Blick auf die Brandmauer von der Stube aus. Der bauzeitliche Unterzug liegt noch auf den bauzeitlichen Bruchsteinen der Brandmauer auf.

Abb.13: Das ehemalige Kaminloch im Fachwerkgerüst. An den Balken hafteten noch Verrußungen der ehemaligen Herdstelle.

Abb.14: Blick von der Küche aus auf den abgebeilten Unterzug. An der Unterseite waren noch die Vertiefungen der Zapfenlöcher zu erkennen.

errichtet wurde (Stadler 2012). Da die massiven Teile in das Fachwerk eingebunden waren, wurde das ehemalige Wohnhaus um 1720 erbaut.

Die Raumstruktur und die Funktion
Die ursprüngliche Raumaufteilung wird durch die Fachwerkstruktur vorgegeben, die das Hauptgebäude in vier Zonen unterteilte. Die trennenden Elemente sind drei quer zur Firstlinie verlaufende Fachwerkwände, auf denen die Abbundzeichen zu finden waren.

In der ersten Zone im Erdgeschoss befand sich straßenseitig ein großer Raum, die sogenannte Stube. Hinter der massiv ausgeführten Brandmauer befanden sich in der zweiten Zone die Küche und der Erschließungsraum zum Obergeschoss.

Im rückwärtigen Bereich (dritte und vierte Zone) des Hauses sind am Fachwerk Spuren, die auf eine bei der Errichtung des Hauses vorgesehene Teilung in zwei Wohneinheiten schließen lassen. So befanden sich an der Trennmauer zwischen der dritten und vierten Zone eine verrußte Aussparung im Deckengebälk sowie ein gemauerter Kamin aus jüngerer Zeit, der jedoch auf das bauzeitliche Koch- und Heizsystem hinwies (Abb. 13). Der Unterzug zwischen zweiter und dritter Zone wurde im Küchenbereich an der Unterseite zwar abgebeilt, es sind aber noch Spuren der Zapfenlöcher erkennbar (Abb. 14). Hier muss sich also eine durchgehende Trennwand befunden haben, welche über die gesamte Breite und durch alle Geschosse des Hauses verlief. Neben dem an dieser Trennwand gelegenen Aufgang ins Obergeschoss befand sich auf ihrer anderen Seite ebenfalls ein Treppenloch, das später zugesetzt wurde. Im Obergeschoss gab es zur Erbauungszeit ebenfalls keinen Durchgang durch diese Trennwand. Der heute existierende war als Fachwerkwand konzipiert und wurde erst später zur Türe umgebaut. Hierfür spricht das Vorhandensein eines Zapfenloches an der Seite des Ständers, das ursprünglich einen Brustriegel aufnahm (Abb. 15).

Offenkundig befand sich spiegelbildlich zu der Wohneinheit Stube/Küche/Aufgang/Kammern im straßenseitigen Areal (erste und zweite Zone) des ehe-

Abb. 15: Vertiefung eines Zapfenlochs auf Höhe der Brustriegelkette. Hier befand sich der moderne Durchgang zum rückwärtigen Teil des Hauses.

Abb. 16: Durchgang von der dritten zur vierten Zone des Hauses, der Fachwerkrahmen war mit einer einfachen Profilierung versehen.

maligen Wohnhauses im rückwärtigen Bereich (dritte und vierte Zone) eine zweite Wohneinheit. Wegen der späteren Umbauten haben sich jedoch keine weiteren Hinweise erhalten.

Die ursprüngliche Raumaufteilung im Obergeschoss ist nur noch im rückwärtigen Bereich erhalten. Hier befanden sich verschiedene Räume, die als Kammern anzusehen sind. Ein mit einfachen Profilen verzierter Türrahmen weist auf einen zu Wohnzwecken verwendeten Raum im rückwärtigen Bereich des Hauptgebäudes hin (Abb. 16). Im straßenseitigen Bereich zwischen erstem und zweitem Abbund ist die bauzeitliche Raumaufteilung aufgrund jüngerer Einbauten nicht mehr rekonstruierbar.

Das bauzeitliche Feuerungssystem

Für die Erforschung der Raumnutzung zu Anfang des 18. Jahrhunderts unerlässlich ist die Kenntnis der Lage der Heiz- und Kochbereiche des Hauses. So wurde die Stube durch einen Kachelofen beheizt, der von der Küche aus befeuert wurde. Anzeichen des bauzeitlichen Heizsystems sind noch gut an der massiven Brandmauer zwischen Küche und Stube erhalten, die in der Brandmauer entdeckten Ofenöffnungen lassen darauf schließen. Auch die Schmauchspuren an der Binnenwand geben über das damals übliche Kochen am offenem Feuer Auskunft (Abb. 17). In der Küche befand sich ein offener Kaminabzug, über den der Rauch von Feuerstelle und Kachelofen zugleich abzog. Darunter lag eine Feuerstelle, auf der gekocht und mit der über ein Feuerloch auch der Kachelofen in der Stube auf der anderen Seite der Mauer beheizt wurde. Zum Zeitpunkt der Untersuchung waren nur noch die Ofenlöcher erhalten. Zu sehen war auch noch das Abzugsloch im Fachwerk, eine verrußte Aussparung (Abb. 18). In der Brandmauer war etwa drei Meter nach Osten noch ein zweites Ofenloch lokalisierbar. Dahinter muss straßenseitig ebenfalls ein Kachelofen gestanden haben. Möglicherweise war bereits zur Bauzeit der straßenseitige Raum geteilt, davon war im Baubefund aber nichts zu erkennen (Abb. 19).

Abb. 17: Blick von der Stube auf den ehemaligen Standort des Kachelofens. An der Wand Verrußungen der einstigen Befeuerung.

Die zweite Herdstelle im rückwärtigen Teil des Erdgeschosses konnte, wie oben erwähnt, nur noch als Befund im Fachwerk nachgewiesen werden (siehe Abb. 13). Hier muss sich ebenfalls ein Ofen bzw. Kamin befunden haben, der zur Beheizung der hinteren Räume, vor allem im Obergeschoss, diente. Die Räume im Obergeschoss konnten durchaus auch als Stuben (beheizbare Räume) genutzt worden sein.

Abb.18: Verrußte Aussparung im Deckengebälk. In der Mitte der neuzeitliche Kamin.

Zusammenfassung

Scheune und Hauptgebäude von Hauptstraße 379 entstanden zu unterschiedlichen Zeiten. Unter der um 1898 erbauten Scheune befand sich ein Kellergewölbe aus dem 17. Jahrhundert. Der älteste Kern des Wohngebäudes wurde auf den Grundmauern mittelalterlicher Vorgängerbauten in der Zeit um 1720 errichtet.

Den Untersuchungen zufolge war der ursprüngliche Urbau ein teilunterkellertes giebelständiges Haus mit einem Sandsteinsockel und teilweise massiven Mauern, über das ein Fachwerkgerüst errichtet wurde. Erhalten sind noch die massive Fassade und Teile der aus Feldsteinen errichteten, zwischen Stube und Küche gelegenen Brandmauer sowie Teilbereiche des Sandsteinsockels. Aus der Erbauungszeit stammt auch die hintere Fachwerkkonstruktion, während das Fachwerk über der Stube später erneuert wurde. Die Befunde sprechen für eine eigenständige Wohneinheit mit Heiz- und Kochgelegenheit im rückwärtigen Breich des Wohnhauses. Von diesem hat sich aber nichts mehr erhalten.

Nachweisbar aus der Zeit um 1720 war straßenseitig eine Stube mit einem Kachelofen. Dahinter, durch eine steinerne Brandmauer getrennt, lag die Küche mit Herd und Feuerung, daneben der Flur mit Treppe ins Obergeschoss. Die ursprüngliche Raumeinteilung im Obergeschoss war im straßenseitigen Bereich nicht mehr vorhanden. Im rückwärtigen Bereich war im Gegensatz zum Erdgeschoss die bauzeitliche Raumgliederung an der Fachwerkstruktur ablesbar. Hier haben sich offenbar beheizbare Wohnräume befunden.

Abb. 19: Blick von der Küche auf das ehemalige Schürloch eines zweiten Ofens. Um das zugesetzte Schürloch haben sich Verschmauchungen der Feuerung erhalten.

Schäden und Reparaturen im Spätbarock

Am Mauer- und Fachwerk im straßenseitigen Bereich des Gebäudes sind umfangreiche Veränderungen nachweisbar, die in das letzte Viertel des 18. Jahrhunderts zu datieren sind. Offenbar wurden zu dieser Zeit Reparaturarbeiten an der Bausubstanz vorgenommen.

Veränderungen am Fachwerk

Erste Hinweise auf eine Erneuerung des Vorderhauses fanden sich am straßenseitigen Fachwerk des Obergeschosses. Hier wurden zwischen der älteren bauzeitlichen Ständerkonstruktion und der Fassade parallel zur Firstlinie neue Fachwerkwände eingestellt bzw. an den zweiten Abbund gesetzt (Abb. 20). Dabei wurden ältere Konstruktionsteile zweitverwendet, wie z. B. Streben oder auch Bestandteile ehemaliger Fensterrahmen. Bestätigt wird dies durch die veränderte Anordnung der Abbundzeichen. Zwischen erstem und zweitem Abbund waren die Abbundzeichen nicht in ihrer Reihe der Aufrichtung im Fachwerkverbund ins Bauholz graviert. Den Abbundzeichen zufolge waren Bauhölzer aus unterschiedlichen Bauabschnitten miteinander verbaut.

Im Erdgeschoss musste das bereits bestehende Fachwerk ausgesteift werden, denn in Stube und Küche wurden zwei Unterzüge eingezogen. An einer Stelle wurde der Deckenbalken darüber ausgehöhlt, damit das Einbringen eines Unterzugs möglich war (Abb. 21). Neu eingestellt wurde offensichtlich auch die Balkendecke der Stube.

Abb. 20: Blick auf die Ansatzstelle der neu eingestellten Fachwerkwand im unteren Dachgeschoss.

Abb. 21: Blick auf die Brandmauer im Bereich des nach 1784 eingesetzten Unterzuges. Der darüber befindliche Rähmbalken wurde für diesen Zweck abgearbeitet.

Veränderungen am Massivbau

Vereinzelt können Veränderungen an massiven Bauteilen des Gebäudes dieser Reparaturphase zugeordnet werden. Im Erdgeschoss werden die auf Steinsockel lagernden Fachwerkaußenwände durch massive Mauern ersetzt. Verwendet wurde dafür Bruchmauerwerk. Nach der Abnahme des Putzes waren die zugesetzten Bereiche vom alten Mauerwerk gut zu unterscheiden (siehe Abb. 11). Dies entspricht auch den Ergebnissen der Farbfassungsuntersuchungen. In der Stube, auf der andern Seite der Mauer, beginnen die Farbfassungen kurz vor 1800 (Maag 2012). Sehr wahrscheinlich wurde im Zuge dieser Maßnahmen auch der straßenseitige Kellerzugang von außen zugemauert.

Zeitstellung

Zeitlich genauer erfasst wurden die Reparaturmaßnahmen durch die Fälldaten der neu eingezogenen Hölzer. Proben aus den Unterzügen über Stube und Küche ergaben, dass die Hölzer teilweise im Winterhalbjahr 1783 und teilweise im Sommer 1784 geschlagen wurden (Hofmann 2012). Ein Einbau wird kurz danach zu veranschlagen sein, da die Hölzer meist im frisch geschlagenen Zustand verbaut wurden. In unseren Fall mag es sich um gelagertes Holz gehandelt haben. Dieses wird aber bald nach der Katastrophe (s. u.) verbaut worden sein.

Eine Dendroprobe aus der neu eingestellten Fachwerkwand im Obergeschoss ergab ebenfalls ein Fälldatum von 1718/1719 (Hofmann 2012). Da dieses Holz sekundär verbaut worden war, ist dies ein Hinweis darauf, dass der vordere, straßenseitige Bereich um 1785 wohl mit Bauhölzern aus der Entstehungszeit ausgebessert wurde. Insgesamt ist davon auszugehen, dass Decken und Fachwerkwände in der Zeit nach 1784 erneuert wurden. Bestehen blieb jedoch das alte Fachwerkgerüst.

Raumstruktur und Funktion

Gegen Ende des 18. Jahrhunderts ändert sich die Raumstruktur des Haupthauses von Hauptstraße 379. Durch das Abbeilen des Unterzuges wurde die rückwärtige Küchenwand durchbrochen und der Küchenraum der vorderen Gebäudehälfte erweitert (Abb. 14). Dies kann verschiedene Gründe haben: Die Vergrößerung der Küche kann mit einem Besitzerwechsel zusammenhängen, möglich ist auch die Zusammenführen zweier vormals getrennter Wohnbereiche des Hauses.

Ursache des Schadens

Das Fälldatum der Reparaturhölzer liegt in zeitlicher Nähe zu einem Naturereignis, das zu Beginn des Jahres 1784 die Kurpfalz erschütterte. Am 2. Februar sorgte ein überraschender Wärmeinbruch nach tiefem Frost für ein Anschwellen des Neckars, das Hochwasser führte zudem große Eisschollen mit sich. Die Überschwemmung richtete verheerende Zerstörungen im unteren Neckargebiet an. Das Ausmaß der Katastrophe spiegelt sich in zeitgenössischen schriftlichen Quellen wider. So berichtete der berühmte Schauspieler Iffland über die dramatischen Ereignisse, und Schiller schreibt sogar den Misserfolg seines in Mannheim aufgeführten Stückes „Fiesko" diesem Ereignis zu (Biedermann1973, 50).

Kann auch die Reparaturphase des Anwesens Hauptstraße 379 mit den Zerstörungen von 1784 zusammenhängen? Der Bezug zur Katastrophe ist durch die dendrochronologischen Daten gegeben: Die im selben Jahr geschlagenen Hölzer wurden zur Aussteifung und Verstärkung der Wand- und Deckenbereiche von Stube und Küche genutzt. Dieser Umstand verweist darauf, dass diese Bereiche wohl durch den Eisgang gelitten hatten.

Am Innenraum der Fassade wurden Farbreste entdeckt, die wohl aus der Zeit vor 1784 stammen. Laut restauratorischem Gutachten sind hier auch Rückstände festzustellen, die für Wassereinwirkung sprechen (Maag 2012). Es ist davon auszugehen, dass das Vorderhaus zumindest kurzzeitig unter Wasser gestanden hat. So liegt es nahe, die Reparaturmaßnahmen am Wohnhaus mit den Zerstörungen durch den Eisgang zu verbinden.

Abb. 22: Ein Teil des Dorfes Neckarhausen nach dem Eisgang im Jahre 1784, Öl auf Leinwand, 33,5 cm x 47,5 cm.

Zusammenfassung

Gegen Ende des 18. Jahrhunderts sind am Wohnhaus von Hauptstraße 379 Reparaturen nachweisbar. Wände und Decken werden erneuert bzw. ausgesteift. Die Binnenstruktur wird verändert, die Küche erweitert, der Kellerzugang von der Küche ermöglicht. Der ältere, bauzeitliche Fachwerkkern bleibt jedoch bestehen. Ein unmittelbarer Zusammenhang mit den Zerstörungen des Eisganges von 1784 ist anzunehmen. Die Reparaturen an der Bausubstanz sind als Reaktion auf die Naturkatastrophe zu interpretieren.

Exkurs: Bildquelle „Eisgang" von 1784

Die Katastrophe von 1784 wurde von Zeitgenossen beschrieben. Außergewöhnlich für diese Zeit sind Darstellungen, die derartige Ereignisse abbilden. Tatsächlich existieren zu den Zerstörungen Neckarhausens durch den Eisgang auch Bildquellen. So schuf der Mannheimer Maler Ferdinand Kobell ein Ölgemälde, auf dem die teilzerstörten Gehöfte Neckarhausens kurz nach der Katastrophe zu erkennen sind (Abb. 22). Da die Darstellung für diese Zeit ungewöhnlich realistisch ist, sei die Frage erlaubt, ob diese bildliche Quelle etwas zur Baugeschichte des Anwesens 379 beitragen kann. Kann sie für eine Rekonstruktion des damaligen Gebäudezustands herangezogen werden?

Die Entstehungsgeschichte dieses Bildes ist heute weitgehend geklärt, lediglich der Auftraggeber ist noch unbekannt (Mannheim 1993, 15). Geschaffen wurde es 1784 zusammen mit sieben weiteren kleinformatigen Ölgemälden, die die Zerstörungen durch den Eisgang zeigen. Die Gemälde sind heute Eigentum des Kurpfälzischen Museums. Das für die Hauptstraße 379 relevante Gemälde befindet sich im Schloss von Neckarhausen.

Sein Schöpfer Ferdinand Kobell war der erste einer Künstlerfamilie, die in späteren Jahren vor allem in Bayern wirkte. 1740 in Mannheim als Sohn des Hofkammerrates Balthasar Kobell geboren, sollte er die Juristenlaufbahn einschlagen. Freiherr Stephan von Stengel entdeckte jedoch früh seine künstlerische Begabung, der Kurfürst ermöglichte ihm ein Stipendium an einer Zeichenschule. Zunächst noch als Theatermaler tätig, war Kobell in zunehmendem Maße bei Hofe als Landschaftsmaler gefragt. Bekannt wurde er vor allem durch seine Landschaftsdarstellungen. War Kobells Schaffenszentrum Mannheim, so begab er sich im Jahre 1793 nach München, wo er am 1. Februar 1799 verstarb (Mannheim 1993, 14).

Was also zeigt das Gemälde? Dargestellt ist eine dörfliche Bebauung an einer Durchgangsstraße. Im Hintergrund ist die 1782 erbaute Kirche St. Michael zu erkennen, rechts davon die mittelalterliche Kirche St. Andreas. Zweifelsfrei liegt damit ein Bild vom Neckarhausen des späten 18. Jahrhunderts vor. Zugleich lässt sich auch der Standpunkt des Künstlers lokalisieren; es ist wohl der Kreuzungsbereich vor dem Schloss. So wäre das Wohnhaus von Hauptstraße 379 im Bild zentral erfasst.

Im Vordergrund vor der Kirche sind Häuser dargestellt, die vom Eisgang in Mitleidenschaft gezogen wurden. Auch diese würde der tatsächlichen Parzellenbebauung entlang der Hauptstraße entsprechen, auch wenn die Gestalt der Gebäude sich in den letzten 200 Jahren verändert hat.

In der Mitte des Vordergrunds steht das Gebäude, dessen Zerstörungen nun detailliert geschildert werden. Vorbild hierfür könnte tatsächlich das Wohnhaus des Anwesens 379 gewesen sein. Dargestellt ist ein Fachwerkhaus, dessen vordere Hälfte weggebrochen ist; man blickt ins Innere. Alle Rähmbalken sind abgerissen, es gibt keine intakte Holzverbindung mehr an der Straßenfront. Im Innern ist die Brandmauer mit dem Kamin dahinter zu erkennen. Die Stube davor ist vollkommen zerstört.

Ein Vergleich des Bildes mit dem Ergebnis der Bauforschung verweist aber auf Unstimmigkeiten. So fehlen auf dem Gemälde Bauteile, die nach Baubefund noch hätten vorhanden sein müssen. Beispielsweise ist auf dem Bild keine Fassade mehr zu sehen, diese muss aber zumindest im Erdgeschoss noch existiert haben. Ebenfalls in voller Länge erhalten waren die Fußpfetten, sie lagen auf der Mauerkrone der Fassade auf. Dem Baubefund zufolge befand sich im rückwärtigen Bereich ein zweiter Kamin, davon ist aber nichts auf dem Gemälde zu erkennen.

Abb. 23: Wilhelm Kobell, Eisgang am Neckar 1784, Aquarell 22,5 cm x 31,4 cm.

Der Grad der Zerstörung auf dem Bild entsprach wohl nicht der Wirklichkeit. Es ist davon auszugehen, dass das Wohngebäude sehr viel weniger beschädigt war als auf dem Gemälde dargestellt. Wohl waren die Fachwerkwände im vorderen Teil des Gebäudes zerstört, und auch die Decke zwischen Erd- und Obergeschoss musste erneuert werden. Man darf aber annehmen, dass die tragenden Konstruktionsteile auch im vorderen Bereich des Hauses noch im Verbund waren.

Dem barocken Zeitgeist entsprechend war es wohl nicht im Sinne des Künstlers, die Katastrophe vollkommen realistisch darzustellen. Kobell ging es vielmehr um die Schilderung der Natur, um die Bäume im Vordergrund als auch kleinteiliger Darstellung des zerstörten Guts. Nach Biedermann (1973, 50) wurde hier die mangelnde architektonische Präzision durch solche Details ausgeglichen. Der Eisgangzyklus sollte eher die Natur als zerstörerisches Element darstellen. Das bis ins Detail korrekte Abbilden architektonischer Gegebenheiten war nicht das Anliegen des Malers.

Für das Gemälde ist eine Zeichnung als Vorlage vorauszusetzen, denn „Freiluft"-Malerei vor Ort war noch nicht üblich. Eine Zeichenvorlage von Ferdinand Kobell ist aber bis heute nicht bekannt, vielleicht hat er eine solche auch nicht selbst angefertigt.

Die Urheberschaft des Bildes

Mit der Katastrophe von 1784 beschäftigte sich auch Wilhelm Kobell, der Sohn Ferdinands. Er tritt mit dem „Eisgang" erstmals künstlerisch in Erscheinung. So schuf er eine Radierung, die einer kleinen Schrift über die Katastrophe zur Veranschaulichung beilag (Mannheim 1993, 17). Der Radierung lag ein wohl vor Ort gefertigtes Aquarell zugrunde (Abb. 23).

Auch war Neckarhausen Wilhelm nicht unbekannt. Es ist eine Skizze aus dem Jahr 1783 überliefert, die er von der Dorfstraße dort gezeichnet hat (Abb. 24). Die Darstellung, mit Blick aus Richtung Heidelberg, gibt sehr genau die Architektur der Kirche wieder. Links davon ist noch der Kirchturm von St. Andreas zu erkennen. Andere Ansichten Neckarhausens aus dieser Zeit sind von Wilhelm nicht bekannt, es ist aber durchaus möglich, dass er bei seinem Aufenthalt in Neckarhausen noch weitere Skizzen anfertigte. Es könnte also sein, dass eine Vorlage für das Eisgangbild nicht von Ferdinand Kobell stammt, sondern von seinem Sohn Wilhelm.

Das Bild eignet sich also nur bedingt als Quelle für die Rekonstruktion des baulichen Zustandes des Wohnhauses von Hauptstraße 379.

Abb. 24: Wilhelm Kobell, Oberrheinische Dorfstraße um 1783. Hier erstmals Neckarhausen mit der Michaelskirche zugewiesen (nach Wichmann 1970, 160). Hierbei handelt es sich wohl um eine Darstellung von Neckarhausen, Ansicht aus Richtung Edingen. Mittig die um 1782 neu erbaute Michaelskirche, hinter deren Kirchenschiff der Kirchturm der St.-Andreas-Kirche zu sehen ist.

Das Wohnhaus im 19. und 20. Jahrhundert

Im Gebäude wurde nach den Umbauten von 1784 eine weitere Reihe von Umbaumaßnahmen durchgeführt. Die Veränderungen sind stratigrafisch jünger, aufgrund des Fehlens von Dendrodaten aber absolutchronologisch schwer zu bestimmen.

So setzt nach 1800 eine zunehmende „Versteinerung" des Gebäudes ein. An den Bruchsteinmauern der Seitenwände sitzen nun Backsteinmauern, die an die bauzeitliche Brandmauer anschließen. Die gleiche Bauweise und die gleiche Backsteinart finden sich auch in der Fassadenmauer des Obergeschosses. Die Fachwerkkonstruktion der Dachgeschossfassade wird z. T. in die neue Steinfassade integriert (Abb. 25).

Raumstruktur und Funktion

Die Raumstruktur veränderte sich. Im Erdgeschoss wurde die Stube in die bis zum Abbruch 2011 bestehenden Räume R.03 und R.04 (siehe Aufmaß Dietsche-Pappel) unterteilt.

Auf noch später kann eine Hauserneuerung datiert werden, in der Backsteine moderner Produktion dominieren. Mit diesen Backsteinen wurde ein großer Bereich der Küche abgetrennt, in den ein Badezimmer eingebaut wurde. Die rückwärtige Brandmauer wurde erneuert bzw. vollkommen neu aufgebaut. Mit den Backsteinen wurden auch die Fenster in den Seitenwänden zugesetzt (Abb. 26).

Die Kamine wurden errichtet und mit ihnen auch neuere Heiz- und Kochtechniken eingeführt. Die Heizung mittels Hinterladerofen (Kachelofen) verschwand. Der heute bestehende Kamin wurde aufgebaut, die Ofenöffnungen wurden zugesetzt (Abb. 27). Damit wurde die Küche rauchfrei. Spätestens mit der Errichtung des Bades wurde die hintere Feuerstelle außer Betrieb gesetzt. Die neu eingezogene Wand sitzt unter dem im Fachwerk ausgesparten und verschmauchten Querriegel des

Abb. 25: Blick im unteren Dachgeschoss auf die Fassade. Zu erkennen die neuere Backsteinfassade des Obergeschosses mit der eingefassten älteren Fachwerkkonstruktion.

Abb. 26: Blick von der Stube auf die zugesetzten Fensternischen.

Abb. 27: Blick von der Stube aus auf eine zugesetzte Ofenöffnung.

alten Kaminabzuges (Abb. 28). Zum Heizen und zum Kochen dürfte kein offenes Feuer mehr gebrannt haben. Die Umstellung vom offenen Herdfeuer auf das geschlossene System trat in manchen bäuerlichen Gegenden erst kurz vor 1900 auf. Etwa in diesen Zeitraum lassen sich auch die Einbauten hier datieren.

Zusammenfassung

In der Zeit nach 1800 wurde Fachwerk vermehrt ausgetauscht und durch massives Mauerwerk aus Naturstein oder Backstein ersetzt. Große Räume wurden nochmals in kleinere aufgeteilt. Wichtige Neuerungen in der Haustechnik trugen ab da zur Erhöhung des Raumkomforts bei.

Schluss

In der Gesamtschau der Baugeschichte von Hauptstraße 379 entsprechen viele Ergebnisse dem, was in einem bäuerlichen Anwesen des Barock zu erwarten war. Dazu gehört ein teilunterkellertes Hauptgebäude mit massiven Wänden im Erdgeschoss und Fachwerkbauweise in den anderen Bereichen des Hauses. Auch die Raumaufteilung in eine straßenseitige Stube mit dahinter liegender Küche entspricht einem gängigen Schema im 18. Jahrhundert. Die Umstellung von Koch- und Heiztechnik im 19. und 20 . Jahr-

Abb. 28: Blick von oben auf die Kaminaussparung des rückwärtigen Kamins.

hundert ist schließlich der allgemeinen Entwicklung zu einem größeren Wohnkomfort hin geschuldet.

Eine Zweiteilung in zwei Einheiten mit jeweils separatem Heizsystem und separatem Aufgang ins Obergeschoss ist im bäuerlichen Kontext um 1720 schon ungewöhnlicher. Dahinter verbergen sich zwei getrennte Wohneinheiten, die spiegelbildlich zueinander angelegt waren. Offenbar lag hier eher der bürgerlich-städtische Gebäudetyp eines Reihenhauses als Vorbild zugrunde (Jakobi 1989).

Es ist schließlich als Glücksfall zu betrachten, dass bestimmte Erneuerungen am Haus mit den Zerstörungen durch den Eisgang von 1784 in Verbindung zu bringen sind. Hier verbindet sich die individuelle Hausgeschichte mit einem historisch belegten Ereignis.

Die Baugeschichte des Anwesens Hauptstraße 379 kann also ihren Teil zur Ortsgeschichte von Neckarhausen beitragen. Es bleibt zu hoffen, dass sich noch weitere solche Bausteine des Wissens zur Vervollständigung dieser Geschichte finden.

Abbildungsnachweis

© rem. Archäologische Denkmalpflege und Sammlungen.
Abb. 22: Kurpfälzisches Museum Heidelberg.
Abb. 24: S. Wichmann 2012, 160.

Literatur:

Biedermann 1973: M. Biedermann, Ferdinand Kobell, das zeichnerische und malerische Werk (München 1973).
Frey 2012: In Vorbereitung.
Hofmann 2012: J. Hofmann, Gutachten 141211-2-12, Kommentar Dendrochronologie Hauptstraße 379, Neckarhausen.
Jakobi 1989: A. Jakobi, Vom Nutzen der Toleranz, 300 Jahre Erlangen, Ausstellungskatalog Erlangen (Erlangen 1989).
Maag 2012: W. Maag, Neckarhausen, Hauptstr. 379 – Farbgestaltungen der Stubenwände ab der Bauzeit mit Interpretationsansätzen und Hinweisen zum Untersuchungsvorgehen. In diesem Band.
Mannheim 1993: Von Mannheim nach München – Die Künstlerfamilie Kobell Ausstellungskatalog München – (Mannheim 1993).
Stadler 2012: B. Stadler, Die Baugeschichte und Dendrochronologie der Baustrukturen des Barockhauses von B 4,13, Mannheimer Geschichtsblätter 23, 2012, 119–134.
Wichmann 2012: S. Wichmann, Wilhelm von Kobell (München 1970).
Wirth 2012: K. Wirth, Ausgrabungen in Neckarhausen, Rhein-Neckar-Kreis, Hauptstraße 379. Befunde und Funde. In diesem Band.

Arbeitsbild: Hans Jürgen Rüber beim Feinputz.

Ein Bauernhof in Ilvesheim, Alte Schulstraße 28
– ein originelles Individuum –

Dagmar Dietsche-Pappel

Auf den ersten flüchtigen Blick weisen der Bauernhof in Ilvesheim (Alte Schulstraße 28) und die Gehöfte in Neckarhausen (Hauptstraße 377; 379) große Ähnlichkeiten auf, nämlich: Lage mitten im alten Ortskern, Wohnhaus im Prinzip eingeschossig mit teilweise (bzw. in jüngerer Zeit) vollständig ausgebautem Dachgeschoss, straßenbündig angeordnet, in die Hofraumtiefe linear gestaffelte Stallungen und Schuppen sowie als Abschluss des Hofes eine querbindende Scheune. Es lassen sich jedoch auch deutliche Unterschiede feststellen.

Siedlungsstruktur (Abb. 1)

Das Dorf Ilvesheim, eine fränkische Gründung aus dem 6. Jahrhundert n. Chr. und in einer Schenkungsurkunde 766 erstmals erwähnt, liegt rechts des Neckars zwischen Ladenburg und Mannheim-Feudenheim in einer Neckarschleife. Seit Fertigstellung des 1925–27 erbauten Neckarkanals, der das mühsame Umschiffen der Neckarschleife erübrigte, befindet sich Ilvesheim auf einer Insel (Gemeinde Ilvesheim, www). Der alte Ortskern gruppiert sich um die Kirchhofmauern der spätbarocken katholischen Kirche St. Peter. Diese ist an der Spitze der Neckarschleife auf einer Dünenanhöhe gegenüber dem Dorf Seckenheim positioniert. Zwischen beiden Ortschaften gab es bis zur Errichtung der Brücke im Jahre 1926 einen regen Fährverkehr, der jedoch keine überregionale

Abb. 1: Blick auf den alten Ortskern von Ilvesheim mit katholischer Kirche St. Peter (Foto: Dagmar Dietsche-Pappel).

Bedeutung hatte, vergleichbar mit der Fähre Neckarhausen–Ladenburg. Zu den alten, engen Gassen älterer Siedlungsstruktur gehören unter anderem die Alte Schulstraße und die Ringstraße. Die Anordnung der Gassen um die Kirchhofmauern deutet auf das ursprüngliche Siedlungsprinzip eines Haufendorfes hin; dieses verwischte sich aber im Laufe der weiteren Ortsentwicklung. Ein „Haufendorf" ist eine Ansammlung von Wohnhäusern, Gehöften, die sich „um die Kirche … mit zugehörigem Friedhof gruppieren, nach außen abgeschirmt durch die zurückliegenden Wirtschaftstrakte" (Hesse, 2012, S.185). Letztere bilden im Idealfall einen einblickwehrenden „Scheunenkranz"; doch Überreste hiervon sind in Ilvesheim nur noch bruchstückhaft zu finden.

Das Gehöft „Alte Schulstraße 28" liegt in einer der wenigen noch vorhandenen verwinkelten, alten Gassen. Das traufseitig zur Straße hin orientierte Bauernhaus reiht sich bescheiden in die ein- und zweigeschossige einheitliche (soweit nicht durch Neubauten unterbrochen) Straßenflucht ein. Die Häuser und Gehöfte stehen hier dicht an dicht, traufständig, in leicht variierendem Abstand zur Straßenmitte. Das Flurstück 287, auf

Abb. 2: Schematisch dargestellter Lageplan des Gehöfts „Alte Schulstraße 28" mit Hervorhebung des Grundstücksverlaufes und den Wohn- und Wirtschaftstrakten in den verschiedenen, größeren Bau- und Umbauphasen (schematischer Lageplan: Dagmar Dietsche-Pappel).

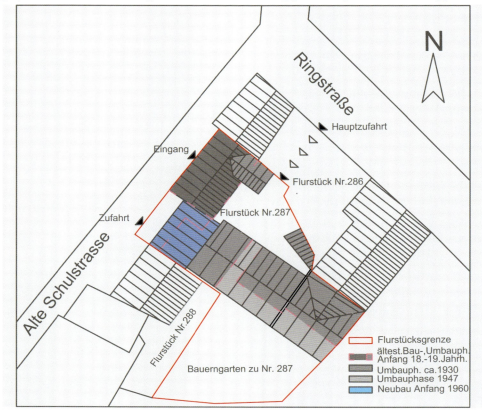

dem der Hof steht, ist aufgrund der über Jahrhunderte gewachsenen Siedlungsstruktur und wahrscheinlich auch infolge von Erbteilungen sehr unregelmäßig zugeschnitten. Dies steht in beträchtlichem Gegensatz zu den handtuchähnlichen Zuschnitten der ausgerichteten, streng geplanten Ansiedlungen mit fränkischen Hofreiten. Das Areal weist eine Straßenfrontlänge von ca. 18,50 m auf und eine Flurtiefe von ca. 33 m. Das Grundstück verjüngt sich auf der Nordostseite, entlang der Grenze zum Nachbarflurstück Nr. 286, in drei Staffelungen, so dass ein spitz zulaufender Hofraum entsteht (siehe schematischer Lageplan, Abb. 2). Die Grenzbebauung mit den langgezogenen Wirtschaftsgebäuden auf der gegenüberliegenden Seite verläuft in etwa rechtwinklig zur Straßenflucht; hinter den Stallungen dehnt sich rucksackartig der Bauerngarten aus. Dieser ist hier nicht in Verlängerung des Flurstücks den Nutzgartenzonen klar zugeordnet wie bei Ansiedelungen fränkischer Hofreiten üblich, sondern den örtlichen Gegebenheiten angepasst.

Gehöftstruktur (Abb. 3)

Die Anordnung des Bauernhauses und der Wirtschaftsgebäude trägt dieser über Jahrhunderte gewachsenen Grundstückssituation Rechnung. Eine klare Gestaltungsstruktur, einen tradierten Anordnungskanon finden wir daher hier nicht, lediglich in der Ausgestaltung der einzelnen Gebäude sind alte Vorbilder wieder aufgegriffen. Neben dem traufseitig stehenden Bauernhaus schließt entlang der Straße nach Südwesten hin, etwa 2,00 m zurückgesetzt, eine Anfang der 60er Jahre errichtete große Remise für den modernisierten Fuhrpark an. Sie ersetzte den alten, kleineren Schuppen. Der Rücksprung zur Straße, der dem erforderlichen Einbiegeradius von der schmalen Gasse aus geschuldet ist, ist mittels Vorgarten kaschiert. Der Geräteschuppen verschneidet zum Innenhof um ca. 1,30 m. Dadurch ist wenigstens ein schmaler Zugang vom Hof aus gegeben. Die zweiflügige Türe (ca. Anfang bis Mitte 19. Jahrhundert) vom alten Schuppen wurde wiederverwendet. Eine direkte Fahrverbindung von der Remise zum Hof ist aufgrund der begrenzten Grundstücksverhältnisse nur über Umwege möglich.

Der Hofraum selbst ist, den Grenzbebauungen folgend, konisch zugeschnitten. Hinter dem Fuhrparkschuppen schließen linear eine große Tabakscheuer und Viehstallungen an. Der Heuboden im ersten Obergeschoss mit Satteldach darüber knickt am schmalen Hofende rechtwinklig ab und schließt so optisch mit einem hohen, schmalen Dachriegel den Hofraum ab. Eine bescheidene Anlehnung an die großen, querstehenden Scheuern der Hofreiten ist wiederzuerkennen. Die große Zufahrt zum Anwesen erfolgt, dies wiederum im Gegensatz zum Ordnungsprinzip Hofreite, von Nordosten über das Nachbargrundstück Nr. 286. Vermutlich war die bessere Rangiermöglichkeit an der Kreuzung Schulstraße/Ringstraße im Vergleich zur beengten Alten Schulstraße der Beweggrund (Abb. 2). Von dieser Toreinfahrt aus unmittelbar neben dem Bauernhaus ist die große Tabakscheuer direkt anfahrbar. Große, hoch beladene Erntewagen können so

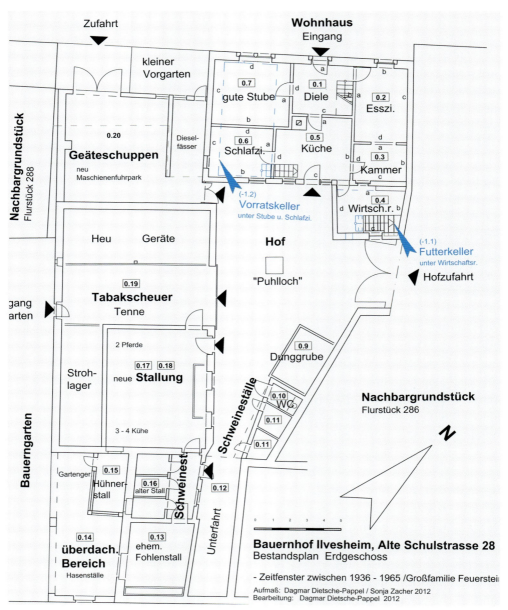

Abb. 3: *Grundriss des gesamten Gehöfts im Erdgeschoss mit Bauernwohnhaus, Stallungen, Scheunen und Tabakdarren sowie dem großen Bauerngarten hinter den Stallungen; Nutzungserfassung im Zeitfenster zwischen 1936 und 1965 (Aufmaß: Dagmar Dietsche-Pappel/ Sonja Zacher 2011; Bearbeitung: Dagmar Dietsche-Pappel 2012).*

zügig einfahren. Neben dem Tor befindet sich die Dunggrube für den Mist. Dahinter sind entlang den Grenzmauern mit einer geringen Bautiefe von ca. 2,50 m das „Plumpsklo" und die alten Schweineställe angeordnet. Der Hühnerstall befand sich – vor der

Scheunenerweiterung – darüber. Auf der Rückseite der Großviehstallungen befindet sich in halber Gebäudetiefe ein überdachter Raum. Er öffnet sich zum Bauerngarten hin und dient der Unterbringung von Kleintieren wie Hühnern und Hasen sowie von Gartengerätschaften. Dieser Bereich entstand im Rahmen der Stallerweiterung im Jahr 1947 und ging auf Kosten etwa eines Drittels der großer Tabakscheuer, wie Baugenehmigungsunterlagen belegen. Die alten Ställe unter dem Heuboden wurden ab diesem Zeitpunkt für Schweine genutzt.

Das Bauernhaus (Abb. 4 und Abb. 5)

Das ursprünglich eingeschossige Wohnhaus ist in der Bautradition der barocken Wohnhäuser der einfachen Bürger, die in Stadt und Land ähnliche Wohnstandards aufwiesen, gehalten. In den 30er Jahren ist das Haus durch Dachanhebung auf der Straßenseite aufgestockt und das Dachgeschoss ausgebaut worden. Die heute vorhandene Fachwerkverblendung auf der Straßenseite stammt aus dieser Zeit. Die an den Barock angelehnte Grundstruktur blieb erhalten; das heißt, die Erdgeschossfassade und die Aufteilung im Hausinneren des Erdgeschosses überdauerten weitgehend die Zeit.

Die Fassade und der Erdgeschossgrundriss weisen eine axiale Gliederung auf. Die straßenseitig über zwei Stufen erreichbare Haustüre wie die Türe zum Hof, beide mit schlichten Sandsteingewänden, liegen mittig zur Hausfront. In etwa symmetrisch wird die Haustüre von sandsteingefassten Fenstern flankiert. Ein für fränkische Hofreiten typisches Mittelstockfenster ist in der Straßenfassade zitiert, dahinter befindet sich die gute Stube. Die Fenster auf der Hofseite wurden mehrfach verändert. Das Haus weist eine rechteckige Gebäudeform in den Maßen ca. 12,25 x 7,00 m auf. Von der Eingangsdiele (0.1) führt der direkte Weg ins Zentrum des Hauses, die Wohnküche (0.5). Von hier geht eine Türe direkt in den Hof. Spiegelbildlich zu beiden Seiten der Küche liegen jeweils kleine

Abb. 4: Straßenansicht des Bauernhauses an der Alten Schulstraße mit Erdgeschossfassade aus dem Barock und Scheinfachwerk nach straßenseitigem Umbau des Dachgeschosses (Foto: Sonja Zacher).

Abb. 5: Blick in beengte Tiefe des Hofraumes mit den Schweineställen und dem Hühnerstall darüber auf der linken Seite, dem schmalem Scheunenquerriegel mit Türe zum Heuboden als Hofabschluss mit Unterfahrmöglichkeit, rechts die Großviehstallungen (Foto: Sonja Zacher).

Schlafzimmer (0.3 und 0.6), die über erstere miterwärmt wurden. Symmetrisch zur Diele sind zwei größere Zimmer angeordnet, der Wohnraum (0.7) und ein weiteres großes Zimmer (0.2), beide mit Orientierung zur Straße. Das Zimmer (0.2) wurde in den 30er Jahren mittels breiten Durchbruchs und Einbeziehung des dahinter liegenden kleinen Schlafzimmers vergrößert. Die Fenster in dem kleinen Schlafzimmer wurden im Zuge eines vermutlich Ende des 19. Jahrhunderts vorgenommenen kleinen Erweiterungsbaues (0.4) auf der Hofseite zugemauert. Ein kleiner Wirtschaftsraum entstand. Eine Holztreppe aus den 30er Jahren verbindet die Diele mit den Speicherebenen bzw. dem in jüngerer Zeit ausgebauten Dachgeschoss. Die Dachböden dienten in früherer Zeit der Trocknung und Lagerung von Vorräten, wie Mehl, Korn, Zucker, Sirup, Nüssen etc.

Zwei Gewölbekeller

Unter der oben erwähnten unbeheizten Kammer (0.4) liegt, unter einer hölzernen, maroden bodenbündigen Türe versteckt, ein Gewölbekeller für Futterrüben und Kartoffeln. Eine hölzerne Treppenleiter führt über ein dreistufiges Sandsteinpodest hinunter. Die lichten Maße des Kellers betragen ca. 3,55 m x 2,75 m, der Gewölbestich ca. 2,30 m. Eine Schüttöffnung ermöglicht die Beschickung vom Hof aus und gewährleistet die Belüftung.

Auch unter dem kleinen Schlafzimmer (0.6) und der guten Stube (0.7) befindet sich ein massiver Gewölbekeller, der Vorratskeller, der von der Küche aus über eine schrägliegende Holzklappe und eine Betontreppe erreichbar ist. Die lichten Maße des Raumes betragen 6,70 m x 3,50 m, der Gewölbestich ca. 2,15 m. Beide Gewölbekeller dürften zeitgleich mit dem aufgehenden Mauerwerk errichtet worden sein.

Baukonstruktion, Baumaterialien

Die Außenwände des Erdgeschosses sind in Massivbauweise erbaut und verputzt. Darüber befand sich ursprünglich ein Satteldach, das nur noch auf der Hofseite in der Steildachform (Anlehnung an die Hofreite) erhalten ist. Die straßenseitige Außenwand ist mit 40–45 cm in Barocktradition stärker ausgebildet als die übrigen Außenwände mit ca. 25–30 cm. Sie bestehen, wie Relikte entlang der Nachbarwand noch heute zeigen, aus unregelmäßig vermauerten, behauenen und unbehauenen Buntsandsteinen unterschiedlicher Größe mit regellos eingestreuten Flusssteinen. Der Putz hielt vieles über die Jahre hin zusammen. Es ist anzunehmen, dass diese Außenwände ursprünglich ausgefachte Fachwerkwände waren, die im Laufe der Zeit ersetzt wurden. Das gesamte Gehöft, das ab den 60er Jahren keine Veränderungen mehr erfahren hatte, da am Hof interessierte Nachkommen fehlten, wurde 2006 aufgegeben und nach längerem Leerstand verkauft und inzwischen abgerissen.

Zusammenfassung

Das bäuerliche Anwesen in der Alten Schulstraße liegt mitten in über Jahrhunderte gewachsener Siedlungsstruktur in eingeengter Lage. Eine an tradierten strengen Ordnungsprinzipien orientierte Ausrichtung, wie die der fränkischen Hofreite, war daher nur schwerlich möglich. Nur im Rahmen der Ausgestaltung der einzelnen Gebäude ist dieser überkommene Formenkanon daher anzutreffen. Eine an die schwierigen, beengten Gegebenheiten angepasste Funktionalität und Praktikabilität standen im Vordergrund. Es entstand somit eine gewachsene Ge-

Abb. 6: Blick auf das Wohnhaus vom Hof aus (Foto: Dagmar Dietsche-Pappel).

höftstruktur, eine Originalität, eine individuelle Besonderheit. Aufgrund der veränderten Wohn- wie Lebensverhältnisse und der ökonomischen neuen Ausrichtung der Nachkriegszeit war der bis dahin sich selbst tragende Hof nicht mehr wirtschaftlich. Er wurde nach langer Durststrecke schließlich aufgegeben und 2011 abgerissen. Heute entstehen hier dem derzeitigen Bedarf geschuldete Mehrfamilienwohnungen mit Park- und Unterstellplätzen. Die agrarisch bestimmten Strukturen gehen auch in Ilvesheim allmählich verloren. Dem Trend der Zeit entsprechend, werden die Dörfer immer mehr zu Vororten, zu „Schlafstädten" der Großstädte. Dennoch sollte man bemüht sein, eine gewisse Unverwechselbarkeit zu erhalten.

Literaturverzeichnis

Gemeinde Ilvesheim, Made by Hirsch & Wölfli GMbH, www. Ilvesheim.de/php/am Neckar.php, 2012.

Großfamilie Feuerstein auf dem Bauernhof in Ilvesheim, Alte Schulstraße 28.
Aus der Erinnerung von Frau Ilse Feuerstein, geborene Feuerstein

Sonja Zacher

(Der Bericht nimmt Bezug auf den Bestandsplan Abb. 3 des Berichts von Dagmar Dietsche-Pappel.)

Ein Dankeschön an Ilse Feuerstein und Rheinhold Feuerstein für die aufschlussreichen Schilderungen aus ihrer Kindheit und Jugend.

Die Großfamilie im Zeitfenster
Großeltern: Philipp Jakob Feuerstein mit Frau, er erbaut den Hof 1832
Eltern: Jakob Feuerstein und Margarethe (Becker)
Kinder: Ilse Feuerstein, geb. 1939
2 Schwestern (geb. 1936 und 1941)
1 Bruder (geb. 1938)

Im Erdgeschoß teilte sich die große Schwester von Frau Feuerstein mit der Großmutter ein Schlafzimmer (0.6). Der Bruder schlief in einem mit Vorhang abgetrennten Nebenraum (0.3) zwischen Esszimmer und Küche. Als die Großmutter krank wurde, hatte sie dort ihr Bett, sie starb im Alter von 90 Jahren. Außerdem gab es ein „gutes" Wohnzimmer (0.7), welches nur an Weihnachten genutzt und geöffnet wurde. Die Küche (0.5) war der zentrale Familienraum, hier stand der große Kupferkessel, der für Schlachtfest und Wäsche genutzt wurde, die Treppenluke zum Vorratskeller befand sich hier.

Im Obergeschoss schliefen Ilse Feuerstein und ihre jüngere Schwester. Das Schlafzimmer der Eltern war nebenan. Es gab hier einen Räucherschrank und einen Fleischschrank mit Fliegenschutz. In den Kriegsjahren war ein Pole als Erntehelfer auf dem Hof; auch er schlief im Obergeschoss.

Ein „WC" (0.10), ein Plumpsklo, befand sich im Hof. Gebadet wurde im Zuber im Wirtschaftsraum, in dem sich auch Putzmittel, Waschmittel, Schuhe und Werkzeug befanden. Der Wirtschaftsraum hatte einen Zugang zum „Riewekeller" (Rübenkeller). Im Sommer hat man sich in der „Brenk" im Hof, im Winter in der Küche 1 mal wöchentlich gründlich gereinigt. Der Einbau eines Badezimmers erfolgte erst in den 50er/60er Jahren.

In den Stallungen (0.16+0.17+0.18) standen 4 Pferde, 5–6 Kühe und 5–6 Schweine, Hühner- und Hasenställe waren auf der Rückseite des Stallgebäudes im Garten. Zwei Aufhängevorrichtungen (Ketten mit Haken) an der Scheune dienten der Schweineschlachtung. Der Schlachtkessel in der Küche wurde mit Fleischstücken gefüllt, zuerst wurde Fleisch, anschließend die Wurst gekocht und in Dosen im Vorratskeller gelagert.

Ein Onkel hielt Tauben im Dachstuhl des Wohnhauses, man nannte sie „die Rennpferde der kleinen Leute", sie brachten Flugpreise ein.

Stroh und Heu wurden auf dem Heuboden über dem Kuhstall sowie über dem Schweinestall gelagert. Getreide wie Weizen zum Brotbacken, Gerste für die Schweine und Hafer für die Pferde lagerte im Speicher des Wohnhauses, damit es nicht in Berührung mit Ungeziefer kam. Das Korn wurde in Säcken getrocknet, zur Mühle gefahren, geschrotet und gemahlen. Später hatte man eine eigene Schrotmaschine. Der Teig fürs Brot wurde selbst ausgeknetet, in Körben zum Bäcker Magin direkt auf der gegenüberliegenden Straßenseite getragen, dort gebacken und im Vorratskeller auf abgehängten Regalbrettern gelagert.

Während des Krieges wurden die Wertsachen im Vorratskeller deponiert, die Kinder schliefen bei Bombenangriffen auf Stockbetten im Vorratskeller, erinnert sich Frau Feuerstein.

Zum Hof gehörte das Ackerfeld „Starenhöhe" (circa 10–15 Ar), außerdem ein Kartoffelacker „Am Mittelfeld". Im Herbst kam die „Dämpfkolonne", welche die Kartoffeln für die Schweine vorgarte, man vergrub sie in einer Miete im Garten und stach sie nach Bedarf mit dem Spaten ab.

Dickrüben wurden für das Vieh angebaut und im besagten „Riewekeller" (-1.1) eingelagert, die Kinder sind aus Vergnügen „uf de Riewe durchs klääne Fenschder vum Hof in de Keller runnagerutscht". Man hatte noch 2 „Obststücke", Grundstücke mit Pflaumen und Äpfeln. Das Obst wurde gegessen oder für den Winter eingelagert oder zu Obstwein verarbeitet und kam in Fässern in den Vorratskeller. Weißkraut wurde vom „Krautschneider", der auf den Hof kam, gehobelt, gesalzen und in „Tonständern" = Tontöpfen zu Sauerkraut verarbeitet, saure Bohnen wurden eingemacht; beides kam ebenso in den Vorratskeller. Außerdem baute man Tabak an und trocknete ihn in der Darre (0.19). Der Tabak wurde zur Zigarrenfabrik in Heddesheim gebracht, die „Roth-Händle" herstellte. Im Garten neben der Scheune hatte man nur Blumen und Salat oder Gemüse, außerdem ein Puhlfass als Wassertank für die Gartenbewässerung.

Tagesablauf auf dem Bauernhof

6:00 Uhr   Mädchen haben Mutter beim Kühemelken geholfen (mit den Händen).

Mutter hat Milch gerichtet. Kinder haben die Milch (10–20 l) „im Wäjele" nach dem Abrahmen zur Milchzentrale gefahren.

Vater und Bruder haben Pferde- und Kuhställe gemistet und die Tiere gefüttert.

7:30 Uhr   Kaffee oder Milch getrunken, Vesper gab es erst in der Schule.

8–12:00 Uhr	Schule.
	Als man von der Schule heimkam, stand schon das Fuhrwerk fürs Feld auf der Straße.
13:00 Uhr	Mittagessen, von Großmutter gekocht.
–17:30 Uhr	Gleich danach ging man aufs Feld.

Dann musste erst wieder das Vieh gefüttert und die Ställe mussten gesäubert werden, manchmal war das auch schon von H. Reinhold Feuerstein, dem Freund von Ilse, erledigt.
Dann wurden die Hausaufgaben gemacht.
Anschließend kaltes Abendessen.
Schlafengehen.

Das Wochenende verlief genauso, im Winter gab es keine Feldarbeit, man saß zusammen in der Stube und erzählte bei der Wärme des Kohleofens, der anfangs mit Briketts und Holz gefeuert wurde, später mit Öl.

In den 1950er/60er Jahren wurde auch ein Maschinenschuppen an die Scheune angebaut, weil man inzwischen mehr Gerät besaß, wie zum Beispiel „än Bulldogg". Auch Dieselfässer wurden im abgetrennten Teil dort untergestellt. Zuvor hatte man nur ein „Wäjele", einen Handkarren zum Milchwegfahren, und einen „Bardwagen", den man im Sommer offen zum Transport von Heu etc., im Winter geschlossen benutzte.

Ilse Feuerstein lernte den Freund ihres Bruders kennen, Reinhold Feuerstein. Er war beim Strebelwerk angestellt, später arbeitete er bei Roche. Sie heirateten 1965 und zogen in eine eigene Mietwohnung in Ilvesheim. Der Bruder bewirtschaftete den Hof weiter.

Mitte der 80er Jahre starben die Eltern; eine Schwester wohnte in Heddesheim, die andere in der Pfalz. Das Vieh wurde abgeschafft, der Bruder lebte noch bis 2006 auf dem Hof; zog dann aber auch zur Freundin.

Der Bauernhof wurde verkauft und vom 18. bis 20.10.2011 abgerissen.

Baugeschichte des Wohnhauses von Ilvesheim, Alte Schulstraße 28

Benedikt Stadler

Einleitung

Die im Dezember 2011 vorgenommenen Untersuchungen zur Baugeschichte des Anwesens Alte Schulstr. 28 in Ilvesheim konzentrierten sich auf das alte Wohngebäude an der Straße. Die Rekonstruktion von Aussehen, Nutzung und Bauweise des erstmaligen Bebauungszustandes ist schwierig, da das Gebäude vielfach verändert wurde.

Bauweise

Der alte Kern des Gebäudes war in Mischbauweise errichtet. Aus Naturstein war der älteste Raum, der Keller, erbaut. Darüber ruhte als tragendes Gerüst des Hauses eine Fachwerkkonstruktion. Die Raumstruktur war ebenfalls vom Fachwerk vorgegeben. Die Gefa-

Abb. 1: Blick auf die Hofseite des Kellers; in der Giebelwand der Lichtschacht, linker Hand der Aufgang zu Küche.

Abb. 2: Ecksituation im Flur. Vor dem Ständer der Trennmauer von Stube und Küche ist die Situation verändert. Hier hat die bauzeitliche Brandmauer angesetzt.

che bestanden in der Anfangszeit aus Lehm und Flechtwerk, aus Backsteinen errichtet war nur die Brandmauer zwischen Stube und Küche, da hier sich Herdstelle und Kamin befanden.

Massivmauerwerk

Zuerst wurde der Keller errichtet. Dieser befand sich auf der gesamten Breite des Hauses, jedoch nur unter dem linken Gebäudebereich. Es war ein giebelständiger Raum mit gedrücktem Gewölbe, Giebel und Seitenmauern aus Mischmauerwerk sowie einem Gewölbe aus Backstein. Eine Steintreppe führte von der Küche hinab (Abb. 1). Von den ursprünglichen Fachwerksockeln war nichts mehr erhalten, die Schwellbalken des Fachwerkrahmens können sich auch auf Bodenniveau befunden haben. Die Brandmauer zwischen Küche und Stube war nur noch durch das Fehlen des Fachwerks zu erkennen (Abb. 2).

Abb. 3: Situation während des Abbruchs: Hinter einer jüngeren Steinfassade war noch ein bauzeitlicher Ständer zu erkennen. Im abgebrochenen Rähmholz war noch ein Zapfenloch zu erkennen (Pfeil).

Abb. 4: Im Dachgeschoss hat sich in einer Fachwerkwand das bauzeitliche Gespärre erhalten. Beachtenswert die steile Dachneigung.

Fachwerk

Ursprünglich muss die Fachwerkkonstruktion eine eingeschossige Ständerkonstruktion gewesen sein. Die Ständer waren mit Kopfbändern gesichert, die Rähmhölzer aufgekämmt (Abb. 3). Die Wände waren in Flechtwerkmanier gefertigt und verputzt. Auch die bauzeitliche Dachkonstruktion hat sich in Teilen erhalten. Im Dachgeschoss waren die Sparren dieses Daches noch an Ort und Stelle (Abb. 4). Auch die Straßenfront war im Fachwerk ausgeführt. Obwohl in späteren Zeiten aus Bruchsteinmauerwerk errichtet, sind an den Ständern noch Hinweise auf die ältere Holzfassade darauf zu erkennen (siehe Abb. 3).

Datierung

Von den Bauhölzern des Anwesens wurden Holzproben aus einem Ständerfragment der Fassade (Kiefer) und einem Rähmbalken (Kiefer) entnommen. Beide Bauhölzer wurden im Sommer 1700 gefällt (Hofmann 2012). Da die Hölzer meist sehr bald nach dem Fällen verbaut wurden, ist mit einer Errichtung des Hauses in der ersten Dekade des 18. Jahrhunderts zu rechnen.

Abb. 5: Blick auf die Innenseite zur Fassade hin. Hinter den massiven Mauern befand sich der vermoderte Eckständer der ehemaligen Aussenfassade.

Abb. 6: Blick vom Hof auf die Rückseite des Hauses. Unter dem Putz kommt über dem Kellerfenster die Backsteinausmauerung des ehemaligen Fachwerkgefachs zum Vorschein, rechts daneben ist noch die Lage des Fachwerkständers ersichtlich. Dieser wurde durch gelbe Backsteine ersetzt.

Abb. 7: Blick auf die Seite der Außenwand. Über die bereits erneuerte Seitenwand wird auf die Giebelschräge noch eine Mauer darübergesetzt.

Raumstruktur des Urzustands

Erdgeschoss

Zu Anfang des 18. Jahrhunderts war die Raumstruktur dreizonig. Die mittlere Zone fungierte als Erschließungszone: Durch den mittig gesetzten Eingang gelangte man in einen Flur. Linker Hand befanden sich der Aufgang in das Dachgeschoss sowie davor ein Durchgang zur linken Haushälfte. Zum Hof hin betrat der Besucher die Küche mit offenem Herdfeuer. Auf der rechten Hausseite war ein großer, die gesamte Breite des Hauses einnehmender Raum mit Fenster zur Straße und Fenster zum Hof untergebracht, die Stube. An der Trennmauer zur Küche angebaut war vermutlich ein Kachelofen, der auch von der Küche aus geheizt wurde. Die linke Zone wird durch einen großen Raum eingenommen, der wiederum Zugang zur Küche besaß. In welcher Weise das bauzeitliche Dachgeschoss ausgebaut war, entzieht sich jeder Kenntnis.

Ergebnis

Der Urbau des Wohnhauses um 1700 war ein traufständiges dreiachsiges Gebäude mit Satteldach. Es war eingeschossig und teilunterkellert. Das Gebäude wurde in Fachwerkbauweise errichtet. Mittig befand sich ein Raum mit Treppe und Küche, von der die Stube auf der rechten Seite des Hauses beheizt wurde. Der auf der linken Hausseite befindliche Raum wurde vermutlich als Kammer genutzt.

Veränderungen im 19. Jahrhundert

Wie bei anderen Bauten dieser Zeit üblich, so wurden die Fachwerkwände im Laufe der Zeit durch massive Mauern ersetzt. Vollkommen ausgetauscht wurde das Fachwerk an der gesamten Seitenwand der Stube (Abb. 5).

In späterer Zeit wurden die Fachwerkgefache im Erdgeschoss in Bodennähe mit Bruchstein und Backstein ausgemauert. Später wurde vor das Fachwerkgerüst eine Bruchsteinmauer gesetzt (Abb. 3). Zu erkennen war dies an den Hofseiten. Hier war deutlich zu sehen, dass der ehemalige Rahmen im bodennahen Bereich durch Steinmauern ersetzt wurde. Der Ständer wurde erst im 20. Jahrhundert ersetzt (Abb. 6).

Weiter wurden die großen Räume unterteilt, beispielsweise wurde die vormalige Stube in zwei kleinere Räume unterteilt. Auch in den Erdgeschossraum der linken Haushälfte wurde eine Trennmauer eingezogen. In jüngerer Zeit wurde ein Anbau vorgenommen. Im hinteren Bereich wurden ein Keller, ein neuer Raum sowie ein Dach angebaut. Zugleich wurde das Dachgeschoss zum Vollgeschoss ausgebaut. Die Aufmauerung auf die steinerne Außenwand gibt hierüber Auskunft (Abb. 7).

Abb. 8: Blick unter den First des Dachs. Erkennbar die abgesägten Dachsparren des Vorgängerdachs.

Auch am Dachgebälk sind die Maßnahmen des Ausbaus zu erkennen. Hier hat sich noch der alte Dachstuhl unter dem jüngeren Dachstuhl erhalten, lediglich die Sparren wurden bei der Aufweitung des Dachs abgesägt (Abb. 8).

Das Bad im Obergeschoss wurde vermutlich erst um die Mitte des 20. Jahrhunderts eingebaut.

Schluss

Wie viele andere Gebäude im Rhein-Neckar-Raum wurde das Haus in der Aufbauphase nach dem Pfälzischen Erbfolgekrieg zu Beginn des 18. Jahrhunderts errichtet. Die teilunterkellerte Fachwerkbauweise sowie die Raumaufteilung und Nutzung entsprechen der damals üblichen Form des Bauens auf dem Lande. Einzig die traufständige Lage zur Straße ist ungewöhnlich. Verantwortlich war möglicherweise der Zuschnitt der Parzelle am Hang, der diese Bauweise notwendig machte. Parallelen finden sich aber auch im bürgerlichen Reihenhaus dieser Zeit.

Abbildungsnachweis

© rem. Archäologische Denkmalpflege und Sammlungen.

Literaturverzeichnis

Hofmann Jutta, Gutachten 141211-1 (2012), Kommentar Dendrochronologie Alte Schulstraße 28, Ilvesheim.

Frühmittelalterliche Grundherrschaft in Neckarhausen? Eine Spurensuche

Claus Kropp

Einführung

Die frühmittelalterliche Geschichte Neckarhausens ist bereits mehrfach im Rahmen orts- und regionalgeschichtlicher Arbeiten behandelt worden (vgl. insb. Schulz 1938, 15–22; Fütterer 1973, 35–40), und doch ist es bisher nicht gelungen, ein genaueres Bild dieses Zeitabschnittes nachzuzeichnen. Sucht man nach den Gründen hierfür, so sind diese vor allem in der schwierigen Quellenlage zu suchen. Bereits in der schriftlichen Überlieferung offenbart sich ein recht ernüchterndes Bild: Bis zum Ende des Frühen Mittelalters ist Husun lediglich viermal sicher in den Schriftquellen belegt. Vergleicht man die Überlieferungslage mit der anderer urkundlich belegter Orte des frühmittelalterlichen Lobdengaus – genannt seien an dieser Stelle exemplarisch Handschuhsheim, Dossenheim oder auch Wallstadt –, so ist diese für Neckarhausen als geradezu verschwindend gering zu bezeichnen. Bei jedem der Quellenbelege handelt es sich um Schenkungs- und Bestätigungsurkunden, die die kleine karolingerzeitliche Ausbausiedlung (Trautz 1953, 36) sowohl in die Interessensphäre und den Herrschaftsbereich des Klosters Lorsch als auch des Bistums Worms rücken. Die Schenkungsinhalte für sich betrachtet – es sind dies im Wesentlichen Weinberge, Mühlen, Ackerland oder auch mehrere Wohnstätten –, geben aber nur bruchstückhafte und ungenügende Einblicke in die tatsächlichen Organisationsformen und Strukturen der Siedlung. Dies gilt auch für die Einbindung Neckarhausens in die Herrschaftsbereiche der jeweiligen Herrschaftsträger. Dieser Eindruck ändert sich auch nicht, wenn man zu den bisherigen Quellen noch die archäologische Überlieferung hinzunimmt. Abgesehen von einer 2005 durchgeführten Voruntersuchung auf einem ca. 6 000m² großen Baugelände zwischen Kelterweg und Wingertsäcker, wo der Nachweis eines womöglich bereits zu karolingischer Zeit bestehenden Weinbaugebietes in Neckarhausen gelingen konnte, fehlen für den Ort bisher Funde dieser Zeitstellung und Siedlungsgrabungen größeren Umfangs (vgl. Dauber u.a. 1967,45; Wirth 2006; Wirth 2011, 23). Aussagen zu archäologisch nachweisbaren Siedlungsstrukturen sind deshalb nach dem momentanen Forschungsstand noch nicht möglich.

Mag eine erneute Beschäftigung mit diesem Abschnitt der Neckarhäuser Geschichte aus den oben genannten Gründen zunächst nur wenig erfolgversprechend scheinen, so soll der Versuch hierzu im vorliegenden Beitrag dennoch unternommen werden. Ein Schlüssel zu einem besseren Verständnis des frühmittelalterlichen Neckarhausen stellt hierbei die Kontextualisierung der Quellen mit dem für diese Zeit so bedeutenden Ordnungsbegriff der „Grundherrschaft" (Goetz 2001, 87) dar.

Grundherrschaft

Das geschichtswissenschaftliche Modell der „Grundherrschaft"

Im Laufe einer nunmehr weit über einhundertjährigen Tradition geschichtswissenschaftlicher Forschung hat der moderne Ordnungsbegriff „Grundherrschaft" manche Wandlung und Modifizierung erfahren (Goetz 2001, 75–81; Verhulst 2002; für die deutsche Forschung Rösener 1989a). Als Resultat begegnet uns „Grundherrschaft" heute als ein unscharfer, offener Begriff, der gerade durch diese Offenheit noch immer dazu geeignet ist, bei allen lokalen, regionalen und zeitlichen Unterschieden die bestimmende Struktur des ländlichen Raums im Frankenreich seit dem achten nachchristlichen Jahrhundert zu fassen (Goetz 2001, 67; Wickham 2005, 259f., 383–385). In dieser Unschärfe meint „Grundherrschaft" nicht nur ein Sozialgefüge der Abhängigkeit von Sklaven und Hörigen von einem Grundherrn, also ein Herrschaftsverhältnis (Leibherrschaft) (Dollinger 1949/1982, 195ff.; Brunner 1973, 240–356), sondern auch ein rechtliches und militärisches Schutzsystem (Schutzherrschaft) sowie vor allem eine Wirtschaftsweise mit einer spezifischen Organisationsform des Raums (Grundherrschaft im engeren Sinn) (Dopsch 1921/22; Dollinger 1949/1982, 84–191), welche sich – zumindest auf den ersten Blick – primär in Besitzagglomerationen und Zentrum-Peripherie-Beziehungen manifestiert. Indem auch kirchliche Institutionen nicht nur durch das Eigenkirchenwesen, sondern in ihren ökonomischen und sozialen Organisationsformen am System „Grundherrschaft" mitwirkten, beeinflusste es zugleich wesentliche Bereiche des religiösen Feldes. Die Grundherrschaft kann mithin und mit nur geringer Überspitzung geradezu als „totales System" der mittelalterlichen ländlichen Gesellschaft bezeichnet werden.

Das gilt gleichermaßen für Versuche, anhand frühmittelalterlicher Grabfunde Gesellschaftsstrukturen zu rekonstruieren (z.B. Christlein 1972; Burzler 2000; vgl. auch Steuer 1982, 510–515) – hier wäre wenigstens für die späte Merowingerzeit an frühe Formen der Grundherrschaft anstelle des üblichen Schemas von Herrschaft und Gefolgschaft zu denken –, wie für die Analyse der bislang ohnehin wenig beachteten Siedlungen (Schreg 2002; Schreg 2006, 301–303, 339; Fries-Knoblach 2010, bes. 367f.). Gleichwohl hat die Archäologie des Mittelalters das System „Grundherrschaft" bis jetzt weitestgehend ignoriert (vgl. Schreg 2006, 53–68; aber Dette 1996).

Auf den ersten Blick mag diese Abstinenz der Quellenlage geschuldet sein, basiert die Grundherrschaft als Konstrukt der Mediävistik doch zunächst einmal allein auf schriftlichen Quellen (vgl. Überblicke bei Dopsch 1921/22, 1, 26–122; Dollinger 1949/1982, 17–19). Von besonderem Interesse und an erster Stelle zu nennen sind die Güter- und Einkunftsverzeichnisse der großen geistlichen Grundherrschaften wie das Polyptychon von St.-Germain-des-Prés, das nur fragmentarisch überlieferte Verzeichnis von Marmoutier, die Urbare der Abteien Wissembourg und Prüm oder die Urbare von Lorsch, Staffelsee (alle 9. Jahrhundert) und Regensburg-St. Emmeram (um 1030). Hinzu treten eine kleine Zahl solcher Verzeichnisse auch für weltliche Herrschaften: So sei als ganz herausragende Quelle auf das capitulare de villis vom Ende des 8. Jahrhunderts, die Verordnung Karls des Großen zur Verwaltung der Krongüter oder für den oberdeutschen Raum etwa auf das Churrätische Reichsurbar, die ebendortigen Besitzungen der Viktoriden-Sippe oder die Villikationen von Lauterbach, Bergkirchen oder Ingolstadt verwiesen. Wenn auch der Anlass zur Erstellung solcher Verzeichnisse stark divergierte beziehungsweise unklar bleibt und die Urbare zudem in der Regel nur aus einem relativ begrenzten Gebiet zwischen Seine und Rhein sowie aus Bayern stammen (Fossier 1978, 33), so dominiert diese Quellengruppe doch bis heute das Forschungsbild zur Grundherrschaft (Kuchenbuch 1978, 11).

Zu den drei Typen der Grundherrschaft

Die Modellbildung auf solch einer Quellengrundlage lässt jenseits spezifischer regionaler Ausprägungen drei Grundformen von Grundherrschaft unterscheiden (Rösener 1989b; Verhulst 2002, 31–33).

Die bekannteste Ausformung ist die „klassische" bipartite Villikationsverfassung (Verhulst 2002, 31–49): Das Zentrum bildet ein herrschaftlicher Hof, zu dem ausgedehnte Wirtschaftsflächen (Salland) gehören. Auf diesem Fronhof (= Herrenhof) leben Sklaven (servi und ancillae = mancipia), welche einen Großteil des Sallands bewirtschaften; ebenso können sie am Fronhof teilweise oder vollständig als Handwerker tätig sein. Ein weiterer Teil des Landes, das zu diesem Fronhof gehört, ist in einzelne Hofstellen (mansi) aufgeteilt, welche an Hörige vergeben sind. Dabei handelt es sich entweder um ehemalige Sklaven des Fronhofs, die auf solche Bauernstellen gesetzt wurden (servi casati/manentes), oder um Freie, welche sich in den Schutz dieses Grundherrn begeben haben (liberi/ingenuiles). Im Gegenzug haben sie Abgaben an den Fronhof und – sofern es sich um servi casati handelt – Frondienste zu leisten, die in der Regel für die Männer vor allem aus Ackertätigkeiten (Pflügen, Säen, Eggen, Ernten), aber auch aus Bauleistungen und Transportdiensten, für die Frauen vor allem aus der Weberei bestehen. Mithilfe dieser Frondienste wird der verbleibende Teil des Sallands bestellt. Die konkrete Ausformung der einzelnen Abgaben und Frondienste variiert stark von Grundherrschaft zu Grundherrschaft, ja sogar von Fronhof zu Fronhof. In der „klassischen" Form der Villikationsverfassung halten sich mancipia und dienstpflichtige Hörige auf eigenen Mansen wenigstens die Waage, oder die mancipia und das in Eigenwirtschaft des Fronhofs bestellte Salland sind deutlich geringer als der ausgetane Grund, doch auch hier gibt es breite Schwankungen.

Eine zweite Form der Grundherrschaft bildet die agrarsklavistische Gutswirtschaft (-herrschaft) (Rösener 1989a, 24; Kuchenbuch 1991, 33). Mehr oder minder ausschließlich auf die Bewirtschaftung des umfangreichen Sallands konzentriert, ist diese Form durch eine mitunter große Zahl auf dem zentralen Fronhof lebender mancipia

Tab. 1: Archäologischer Kriterienkatalog für das historische Modell „Grundherrschaft".

Aspekt der Grundherrschaft	Historisches Modell		Leistungen des Herrn	Leistungen der Hörigen	abzuleitende materielle Kriterien	Archäologische Kriterien			
						Ebene "Region"	Ebene "Siedlung"		Ebene "Hofstelle"
Schutzherrschaft (Rechtssystem)	Schutz		Gerichtsbarkeit	Vogtabgabe (meist Hafer))	Richt- und Versammlungsstätte	Richt- und Versammlungsstätte			
			Vertretung vor Gericht (Vogtei)		Baustruktur? Begräbnisplatz?				
	Schirm		militärischer Schutz	Gastung	Befestigung				große Zahl an nachgeordneten Wohngebäuden <nur Gutswirtschaft/Villikation>
				---	Baustruktur?				
Leibherrschaft (Herrschafts- und Sozialgefüge)		familia		---	zahlreiche Personen (servi non casati/mancipia)		umfangreiche separierte Grablege		
							separate Lage erhöhte Lage		separate Lage (casa)
							räumliche Abgrenzung	Umzäunung/Befestigung	
					Topografie		Hofgröße		Gebäudegröße (casa)
	Herrschaft		Repräsentation und Darstellung	Fronhof als herausgehobene Hofstelle	Ausstattung				Bauqualität
									Prestige- und Edelmetallobjekte, Fernhandelsgüter
									Produktion von Prestigeobjekten
			Eigenkirche als kirchenrechtliche Einrichtung	Eigenkirche als Bauwerk	Baustruktur			Kirchenbau	
			Vertretung vor Gericht	[Leib- und Todfallabgabe]	---				
Grundherrschaft im engeren Sinn (Wirtschaftsweise)			Leihe von Grund und Boden		geplante Struktur	planmäßiger Landesausbau	planmäßige Flurform		planmäßige Hofform
					Raumorganisation	planmäßige Organisation im Kleinraum	planmäßige Siedlungsanlage		
					Agrarorganisation	günstige Lage im Verkehrsnetz (?)			große Zahl an Speicherbauten <v.a. Villikation/Hebehof>
				Grundabgabe	Verarbeitung				
					Speichermöglichkeit				
					Aufbereitung			Mühle	
					Transport	Kontrolle von Ressourcen			
				Frondienste	Produktion und Verarbeitung				ortsfremde Objekte
									Werkstätten/-plätze

[In eckigen Klammern Merkmale, die erst mit dem allmählichen rechtlichen Aufstieg der Hörigen entstehen.]

(mancipia domestica oder servi non casati) gekennzeichnet, während auf externe Bauernstellen gesetzte servi casati meist vollständig fehlen.

Dem steht schließlich die dritte Form der Grundherrschaft diametral gegenüber, die Abgabengrundherrschaft (Goetz 2001, 69; Rösener 2004, 101). Die zentralen Höfe verfügen in diesem Fall über kein oder nur noch sehr geringes Salland und damit nur über eine dementsprechend geringe Zahl dort lebender mancipia. Herrschaftliche Zentren dieser Ausprägung lassen sich vor allem als Hebe- beziehungsweise Sammelstellen der von den umliegenden abhängigen Bauernstellen zu leistenden Abgaben charakterisieren.

Bei detaillierter Betrachtung der Quellen fällt auf, dass regional und abhängig von den jeweiligen Herrschaftsträgern (Adel – Kirche – König) die spezifischen Ausformungen von Grundherrschaft für das frühe und ältere Mittelalter beträchtlich differieren (Goetz 2001, 69f.). Gerade im Falle der großen geistlichen Grundherrschaften östlich des Rheins ist deshalb in der Regel von einem Nebeneinander oder von entsprechenden Mischformen der drei großen Ausprägungen, also der bipartiten Grundherrschaft, der Gutswirtschaft und der Abgabengrundherrschaft, auszugehen.

Archäologie der Grundherrschaft?

Wie bereits erwähnt, nimmt die Archäologie als Disziplin innerhalb der Grundherrschaftsforschung bisher keine oder nur eine untergeordnete Rolle ein (vgl. neuerdings aber Steuer 2009, 12–16; sowie Steuer 2010, 5f.). Als geschichtswissenschaftliches Modell, welches einzig und alleine aus der Analyse schriftlicher Überlieferung entwickelt wurde, kann es deshalb auch nicht mehr leisten, als Antworten auf spezifisch historische Fragestellungen zu liefern. Als Resultat sind wir deshalb zwar – auf einer sehr abstrakten und beispielhaften Ebene – recht gut über die Funktionalität der großen Klosterwirtschaften oder auch Königshöfe dieser Zeit informiert, doch fehlen erneut detaillierte Informationen zu Organisation oder den einzelnen Bestandteilen der Zentralhöfe selbst. So heißt es vom Fronhof der zum Bistum Augsburg gehörigen Grundherrschaft Staffelsee beispielsweise: „Invenimus in eodem loco curtem et casam indominicam cum ceteris aedificiis ad praefatam ecclesiam respicientem" (Brevium Exempla c. 7, 251. – vgl. Elmshäuser 1989). Es folgt eine zum Teil höchst detaillierte Auflistung der Pertinentien, also des zugehörigen Ackerlands und der Wiesen (insgesamt 740 Tagwerk!), der Ausstattung mit Nutztieren und Lebensmitteln, Geräten, Werkzeugen und Vorräten sowie die Nennung eines Frauenarbeitshauses (genitium) samt darin befindlicher Kleider und einer Mühle (molina). Zwar lässt sich die hier beschriebene curtis aufgrund des Sallandbestands und der reichen Ausstattung als besonders umfangreich charakterisieren, doch bekommen wir an Gebäudestrukturen nur gerade das Frauenarbeitshaus (genitium), die Mühle (molina) und eventuell das Herrenhaus (casa) zu fassen. Über räumliche Bezüge dieser und anderer Bauelemente zueinander erfährt man nichts – nicht einmal, ob der Hof oder einzelne seiner Bauteile auf der Klosterinsel oder auf dem gegenüberliegenden

Festland, am ehesten bei Seehausen, zu suchen sind. Dabei ist das Staffelseer Urbar noch vergleichsweise mitteilungsfreudig, wohingegen etwa das Polyptychon des bei Paris zu verortenden Klosters St-Germain-des-Prés seinen Fronhof in Nogent nur noch summarisch charakterisiert: „Habet in Nouigento mansum dominicatum cum casa et aliis casticiis sufficienter" (Polyptyque de St-Germain c. VIII.1, 91; vgl. Elmshäuser u. Hedwig 1993, 75). Einen erschließbaren „Grundriss" solch einer curtis sucht man in den Schriftquellen also vergeblich, die Identifikation eines archäologischen Befunds durch Abgleich mit einer konkreten Schriftquelle kann durch deren anders gelagerte Intention nicht gelingen – noch viel weniger dort, wo wir aufgrund der Überlieferung mit mehreren Grundherrschaften in einer Siedlung rechnen müssen.

Archäologische Quellen verhalten sich zu den Schriftquellen und ihren Problemen nun annähernd komplementär: Sie sind in extremer Weise zeitlich und räumlich punktuell, sie entstammen – zumindest in der großen Masse – der Alltagspraxis, und sie sind lokalisiert. Sie ermöglichen bei angemessener Befragung also gerade Rückschlüsse auf das, was in den Schriftquellen fehlt: Antworten auf die Frage, was aus dem großen Modell „Grundherrschaft" in der Praxis eines konkreten raum-zeitlichen Orts wie funktionierte. Das ist mehr als die simple Illustration des historischen Modells, das sind Antworten auf die zentrale Frage, ob und wie sich dieses Modell „Grundherrschaft" im älteren Mittelalter überhaupt realisierte, und es sind Beiträge zur aktuellen Forschungsdiskussion über regionale und lokale Ausprägungen von Grundherrschaft. So verstanden, lässt sich Grundherrschaft als heuristisches Modell für die Archäologie in Wert setzen – nicht nur als Interpretationsrahmen früh- und ältermittelalterlicher Funde und Befunde, sondern zugleich als Methode, das Modell in seinem Realitätsbezug weiterzuentwickeln.

Ohne an dieser Stelle detaillierter auf die einzelnen archäologischen Kriterien zum Nachweis grundherrschaftlicher Organisationsmuster näher eingehen zu können, sei doch zumindest anhand von Tabelle 1 veranschaulicht, welches Potential dieser neue Ansatz birgt.

Hinweise auf Grundherrschaft in Neckarhausen

Richten wir nun den Fokus wieder auf Neckarhausen. Da die archäologische Fundsituation bisher keine adäquate Grundlage für eine Kontextualisierung mit grundherrschaftlichen Strukturen bietet, müssen vor allem die schriftlichen Überlieferungsträger einer detaillierteren Untersuchung unterzogen werden. Eine Trennung der Quellenbefunde nach den beiden großen Herrschaftsträgern scheint hier besonders sinnvoll zu sein.

Das Kloster Lorsch

Zwei durch den Lorscher Codex überlieferte Schenkungsurkunden bieten uns Informationen über die Einbindung Neckarhausens in die Grundherrschaft des Klosters

Abb. 1: Das ehemalige Kloster Lorsch um 1615. Kolorierter Kupferstich von Matthäus Merian d.Ä.

Lorsch. Bevor auf diese eingegangen werden kann, müssen allerdings das Kloster und die Klostergrundherrschaft als solche zunächst einer grundlegenden Einordnung unterzogen werden.

Etwa 764 vom Gaugrafen Cancor und dessen Mutter Williswinda (Williswinth) als Eigenkloster der Rupertiner an der Weschnitz gegründet, erlebte das Kloster Lorsch innerhalb relativ kurzer Zeit einen für das ostfränkische Reich geradezu einmaligen Aufstieg. Der Grundstein dafür wurde bereits kurz nach der Gründung gelegt, als man das Kloster, das aus der Perspektive der Familie als Stiftung ja in erster Linie der Pflege der Memoria und dem eigenen Seelenheil galt (vgl. Scholz 2011, 382), noch 764 einem bedeutenden Verwandten übergab: Chrodegang von Metz. Chrodegang, damals einziger Erzbischof nördlich der Alpen, wurde erster Abt des Klosters und organisierte die Übersiedlung von Benediktinermönchen aus Gorze in Lothringen nach Lorsch (vgl. Semmler 1973, 77). Noch viel wichtiger für den Aufstieg der jungen mönchischen Gemeinschaft war allerdings, dass Chrodegang auch die 765 erfolgte Translation der ihm von Papst Paul I. geschenkten Reliquien des frühchristlichen Märtyrerheiligen Nazarius von Rom in das Kloster initiierte (Scholz 2011, 382). Mit dieser Reliquienüberführung setzte neben wachsenden Pilgerströmen eine Schenkungswelle ein, die dazu führte, dass Lorsch innerhalb der ersten einhundert Jahre seines Bestehens Streubesitz anhäufen konnte, der von der niederländischen Nordseeküste bis ins Schweizer Graubünden reichte. Einen weiteren machtpolitischen Schub erhielt das Kloster Lorsch schließlich mit dem Jahr 772, als Gundeland, zweiter Abt und Bruder des mittlerweile verstorbenen Chrodegang, das Kloster an Karl den Großen tradierte und es somit zum Reichskloster mit weitreichenden Privilegien (vgl. CL I Nr. 4, 274–275 [freie Abtswahl] sowie CL I, Nr. 5, 275–276 [Immunität]) und Aufgaben wurde.

Wie war nun der Besitz des Klosters im Lobdengau, zu dem ja auch Neckarhausen gehörte, zu dieser Zeit grundherrschaftlich organisiert? Einen ersten Aufschluss hierzu gibt uns eine ebenfalls durch den Lorscher Codex überlieferte Hubenliste (CL III, Nr. 3651, 162), die zwar nicht alle Besitzungen des Klosters verzeichnet, aber doch die dominierenden Verwaltungsstrukturen aufzeigt. Nach Ausweis der Quelle war das Kloster in dieser Region wahrscheinlich im Rahmen der klassischen Villikationsverfassung organisiert. So stehen 20 gewöhnlichen Hofstellen (hub oder hub serviles) insgesamt sechs Fronhöfe (huba in dominco) gegenüber, die neben ihrer Eigenschaft als Wirtschaftsbetriebe dann vor allem als dem Kloster vorgeschaltete Verwaltungseinheiten und Sammelstellen fungiert haben müssen. Eine zahlenmäßig noch um einiges umfangreichere, aber dem 3:1-Verhältnis weiter entsprechende jüngere Hubenliste (Anfang 11. Jahrhundert) bestätigt diese Einschätzung im Wesentlichen (CL III, Nr. 3664, 170; vgl. auch Staab 1989, 328). Allein der Umstand, dass im Vergleich zur älteren Liste ein klarer Trendwechsel von Natural- hin zu Geldabgaben eingeleitet worden zu sein scheint, ist auffällig.

Waren die Hubenlisten reine Besitz- und Abgabenlisten ohne Nennung dazugehöriger Fron- und Transportdienste der Hörigen, können Informationen dieser Art aus dem sogenannten „Lorscher Reichsurbar" (CL III, Nr. 3671–3676 [3677], 173–177) gewonnen werden. Bei diesem handelt es sich um verschiedene Güter- und Zinslisten rheinfränkischen Königsgutes, welche wohl 897 durch Adalbero von Augsburg im Zuge der Schenkung Gernsheims in Lorscher Besitz kam (vgl. Glöckner 1920; Metz 1986, 407f.). Trotz der Tatsache, dass Angaben zum näheren Umfeld Neckarhausens fehlen, und des Umstandes, dass es sich um Königsgut handelte, sei an dieser Stelle aus exemplarischen Gründen dennoch ein Abschnitt, in diesem Fall Nierstein betreffend, näher behandelt (CL III, Nr. 3672, 174). So hatte jeder der in diesem nordwestlich von Oppenheim am Rhein gelegenen Dorfes befindliche Hörige die folgenden Abgaben und Dienste zu leisten (aufgrund der Länge der Quellenstelle sei hier der Einfachheit halber auf die Übersetzung nach Minst 1971 [Lorscher Codex, 253], zurückgegriffen): „Die Hörigen bezahlen als Zins je 1 Unze, 1 Huhn, 10 Eier und 1 Frischling (Ferkel) im Wert von 4 Pfennig. Der Hörige besorgt das Mahlen des Getreides und die Aufbereitung der Grütze. Er übernimmt den Anstrich der Zäune und Scheunen. Er pflügt 4 Tage lang, und zwar das gesamte Herrenland, ohne daß ihm das Futter für die Gespanne gestellt wird, er füttert während des Winters 5 Schweine und 1 Kuh, front an 3 Tagen je Woche, wo auch immer es ihm befohlen wird. Als Geldablösung für die weibliche Fronarbeit bezahlt er 1 Unze. Außerdem liefert er 1 Fuder Brennholz, 1 Huhn und 10 Eier […]." Es wird deutlich, wie vielfältig die Fronarbeit gestaltet und wie intensiv die Beanspruchung der Hörigen auf dem Salland zeitweise werden konnte. Gerade was den Pflugdienst angeht, fiel dieser natürlich mit den anstehenden Arbeiten der Hörigen auf den eigenen Hofstellen zusammen und beeinträchtigte im Zweifelsfall die optimale Bewirtschaftung der dazugehörigen Ackerflächen.

Wenn sich in den soeben vorgestellten Listen sowie dem Urbar zwar keine Erwähnung Neckarhausens finden lässt, so helfen diese Quellen dennoch dabei, die spärliche urkundliche Überlieferung zu diesem Ort funktional besser deuten zu können. Werfen wir deshalb nun einen näheren Blick auf die beiden bereits angesprochenen Schenkungsurkunden. Bei der ersten Schenkung, die zugleich die urkundliche Ersterwähnung Neckarhausens darstellt, tradierte im Jahr 773 eine gewisse Cilina (Cilin), einen bei „illas casas que dicuntur Husun" gelegenen Weingarten („vineam"), aus dem zwei Fuder Wein gewonnen werden konnten, an das Kloster Lorsch (CL II Nr. 679, 196). Die zweite Schenkung, in diesem Fall eine umfangreiche Güterübertragung eines Eberwinus und Ernoldus aus dem Jahr 801, nennt neben umfangreichen Besitzungen im Kraichgau und Speiergau für den Lobdengau auch in der Huser marca zwei Hufen Land, die in den Besitz der Abtei übergingen (CL III, Nr. 2257, 11). In beiden Fällen handelt es sich um Güter und Besitzungen wohl der karolingischen Oberschicht (nobilitas) zuzurechnender Personengruppen, die aus bestehenden grundherrschaftlichen Strukturen herausgetrennt wurden und anschließend in die bestehende Klosterökonomie eingebunden werden mussten. In diesem Eingliederungsprozess spielten „local knowledge" und die ohnehin schon vorhandenen Ressourcen und Strukturen eine maßgebliche Rolle, so dass sich Abgabengewohnheiten auch beim Wechsel des Herrschaftsträgers nicht gezwungenermaßen ändern mussten (vgl. Verhulst 2002, 41). Im Falle von Neckarhausen kann deshalb angenommen werden, dass die ohnehin schon vorhandene Weinwirtschaft auch weiterverfolgt wurde. Nach Ausweis des archäologischen Befundes, von Luftbildern und diversen Geländebeobachtungen, welche einen rekonstruierten Umfang des ehemaligen Weinbaugebietes von nicht weniger als etwa 105 Hektar erlauben (Wirth 2011, 29), ist unter Umständen sogar von einem kontinuierlichen Ausbau der Weinwirtschaft seit der Karolingerzeit auszugehen.

Ob die in diesem Fall zu erwartenden steigenden Produktionsmengen an Wein im Rahmen von Transportleistungen schließlich direkt nach Lorsch oder aber in einen der benachbarten Fronhöfe wie in Wallstadt (Walhestat) oder Mannheim (Mannenheim) gebracht wurden, kann leider nicht entschieden werden. Es sei an dieser Stelle allerdings angemerkt, dass innerhalb der großen geistlichen Grundherrschaften Transportdienste über weitere Strecken durchaus möglich und üblich waren. So verzeichnet beispielsweise das Prümer Urbar für die auf 30½ mansae lediliae in Neckarau (Neccrohe) sitzenden Hörigen Transportleistungen von jeweils einer Fuhre Wein und Mehl mit dem Schiff bis nach Koblenz oder in Reichweite von vier Tagesmärschen (Urbar Prüm, 251, fol. 47r., CXIII).

Bistum Worms

Das Bistum Worms, das mit der Stadt Ladenburg in direktem Umfeld von Neckarhausen über einen wichtigen machtpolitischen Stützpunkt verfügte, bildete neben Lorsch den wohl wichtigsten geistlichen Grundherrschaftsträger am Unteren Neckar (Probst 2006b, 48). Da für Worms trotz der Eroberung durch die heidnischen Alamannen im

Jahre 443 von einer ungebrochenen Kontinuität der christlichen Kirche seit der Spätantike auszugehen ist, hatte diese im Vergleich zu anderen Bischofsstädten wie Speyer oder Mainz auch weit weniger Substanzverluste in der Umbruchzeit des vierten bis siebten Jahrhunderts erleiden müssen (Probst 2006a, 18; zur allgemeinen Entwicklung auch Büttner 1963). Es boten sich deshalb recht gute Ausgangsvoraussetzungen für einen frühen Ausbau des Wormser Sprengels vor allem entlang den alten Römerstraßen bis nach Wimpfen, der dann auch gezielt vorangetrieben wurde. Gebremst wurde diese Entwicklung erst in der Mitte des achten Jahrhunderts – und hier vor allem durch die Erhebung von Mainz zum Erzbistum und die Stiftung des Klosters Lorsch (Probst 2006a, 24). Aus diesem Grund verwundert es nicht, dass der früheste urkundliche Beleg für Wormser Besitzungen in Neckarhausen gerade ein Produkt des anhaltenden Konkurrenzkampfes zwischen den beiden Polen Worms und Lorsch darstellt. Es handelt sich hierbei um eine kaiserliche Urkunde für das Jahr 789, in der Karl der Große der Domkirche zu Worms die Stadt Ladenburg, den Waldzins im Odenwald und die Nutzungsrechte im Lobdengau bis zur Itter als Schenkungen Dagoberts I. bestätigt und zudem die Kirche in Edingen, Zinsland (censualem terram) in Neckarhausen (villa Husen) und 10 Mansen in Ilvesheim schenkt (Urkundenbuch Worms, Nr. 11, 5f.). Die letztgenannten Schenkungen stellen hierbei wohl den echten, auf eine Vorlage von 774/6 zurückgehenden Bestandteil eines gefälschten Diploms dar (Trautz 1953, 98), welches Ende des zehnten Jahrhunderts in der Umgebung des Wormser Bischofs Hildibald (979–998) entstanden sein muss (Fetzer 2008, 25) und zur Legitimierung und Festigung der Wormser Herrschaftsansprüche im Lobdengau dienen sollte. Die Pertinenzien des in Neckarhausen geschenkten Zinslandes werden in der Urkunde noch näher aufgeschlüsselt und umfassen demnach neben einer Hofstelle (curtilibus) auch die dazugehörigen Felder, Wiesen und Gewässer. Wenn durch diese Tradierung zwar die Einbindung Neckarhausens in den grundherrschaftlichen Verband des Bistums belegt werden kann, so können genauere Gesichtspunkte zu ihrer Art aufgrund der recht pauschal gehaltenen Pertinenzien nicht oder nur schemenhaft erfasst werden. Klarer wird dieses Bild erst unter Zuhilfenahme einer Schenkungsurkunde aus dem Jahre 1016, in der Burchard I. der St.-Pauls-Kirche zu Worms jenseits des Rheins bei Edingen sechs Hofstellen, bei Neckarhausen acht Hofstellen und zwei Mühlen (molendina), vier Morgen Weinberge und einen gewissen Teil Waldes tradiert (Urkundenbuch Worms, Nr. 43, 34; vgl. auch Schulz 1938, 21). Mit der Nennung der Weinberge wird deutlich, dass auch vonseiten des Bistums Neckarhausen für die Weinwirtschaft von gewisser Bedeutung gewesen sein muss. Somit kann das archäologisch belegte Weinbaugebiet vielleicht sogar als „gemeinsames" Produkt der beiden Grundherrschaftsträger Lorsch und Worms betrachtet werden. Von noch größerem Interesse ist an dieser Stelle allerdings die Nennung der für Neckarhausen belegten Mühlen, stellten diese doch mit der Ablösung der hauseigenen Hand- durch die moderneren Wassermühlen (z.B. Elmshäuser u. Hedwig 1993, 438–440.) und dem damit einhergehenden vermehrten Mühlzwang geradezu Kristallisationspunkte des grundherrschaftlichen Zugriffes dar (vgl. Kropp u. Meier 2010, 106f.). In diesem Kontext kommt

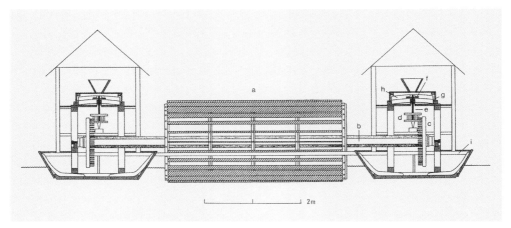

Abb. 2: Rekonstruktionsvorschlag für die Gimbsheimer Schiffsmühle nach Olaf Höckmann 1994.

der direkten Flusslage Neckarhausens eine besondere Rolle zu, prädestinierte sie doch den Ort geradezu für die Mühlenwirtschaft. Ob es sich in diesem Fall um Schiffsmühlen mit unterschlächtig betriebenen Wasserrädern oder um stationäre Anlagen gehandelt hat, kann zwar nicht entschieden werden, jedoch erscheinen Schiffsmühlen aufgrund der größeren Mobilität im Falle von Hochwasserereignissen oder starkem Eisgang im Frühjahr hier die plausiblere Variante darzustellen. Ein besonders eindrucksvolles Beispiel einer auch für Neckarhausen vorstellbaren Mühlenanlage stellt die sogenannte „Schiffsmühle von Gimbsheim" dar, welche im Sommer 1989 intensiv archäologisch untersucht und auf etwa 760 n. Chr. datiert werden konnte (Höckmann 1994). Als dem besonders anspruchsvollen Typus der Tandemmühlen zugehörig (vgl. Abb. 2), konnten hier auf beiden Seiten des vom Rhein angetriebenen Schaufelrades Mahlwerke unterhalten werden. Wenn man den technischen Aufwand und die finanziellen Mittel, die zum Bau solch einer Anlage benötigt wurden, berücksichtigt, so wird deutlich, dass Mühlen dieser Art nur im Kontext größerer und entsprechend ausgestatteter Grundherrschaften möglich waren.

Fazit

Die Kontextualisierung der frühmittelalterlichen Quellenbelege für Neckarhausen mit dem Ordnungsbegriff der Grundherrschaft hat sich als lohnend erwiesen. Es konnte aufgezeigt werden, dass Neckarhausen auf vielfältige Weise in die Herrschaftsverbände der verschiedenen Grundherrschaftsträger eingebunden war. Die mehrfach betonte und durch die Nähe zu Ladenburg begründete Dominanz des Bistums Worms (vgl. exemplarisch Freudenberg 1924, 91) lässt sich dabei insofern abschwächen, als neben dem Bistum das Kloster Lorsch und – im Zuge einer Rückschreibung – auch das Königtum und die Nobilität für Neckarhausen als Grundherren urkundlich belegt werden konnten. Die Einbindung der kleinen Siedlung in die beiden großen geistlichen Grundherrschaften erfolgte dabei offenbar bewusst in Anlehnung an die bereits vorhandenen Spezialisierungen wie den Weinbau und unter Rücksichtnahme auf die topografische Lage am Neckar, die eine Mühlenwirtschaft nahelegte. Es bleibt schließlich zu hoffen, dass möglichst großflächige archäologische Untersuchungen zukünftig auch Einblicke in die mittelalterliche Siedlungsstruktur Neckarhausens erlauben werden und eine Einschätzung und Einordnung der Archäologie für die Bewertung der frühmittelalterlichen Grundherrschaft in Neckarhausen besser ermöglichen wird.

Abbildungsnachweis

Abb. 1: Verwaltung der Staatlichen Schlösser und Gärten Hessen.
Abb. 2: Olaf Höckmann, Eine Schiffsmühle aus den Jahren um 760 n. Chr. in Gimbsheim, Kr. Alzey-Worms. In: Mainzer Archäologische Zeitschrift, Bd. 1 (1994), 191–209 (hier 209), Abb. 7.
Tab. 1: C. Kropp u. Th. Meier, Entwurf einer Archäologie der Grundherrschaft im älteren Mittelalter. Beiträge zur Mittelalterarchäologie in Österreich 26, 2010, 97–124 (hier 113).

Quellen- und Literaturverzeichnis

Quellen

Brevium Exempla: Brevium exempla ad describendas res ecclesiasticas et fiscals (ed. A. Boretius). Monumenta Germaniae historica. Capitularia regum Francorum I (Hannover 1883), 250–256.
Codex Laureshamensis (CL): Codex Laureshamensis (ed. K. Glöckner). Arbeiten der Historischen Kommission für den Volksstaat Hessen (Darmstadt 1929/36).
Lorscher Codex: Lorscher Codex (ed. K. J. Minst), Band 5: Schenkungsurkunden Nr. 2911–3836 (Heppenheim 1971).
Polyptyque de St.-Germain: Polyptyque de l'abbaye de Saint-Germain-des-Prés rédigé au temps de l'abbé Irminon (ed. A. Longnon). Documents de la Société d'Histoire de Paris 7/11 (Paris 1886/95).
Urbar Prüm: Das Prümer Urbar (ed. I. Schwab). Rheinische Urbare 5 (Düsseldorf 1983).
Urkundenbuch Worms: Urkundenbuch der Stadt Worms (ed. H. Boos). Band I: 627–1300 (Berlin 1886).

Literatur

Brunner 1973: O. BRUNNER, Land und Herrschaft. Grundfragen der territorialen Verfassungsgeschichte Österreichs im Mittelalter 5 (Darmstadt 1973).

Burzler 2000: A. BURZLER, Archäologische Beiträge zum Nobilifizierungsprozess in der jüngeren Merowingerzeit. Materialhefte zur Bayerischen Vorgeschichte A 77 (Kallmünz 2000).

Büttner 1963: H. BÜTTNER, Ladenburg am Neckar und das Bistum Worms bis zum Ende des 12. Jahrhunderts. Archiv für hessische Geschichte und Altertumskunde NF Bd. 28, 1963, 83–98.

Christlein 1972: R. CHRISTLEIN, Besitzabstufungen zur Merowingerzeit im Spiegel reicher Grabfunde aus West- und Süddeutschland. Jahrbuch des Römisch-Germanischen Zentralmuseums 20, 1973, 147–180.

Dauber u.a. 1967: A. DAUBER, E. GROPENGIESSER, B. HEUKEMES u. M. SCHAAB, Archäologische Karte der Stadt- und der Landkreise Heidelberg und Mannheim. Badische Fundberichte Sonderheft 10 (Karlsruhe 1967).

Dette 1996: Ch. DETTE, Geschichte und Archäologie. Versuch einer interdisziplinären Betrachtung des Capitulare de villis. In: M. Fansa (Hrsg.), Realienforschung und historische Quellen. Symposium im Staatlichen Museum für Naturkunde und Vorgeschichte Oldenburg vom 30.6.–1.07.1995, Archäologische Mitteilungen aus Nordwestdeutschland Beiheft 15 (Oldenburg 1996), 45–100.

Dollinger 1949/1982: Ph. DOLLINGER, L'évolution des classes rurales en Bavière depuis la fin de l'époque carolingienne jusqu'au milieu du XIIIe siècle. Publications de la Faculté des Lettres de l'Université de Strasbourg 112 (Paris 1949). = Der bayerische Bauernstand vom 9. bis zum 13. Jahrhundert (München 1982). [In dieser Arbeit hier Zitierung der deutschen Ausgabe.]

Dopsch 1921/22: A. DOPSCH, Die Wirtschaftsentwicklung der Karolingerzeit vornehmlich in Deutschland^2 (Weimar 1921/22).

Elmshäuser 1989: K. ELMSHÄUSER, Untersuchungen zum Staffelseer Urbar. In: Rösener 1989, 335–369.

Elmshäuser/Hedwig 1993: K. ELMSHÄUSER u. A. HEDWIG, Studien zum Polyptychon von Saint-Germain-des-Prés (Köln 1993).

Fetzer 2008: R. FETZER, Edingen: dörfliche Entwicklung im Rhein-Neckar-Raum – eine Chronik (Edingen 2008).

Fossier 1978: R. FOSSIER, Polyptyques et censiers. Typologie des sources du moyen âge occidental 28 (Turnhout 1978).

Freudenberg 1924: F. C. FREUDENBERG, Der Lobdengau. Das Herz der Kurpfalz, örtlich und geschichtlich (Heidelberg 1924).

Fries-Knoblach 2010: J. FRIES-KNOBLACH, Hinweise auf soziale Unterschiede in frühmittelalterlichen Siedlungen in Altbayern. In: Peter TREBSCHE, Nils MÜLLER-SCHEESSEL u. Sabine REINHOLD (Hrsg.), Der gebaute Raum. Bausteine einer Architektursoziologie vormoderner Gesellschaften (Münster 2010), 355–394.

Fütterer 1973: P. FÜTTERER, Neckarhausen. Geschichte und Gegenwart (Neckarhausen 1973).

Glöckner 1920: K. GLÖCKNER, Ein Urbar des rheinfränkischen Reichsgutes aus Lorsch. Mitteilungen des Instituts für Österreichische Geschichtsforschung Bd. 38, 1920, 381–398.

Goetz 2001: H.-W. GOETZ, Frühmittelalterliche Grundherrschaften und ihre Erforschung im europäischen Vergleich. In: M. Borgolte (Hrsg.), Das europäische Mittelalter im Spannungsbogen des Vergleichs. Zwanzig internationale Beiträge zu Praxis, Problemen und

Perspektiven der historischen Komparatistik. Europa im Mittelalter. Abhandlungen und Beiträge zur historischen Komparatistik 1 (Berlin 2001), 65–87.

Höckmann 1994: O. Höckmann, Eine Schiffsmühle aus den Jahren um 760 n.Chr. in Gimbsheim, Kr. Alzey-Worms. Mainzer archäologische Zeitschrift 1, 1994, 191–209.

Kropp u. Meier 2010: C. Kropp u. Th. Meier, Entwurf einer Archäologie der Grundherrschaft im älteren Mittelalter. Beiträge zur Mittelalterarchäologie in Österreich 26, 2010, 97–124.

Kuchenbuch 1991: L. Kuchenbuch, Grundherrschaft im früheren Mittelalter. Historisches Seminar N.F. 1 (Idstein 1991).

Metz 1986: W. Metz, Zum Lorscher Reichsurbar. Historisches Jahrbuch 106, 1986, 407–417.

Probst 2006: H. Probst (Hrsg.), Mannheim vor der Stadtgründung Teil II, Band 1: Mittelalter und Frühe Neuzeit im unteren Neckarland. Das Dorf Mannenheim (Regensburg 2006).

Probst 2006a: H. Probst, Die Christianisierung des Rhein-Neckar-Raumes und die Anfänge des Bistums Worms. In: Probst 2006, 16–27.

Probst 2006b: H. Probst, Geistliche Herrschaft – Das Hochstift Worms und die Abtei Lorsch. In: Probst 2006, 42–53.

Rösener 1989: W. Rösener (Hrsg.), Strukturen der Grundherrschaft im frühen Mittelalter. Veröffentlichungen des Max-Planck-Instituts für Geschichte 92 (Göttingen 1989).

Rösener 1989a: W. Rösener, Zur Erforschung der frühmittelalterlichen Grundherrschaft. In: Rösener 1989, 9–28.

Rösener 1989b: W. Rösener, Strukturformen der adeligen Grundherrschaft in der Karolingerzeit. In: Rösener 1989, 126–180.

Rösener 2004: W. Rösener, Südwestdeutsche Grundherrschaftsverhältnisse im 8. Jahrhundert. In: H. U. Nuber, H. Steuer u. Th. Zotz (Hrsg.), Der Südwesten im 8. Jahrhundert aus historischer und archäologischer Sicht. Archäologie und Geschichte. Freiburger Forschungen zum ersten Jahrtausend in Südwestdeutschland 13 (Stuttgart 2004), 101–118.

Scholz 2011: S. Scholz, Das Kloster Lorsch von seinen Anfängen bis zu seiner Aufhebung 1557. In: B. Pinsker u. A. Zeeb (Bearb.), Kloster Lorsch. Vom Reichskloster Karls des Großen zum Weltkulturerbe der Menschheit (Petersberg 2011), 382–401.

Schreg 2002: R. Schreg, Dorfgenese und Grundherrschaft: Aspekte der Siedlungsgeschichte in Südwestdeutschland. In: G. Helmig, B. Scholkmann u. M. Untermann (Hrsg.), Centre – Region – Periphery. 3. Internationaler Kongress der Archäologie des Mittelalters und der Neuzeit Basel 10.–15. September 2002, Bd. 1 (Hertingen 2002), 221–227.

Schreg 2006: R. Schreg, Dorfgenese in Südwestdeutschland: Das Renninger Becken im Mittelalter. Materialhefte zur Archäologie in Baden-Württemberg 76 (Stuttgart 2006).

Schulz 1938: W. Schulz, Neckarhausen. Eine Chronik (Mannheim 1938).

Semmler 1973: J. Semmler, Die Geschichte der Abtei Lorsch von der Gründung bis zum Ende der Salierzeit (764–1125). In: F. Knöpp (Hrsg.), Die Reichsabtei Lorsch. Festschrift zum Gedenken an ihre Stiftung 764 (Darmstadt 1973), 75–173.

Staab 1989: F. Staab, Die wirtschaftliche Bedeutung der Reichsabtei Lorsch (8. bis 12. Jahrhundert). Geschichtsblätter für den Kreis Bergstraße 22, 1989, 5–36.

Steuer 1982: H. Steuer, Frühgeschichtliche Sozialstrukturen in Mitteleuropa. Eine Analyse der Auswertungsmethoden des archäologischen Quellenmaterials. Abhandlungen der Akademie der Wissenschaften zu Göttingen, Philologisch-historisch Klasse 3, Folge 128 (Göttingen 1982).

Steuer 2009: H. Steuer, Archäologie und Geschichte: die Suche nach gemeinsam geltenden Benennungen für gesellschaftliche Strukturen im Frühmittelalter. In: A. Bihrer, M. Kälble u. H. Krieg (Hrsg.): Adel und Königtum im mittelalterlichen Schwaben. Festschrift Thomas Zotz, Veröffentlichungen der Kommission für geschichtliche Landeskunde Baden-

Württemberg B 175 (Stuttgart 2009), 3–27.

Steuer 2010: H. Steuer, Herrensitze im merowingerzeitlichen Süddeutschland. Herrenhöfe und reich ausgestatte Gräber. Zeitschrift für Archäologie des Mittelalters 38, 2010, 1–41.

Trautz 1953: F. Trautz, Das untere Neckarland im frühen Mittelalter. Heidelberger Veröffentlichungen zur Landesgeschichte und Landeskunde 1 (Heidelberg 1953).

Verhulst 2002: A. Verhulst, The Carolingian economy (Cambridge 2002).

Wickham 2005: Ch. Wickham, Framing the early middle ages. Europe and the Mediterranean 400–800 (Oxford 2005).

Wirth 2006: K. Wirth, Die „Weingärten der Cilina" in Edingen-Neckarhausen, Rhein-Neckar-Kreis. Archäologische Ausgrabungen in Baden-Württemberg 2005 (Stuttgart 2006), 221–223.

Wirth 2011: K. Wirth, Ergebnisse archäologischer Ausgrabungen in Neckarhausen, Rhein-Neckar-Kreis. Bausteine zur Ortsgeschichte Edingen-Neckarhausen 2011 (Edingen-Neckarhausen 2011), 9–44.

Archivalische Spurensuche zur Besitzgeschichte

Ralf Fetzer

Vorbemerkungen zur Quellenlage

Die Geschichte des Anwesens (Hauptstraße 379) lässt sich über die Einträge in den im Gemeindearchiv Neckarhausen verwahrten Grund-, Lager- und Feuerversicherungsbüchern eindeutig bis ins Jahr 1840 zurückschreiben. Für ein weiteres Zurückschreiben in frühere Verhältnisse bedarf es anderer Quellen, die eine eindeutige Verifizierung des Anwesens, der Hofreite samt Gebäuden, erlauben. Üblicherweise wird in den Quellen der Zeit vor 1800 die Lage einer Liegenschaft innerhalb des Ortsetters durch den Namen des Eigentümers und der Nennung der angrenzenden Straßen beziehungsweise durch die namentliche Nennung der Eigentümer der Nachbargrundstücke bestimmt. Eine erfolgreiche Rückschreibung der Besitzverhältnisse hängt von mehreren Faktoren ab: zunächst einmal von der grundsätzlichen Existenz aussagekräftiger Schriftquellen

Abb. 1: Grundriss über die Neckarhausener Gemarkung, 2. Hälfte 18. Jahrhundert; eingezeichnet ist noch die alte katholische Kirche, während der Neubau nicht eingezeichnet ist. Deutlich zu erkennen ist der noch weitgehend unbebaute Bereich zwischen Hauptstraße und Neckar [Ausschnitt] (GLA H Mannheim 13).

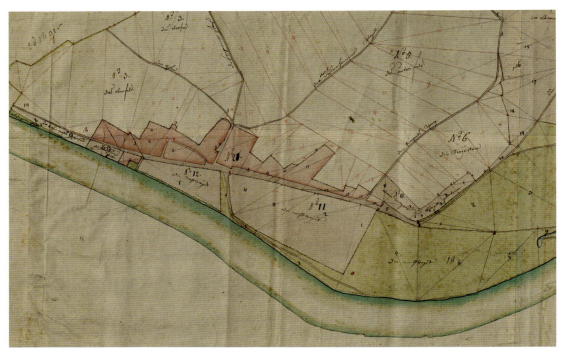

Abb. 2: Grundriss über die Neckarhausener Gemarkung im Oberamt Ladenburg, 2. Hälfte 18. Jahrhundert; eingezeichnet ist noch die alte katholische Kirche [Ausschnitt] (GLA H Neckarhausen 2).

und Pläne und zum anderen von der Zugänglichkeit eventuell vorhandener Archivalien, also vom Erschließungsgrad der zuständigen Archive. Während das Teilarchiv Edingen der Gemeinde Edingen-Neckarhausen durch Findmittel der 1960er Jahre recht gut erschlossen ist, sind Bemühungen der Inventarisierung des Teilarchivs Neckarhausen stecken geblieben. Die fehlenden Findmittel erschweren einen raschen Zugriff auf möglicherweise vorhandene Archivalien. Zudem sind gerade für das Teilarchiv Neckarhausen wesentliche Archivbestände wie etwa Nahrungszettel oder frühneuzeitliche Lagerbücher offenkundig nicht überliefert. Zudem erlauben die im Landesarchiv Karlsruhe verwahrten Lagerbücher keinen direkten Einblick in den Hausbesitz im Neckarhausener Etterbereich.

Auch die überlieferten Karten des 18. Jahrhunderts erlauben nur begrenzte Einblicke, verdeutlichen zum Teil nur schematische Zusammenhänge, versperren aber zumeist den direkten Blick auf den Hausbesitz. Eine im Graf-von-Oberndorff'schen Archiv in Karlsruhe verwahrte Karte, die möglicherweise den Hausbestand wiedergibt, bleibt infolge ihres schlechten Erhaltungszustandes bis auf weiteres jeder Einsichtnahme durch Benutzer gesperrt.[1]

Die Eigentümerfamilie Montag – das 18. und 19. Jahrhundert

Noch Anfang des Jahres 1840 befand sich das Anwesen im Eigentum der Eheleute Michael (1766–1848) und Barbara Montag (1776–1840) (Kreutzer 2000, 287, Nr. 1419). Erst mit dem Tod der Ehefrau am 15. Juni 1840 sollten sich diese Eigentumsverhältnisse ändern. Doch wenden wir uns zunächst den Eigentümern des Anwesens der Zeit vor 1840 zu.

Johann Michael Montag wurde am 16. Dezember 1771 als siebtes Kind des Franz Montag (1719–1787) und der Catharina Margaretha Zigler von Lossen (ca. 1736–1812) – beide waren katholischer Konfession – in Neckarhausen geboren (Kreutzer 2000, 286, Nr. 1418). Insgesamt hatte Michael Montag zehn Geschwister, von denen allerdings vier bereits recht früh verstorben waren. Am 20. Juli 1797 heiratete er die verwitwete Barbara Keller, geborene Hauck. Barbara Montag war am 9. März 1766 als Tochter des Neckarhausener Bürgers Johann Michael Hauck (1738–1794) und der Barbara Susanna, geborene Bläss, aus Edingen geboren (Kreutzer 2000, 145, Nr. 666). In erster Ehe hatte sich Barbara Hauck am 24. April 1782 mit dem Neckarhausener Wirt und Bürger Jacob Jodocus Keller verbunden (Kreutzer, 190f., Nr. 911). Von den acht Kindern dieser Ehe sollten bereits vier im frühen Kindesalter sterben. Nach dem Tod des Ehemanns am 24. März 1797 hatte Anna Barbara Hauck am 20. Juli 1797 den Neckarhausener Bürger und Landwirt Michael Montag geheiratet. Aus dieser Ehe sind fünf Kinder hervorgegangen, von denen aber wiederum zwei bereits binnen weniger Wochen nach der Geburt verstarben.

Der schematischen Darstellung der Erbbestände der Neckarhausener Fähre in der Veröffentlichung von Klaus Backes und Günter Fillbrunn ist zu entnehmen, dass ein Achtel der Fährgerechtigkeit um 1794 von Michael Hauck durch Erbgang oder Schenkung an Michael Montag übergegangen war (Backes u. Fillbrunn 1995, 108f.). Bei diesem hier genannten Michael Hauck handelte es sich ganz offensichtlich um den am 18. Mai 1794 verstorbenen und oben erwähnten Vater der Barbara Hauck, die 1797 Michael Montag heiraten sollte. Bis 1840 wird dann Michael Montag als Fährteilhaber verzeichnet. Bestätigt wird dies durch einen weiteren Sachverhalt: Die Verlassenschaftsmasse der am 15. Juni 1840 verstorbenen Barbara Montag wurde am 2. Oktober 1840 versteigert, um das mütterliche Erbe an die Kinder der ersten und zweite Ehe der Barbara verteilen zu können. Diese Verlassenschaftsmasse der Barbara Montag bestand aus einem Achtel „Erbbestandsneckarfahrt" sowie zwei Vierteln Acker.[2] Die Neckarfahrt wurde für 689 Gulden von Adam Metz ersteigert. Aus diesem Grunde fand die Fährgerechtigkeit in der Vermögensübergabe des Michael Montag vom 21. November 1840 keine Erwähnung, denn sie war bereits aus dem Erbe der verstorbenen Ehefrau veräußert worden. Bevor wir uns dieser Vermögensübergabe eingehender zuwenden, versuchen wir, zunächst weitere Fragen für die frühere Zeit zu klären. Eindeutige Rückschreibungen sind für die Zeit vor 1840 jedoch auf der bekannten Quellenbasis kaum mehr möglich.

Die überlieferten Grundbücher der ehemaligen Gemeinde Neckarhausen aus der Zeit der Ehe des Michael Montag mit der Barbara verzeichnen keinen Hauserwerb beziehungsweise -verkauf. Die Eheleute verkauften lediglich ein auf Neckarhausener Gemarkung gelegenes Güterstück am 23. Februar 1821.[3] Die oben beschriebene Verlassenschaftsteilung nach dem Tod der Barbara Montag legt nahe, dass das Haus vor der Eheschließung bereits im Eigentum ihres späteren Ehemannes gewesen sein muss. Weiter wird diese Annahme durch einen Eintrag vom 27. April 1791 im ältesten Neckarhausener Grundbuch bestätigt: An diesem Tag übergaben die Eltern der Barbara ihr im Unterdorf gelegenes Wohnhaus samt Gärten an ihren ledigen Sohn Johann Georg Hauck.[4] Ihrer Tochter, „verehelichter Kraußen", – hierbei handelte es sich offenkundig um die mit Mathias Kraus verheiratete Schwester Anna Margarethe (Kreutzer 2000, 145, Nr. 228) –, übertrugen sie die im unteren Dorf gelegene Scheuer samt zugehörigem Platz und Gartenstück. Von einem Hausbesitz im Oberdorf ist keine Rede.

Der Familienname Montag taucht in den Neckarhausener Kirchenbüchern bereits in der zweiten Hälfte des 17. Jahrhunderts auf. Das Ortsfamilienbuch nennt – allerdings ohne weitere Informationen zu geben – den am 15. März 1693 verstorbenen Bürger Nicolaus Montag (Kreutzer 2000, 286, Nr. 1417). Walter Schulz verweist auf den im Jahr 1682 im Kirchenbuch verzeichneten Wenzeslaus Montag aus Edingen und seine Frau Anna Margaretha, geborene Weißmann, aus Neckarhausen. „Sechs Jahre später wird beiden eine Tochter zu Neckarhausen getauft, mithin waren sie inzwischen nach Neckarhausen umgezogen" (Schulz 1938, 129). Alle Kirchenbucheinträge der nachfolgenden Jahrzehnte finden sich in Edingen.

Auch der Vater des oben erwähnten Eigentümers Michael Montag, Franz Montag, wurde in Edingen geboren und wohnte dort zunächst mit seiner am 16. Mai 1761 angetrauten Frau Catharina Margaretha Zigler von Lossen (1736–1812) (Kreutzer 2000, 286, Nr. 1418). Er entstammte einer bereits alteingesessenen und begüterten Edinger Familie. Die ersten drei in den Jahren von 1762 bis 1764 geborenen Kinder des Franz Montag und seiner Gattin Catharina Margaretha erblickten noch in Edingen das Licht der Welt. Noch weitere acht Kinder gingen zwischen 1767 und 1780 nach dem Ortsfamilienbuch aus dieser Ehe hervor, deren Geburt beziehungsweise Taufe alle im Neckarhausener katholischen Kirchenbuch eingetragen wurde. Vier davon starben wiederum in frühen Kindstagen beziehungsweise -jahren.

Ein erstes Neckarhausener Grundbuch verzeichnet in chronologischer Folge die Güterwechsel ab dem Jahre 1730. Ein erster, die Familie Franz Montag betreffender Eintrag datiert auf den 18. Februar 1773. „Hiesiger Burger Frantz Montag" hatte in öffentlicher Versteigerung dem Bürger und reformierten Schulmeister zu Ilvesheim einen im Oberdorf gelegenen Hausplatz für 270 Gulden abgekauft.[5] Die Liegenschaft wurde oben begrenzt von Michel Heyd, unten durch die Kirchgasse, vorne von der „gemeinen Straas" und hinten von Johann Gehrig. Dass es sich hierbei offensichtlich nicht um das von uns gesuchte Anwesen gehandelt haben kann, zeigt einerseits die Lage des Hausplatzes. Andererseits kann man davon ausgehen, dass der Hausplatz noch unbebaut gewesen ist, sonst hätte man die daraufstehenden Gebäude im Güterbuch vermerkt. Da Franz Montag bereits zu diesem Datum die Neckarhausener Bürgerrechte innehatte und mehrere seiner Kinder bereits im Ort geboren waren, ist davon auszugehen, dass die Familie das Anwesen spätere Hauptstraße 379 bereits bewohnte. Da seit 1730 kein Ankauf einer Hofstatt, eines Hausplatzes oder eines Gebäudes in den Grundbüchern verzeichnet ist, kann zudem davon ausgegangen werden, dass sich das Anwesen bereits zu diesem frühen Zeitpunkt im Eigentum der in Edingen ansässigen Familie Montag befunden hat.

Auch die Familie des Franz Montag wurde durch das große Hochwasser, das im Februar 1784 weite Teile Neckarhausens zerstörte und 13 Menschenleben forderte, getroffen.[6] Zwei Gemälde von Kobell verdeutlichen die verheerenden Auswirkungen des Hochwassers. Auf einem ist der Bereich des Oberdorfs im Umfeld der katholischen Kirche dargestellt (siehe den Beitrag von B. Stadler über Neckarhausen). Trotz des erkennbaren Ausmaßes des zerstörten Bereiches im Oberdorf war es vor allem das Unterdorf, das durch die Kraft von Wasser und Eis in Mitleidenschaft gezogen worden war. Das Wasser war zunächst im Unterdorf eingebrochen und suchte sich von der Feldseite her seinen Weg ins Oberdorf (Die Stadt- und Landkreise, Bd. 3, 701; Fütterer 1973, 246ff.). Zum Zeitpunkt der Katastrophe bestand die Familie des Franz Montag aus sieben Personen, den beiden Eheleuten und fünf Kindern.[7] Unter den Opfern des Hochwassers ist kein Mitglied der Familie aufgeführt. Die Familie war recht wohlhabend: Das Vermögen des

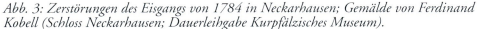

Abb. 3: Zerstörungen des Eisgangs von 1784 in Neckarhausen; Gemälde von Ferdinand Kobell (Schloss Neckarhausen; Dauerleihgabe Kurpfälzisches Museum).

Franz Montag wurde mit 2.500 Gulden angegeben, auf dem allerdings eine Belastung von 1.200 Gulden lag. Auf jeden Fall war die Familie so wohlhabend, dass sie für ihren erlittenen Schaden von staatlicher Seite keine Entschädigungszahlungen zu erwarten hatte. Der Gesamtschaden der Familie wurde mit 286 Gulden 55 Kreuzern angegeben und war damit im Vergleich zu einigen anderen Geschädigten noch relativ gering. So hatte etwa Andreas Metz einen Schaden von 1.007 Gulden 15 Kreuzern und Jacob Mohr von 1.396 Gulden 55 Kreuzern; der Schaden des Rentmeisters Keller wurde gar mit 2.336 Gulden 25 Kreuzern angegeben. Es ist somit mit einiger Wahrscheinlichkeit von einer Teil-, aber keineswegs von einer Vollzerstörung des Montag´schen Anwesens auszugehen.

Nach dem Tod des Franz Montag am 2. Mai 1787 suchte dessen Witwe am 25. April 1796 die Übergabe des Erbes an ihre Söhne Georg und Michael zu regeln, wobei es primär um die Abfindung des ältesten Sohnes Georg ging, der zu diesem Zeitpunkt Schafknecht in Reilingen gewesen ist.[8] Sohn Georg sollte der vertraglichen Übereinkunft zufolge 1.200 Gulden Bargeld „auf Weihnachten" erhalten. Als Gegenleistung verzichtete Georg Montag auf alle weiteren gegenwärtigen und künftigen Ansprüche auf das elterliche Erbe. Sohn Michael Montag sowie ein anwesender Schwiegersohn zeigten sich mit dieser Regelung ebenfalls einverstanden. Michael Montag öffnete diese Abfindung des Bruders die direkte Nachfolge im Neckarhausener Besitz der Familie und machte den Weg frei für die Gründung einer eigenen Familie.

Nach dem Tod der Barbara Montag, geborenen Hauck, aus Neckarhausen, Ehefrau des Michael Montag, erfolgte am 21. November 1840 durch den Witwer eine Vermögensübergabe an den Erben Philipp Michael Montag. Bevor wir uns den beteiligten Personen eingehender widmen, betrachten wir den Inhalt des damals vorgenommen Rechtsgeschäftes. Die Ausführungen der Übergabe vom 21. November 1840 sind relativ knapp gehalten, aber dennoch überaus aufschlussreich. Es wurde keineswegs das gesamte Eigentum des Witwers übergeben, sondern lediglich das Anwesen in der Neckarhausener Hauptstraße: „Ein von Stein erbautes einstöckiges Wohnhaus mit Scheuer, Viehstall, 4. Schweineställen, zwei Abtritten und Hofraum, nebst ungefähr 23 Ruthen Baum und Pflanzgarten, oben Michael Schreckenberger I, unten Peter Keller II, hinten die Kirchgasse, vorn die Ortsstraße, um den Anschlag von 2.000 fl. auf unwiderrufliche Weise."[9]

Der Vater erhielt von seinem Sohn ein lebenslanges Wohnrecht eingeräumt. „In dem übergebenen Hause behält sich der Vater seinen lebenslänglichen unentgeltlichen Wohnsitz vor, welcher in Folgendem besteht: 1) Die Wohnstube nebst der daneben sich befindlichen Stubenkammer rechts am Eingange in das Haus, wobei bemerkt wird, daß der in der großen Stube stehende Ofen in seine, des Vaters, versetzt werden muß. 2) Das Recht in der gemeinschaftlicher Küche zu kochen."[10] Zudem wurde festgesetzt, „daß bei etwa eintretenden Veränderungen, und auf den Fall, daß der jeweilige Hausbesitzer sich mit dem Vater nicht friedlich ertragen könnte, und dieser dadurch wegen Unfrieden in seinem vorbehaltenen Wohnsitz so gestört werden sollte, daß er darin nicht ruhig leben könnte, und dadurch genöthigt würde, denselben zu verlassen; so soll

Abb. 4: Neckarhausener Ortsplan (Ausschnitt) von 1896 (Gemeinde Edingen-Neckarhausen; Foto: Ralf Fetzer).

der Hauseigenthümer schuldig und gehalten seyn, dem Vater einen jährlichen Hauszins von zwanzig Gulden vom Tag des Auszugs an, unverweigerlich, und ohne daß der Vater nöthig hat, darum zu klagen, zu bezalen."[11] Für bereits vom Vater geleistete, am Haus haftende Abgaben jeglicher Art sei dieser zu entschädigen. Die Liegenschaft verblieb nun für die nachfolgenden drei Jahrzehnte im Besitz des Neckarhausener Bürgers und Landwirts Michael Montag. Dieser hatte nach dem Tod seiner ersten Ehefrau Elisabeth – sie verstarb am 15. Januar 1868 (Kreutzer 2000, 287, Nr. 1420) – in zweiter Ehe am 29. Oktober 1868 Katharina Barbara Hund, Tochter des Neckarhausener Bürgers und Bauers Franz Keller und dessen Ehefrau Ursula, geborene Schreckenberger (Kreutzer 2000, 191, Nr. 913), geehelicht (Kreutzer 2000, 287, Nr. 1422).

Die Eigentümerfamilie Keller – das ausgehende 19. und das frühe 20. Jahrhundert

Nun verkauften Michael Montag und Gattin Katharina am 23. November 1872 die Liegenschaft Haus Nr. 47 an den Neckarhausener Bürger und Landwirt Michael Keller III. zu Eigentum für 4.750 Gulden.[12] Beschrieben wurde das Verkaufsobjekt wie folgt:

a) Ein einstöckiges Wohnhaus mit gewölbtem Keller, b) vier Schweineställe mit Ueberbau, c) Scheuer mit gewölbtem Keller und Stall, einstöckig, mit 31 Ruthen Haus und Hofraith u. 30 Ruthen Garten-Platz auf welchem ersteren die Gebäude stehen und letzerer über der Ortsstraße, der obigen Hofraithe gegenliegt. Das Ganze liegt hier im Oberdorf, an der Hauptstraße, einseits Anton Zieher I anders.[eits] Peter Rupp, vornen die Ortstraße, hinten an der Hofraithe die Kirchgasse, und am Garten der Neckaruferdamm."[13] Die Bezugsberechtigungen der Erben der ersten Ehefrau des Michael Montag wurden einvernehmlich geregelt.[14] Vom neuen Eigentümer des Anwesens, Michael Keller III., konnte das Haus bis zum 1. März 1873 in allen Teilen in Besitz genommen werden. „Von diesem Tage (den 1. März 1873) an, gehen auch die Miethzinsen von dem im Hause wohnenden Miether an den Käufer über, bis wohin die Locale von dem Verkäufer und Miether zu räumen sind." Und im fünften Punkt des Kaufvertrags wurde bestimmt: Alles was in dem Hause und den übrigen Gebäuden nied und nagelfest ist, bleibt in denselben, einschließlich der beiden Oefen in der unteren vorderen Haushälfte und der beiden Herde in den beiden Küchen, sowie der Tabakhangeinrichtungen in allen Gebäuden."[15]

Die Frage drängt sich auf, ob der jenseits der Hauptstraße zum Neckardamm liegende Garten ehemals fester Bestandteil der Hofreite gewesen ist, sich die Hofreite in früheren Zeiten über die Straße hinweg gezogen hat oder vielleicht durch eine Neuanlage der Straße zerschnitten wurde – eine Frage, die vielleicht durch künftige Forschungen geklärt werden könnte. Überliefert ist, dass der Bereich zwischen Hauptstraße und Neckardamm bis ins 18. Jahrhundert weitgehend unbebaut geblieben war. Die amtliche Kreisbeschreibung führt hierzu aus: „Das Dorf bestand lange Zeit aus einer einzigen, nur auf der Landseite bebauten Straße über dem Neckarufer, der heutigen Hauptstraße, südlich des Schlosses. Als 1747 der damalige katholische Schultheiß eine Hofreite auf der Neckarseite der Straße errichtete, erhob sich ein Proteststurm bei den nicht katholischen Mitgliedern der Gemeinde, da hier ‚seit Erschaffung der Welt' noch keine Häuser gestanden hätten. Im späten 18. Jahrh. wurde wenigstens ein Teil der Neckarseite zugebaut" (Die Stadt- und Landkreise, Bd. 3, 700).

Der neue Eigentümer, der am 7. September 1812 geborene Neckarhausener Landwirt Michael Keller III, lässt sich trotz des sehr häufigen Namens in Neckarhausen über den Geburtsnamen seiner in späteren Schriftquellen erwähnten Ehefrau Anna Margaretha, geborene Jacoby, eindeutig verifizieren (Kreutzer 2000, 193, Nr. 925). Anna Margaretha war am 15. Juni 1813 als Tochter des Johann Peter und der Anna Maria Michler in Ilvesheim geboren (Diefenbacher u. Jacoby o. J., 197, Nr. 1204). Insgesamt sind aus der Ehe des Michael Keller III. mit Anna Margaretha sechs in den Neckarhausener Kirchenbüchern eingetragene Kinder bekannt. Der 1843 geborene Georg Adam und die 1844 zur Welt gekommene Barbara sind bereits wenige Tage nach der Geburt verstorben. Von 1846 bis 1854 kamen die Kinder Nikolaus (Kreutzer 2000, 196, Nr. 937), Peter Magdalena (Kreutzer 2000, 299, Nr. 1486) und Barbara (Kreutzer 2000, 193, Nr. 925) zur Welt.

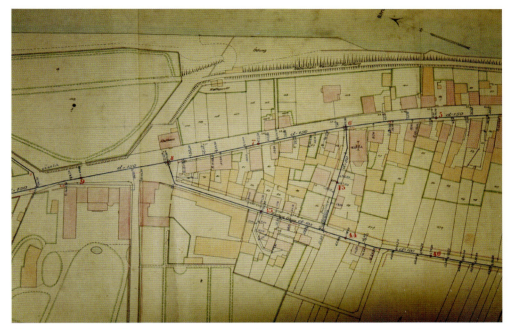

Abb. 5: Ortsplan „Wasserversorgung von Neckarhausen 1914", gezeichnet 1913 [Ausschnitt] (Gemeinde Edingen-Neckarhausen; Foto: Ralf Fetzer).

Mit dem Tod der Anna Margaretha Keller am 4. Dezember 1883 stand eigentlich eine Realteilung der Liegenschaften an. Zunächst hatten sich die Erben jedoch darauf geeinigt, dass die Liegenschaften in „unabgeteilter Gemeinschaft" verbleiben sollten. Im April 1888 schritt man schließlich zur Aufteilung der Erbmasse: Während die Kinder beziehungsweise Enkel der Verstorbenen landwirtschaftlich genutzte Flächen erhielten, verblieb der Hausbesitz der Familie in den Händen des Witwers. Das Haus Nr. 47 wird nach wie vor als „einstöckiges Wohnhaus mit gewölbtem Keller im Wert von 4.000 Mark beschrieben. Dazu gehörten ein Stall nebst 31 Ruthen Haus- und Hofreithe und 30 Ruthen Gartenbesitz auf nebst ersterem die Gebäude stehen und letzterer der Hofreite gegenüber liegt. Das Ganze liegt hier im Oberdorf an der Hauptstraße, einseits Anton Zieher I., anderseits Elisabetha Rupp minderjährig 3.000 Mark."[16] Weiterer Hausbesitz verblieb dem Witwer Michael Keller III. in der Neugasse im Unterdorf. Das Anwesen mitsamt Hofreite bestand aus einem einstöckigen Wohnhaus mit gewölbtem Keller, einer zweistöckigen Scheuer mit Stall und einem zweistöckigen Tabakschopfen mit Schweineställen.

Zudem erhielt Michael Keller III. in der Realteilung eine „halbe Erbbestands-Neckarfahrt nebst dazu gehörigen Fahrnissen und Fäherhaus" im Wert von 8.000 Mark zugeteilt. Dieser Erbbestand war in den bisherigen, eindeutig das in der Hauptstraße gelegene Haus Nr. 47 betreffenden Rechtsgeschäften nicht erwähnt worden, befand sich beim Tode der Ehefrau aber im Besitz der Keller'schen Eheleute.

Nach dem Tod des Michael Keller III am 24. September 1892 wurden am 16. Dezember 1893 die Ergebnisse der vorausgegangenen Verlassenschaftsverhandlungen ins Neckarhausener Grundbuch eingetragen.[17] Da die Ehefrau Anna Margaretha bereits verstorben war, wurde der Besitz unter den erbberechtigten Kindern beziehungsweise Enkeln verteilt, das waren:

– Nikolaus Keller, Landwirt in Egg-Harbor, Nordamerika, der durch Peter Zieher I. aus Neckarhausen vertreten wurde.
– Peter Keller V, Landwirt in Neckarhausen,
– Barbara Keller, ledig in Neckarhausen,
– die ledigen Kinder der am 17. November 1887 verstorbenen Magdalena Orth, geborenen Keller: Margaretha Ort (geboren am 19. März 1876), August Orth (geboren am 14. September 1877), Anton Orth (geboren am 22. Juli 1879) und Karl Peter Orth (geboren am 20. November 1881).

Die Liegenschaft Lagerbuch Nr. 81 (Haus Nr. 47) ging an den Landwirt Peter Keller V. Es wird beschrieben als „ein einstöckiges Wohnhaus mit gewölbtem Keller und Stall, ein einstöckiger Schopf mit Schweineställen, eine einstöckige Schewer mit Barren und gewölbtem Keller, ein zweistöckiger Schopf mit Vordach, ein zweistöckiger Schopf mit Dunggrube" nebst 7 Ar 10 m² Hofreite und 51 m² Hausgarten. Als Angrenzer werden auch hier benannt Elisabetha Rupp und Anton Zieher I. Als Lagerbuch Nr. 107 wird nun der 7 Ar 37 m² große, jenseits der Hauptstraße zum Neckardamm ziehende Hausgarten benannt. Auch an diesen grenzen die oben genannten Rupp und Zieher I an.

Nach den Akten des Kreisarchivs Ladenburg ließ Peter Keller V im Jahr 1898 eine Scheuer, eine Stallung sowie Schweineställe zumindest teilweise neu errichten. Die schmale Bauakte gibt keinen eindeutigen Einblick in die Verhältnisse, die zum Neubau führten. Lediglich eine Passage in einem Schreiben des Bezirksamtes vom 18. April 1898 an den Landwirt Peter Keller V lässt erkennen, dass die betreffenden Gebäude offensichtlich durch Brand zerstört wurden: „Bezugnehmend auf den Baubescheid vom 1. April 1898 und auf § 56 des Gesetzes vom 29. März 1852 über die Gr. bad. Feuerversicherungsanstalt für Gebäude machen wir Ihnen die Auflage, für den Fall, daß die auf der Brandstelle neu zu errichtenden Gebäude nach Wesen & Bestand von den abgebrannten verschieden sind, um besondere feuerpolizeiliche Genehmigung beim Gr. Bezirksamt dahier nachzusuchen. Vor deren Erteilung dürfte der Neubau nicht in Angriff genommen werden."[18] Im Baubescheid vom 1. April 1898 waren anhand der eingereichten Pläne vom 1. März dem Bauherren einige Änderungen auferlegt worden: „1. Das Dachwerk der Scheuer muß durch geeignete Verbügung und Verstrebung gegen Verschiebung nach der Längenachse des Baues gesichert werden.

Abb. 6 (rechte Seite): Planzeichnungen zum Teilneubau von 1898 (Kreisarchiv des Rhein-Neckar-Kreises, Bauakten, Peter Keller V, FLST-Nr. 81, Hauptstraße, Abt. 15/362/Zug 1979/50/Neckarhausen 303.

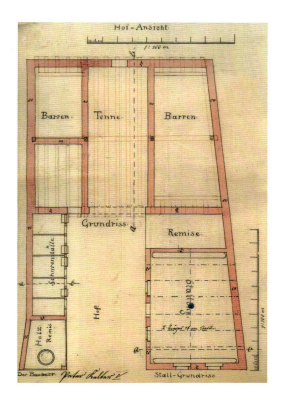
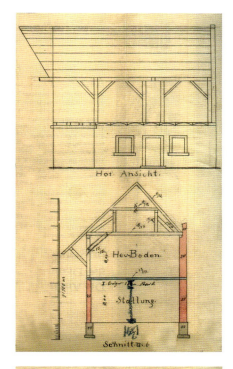
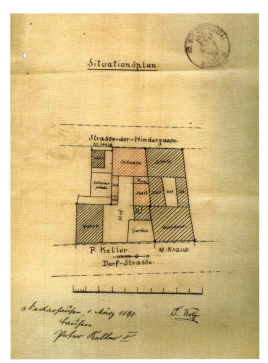
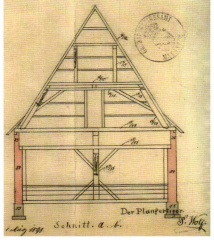
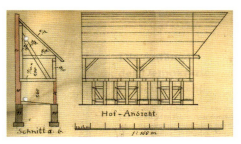

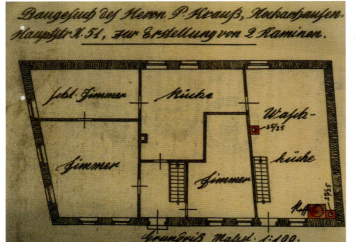

Baugesuch des Peter Krauß III zur Erstellung von zwei Kaminen und einem Waschkessel (Kreisarchiv des Rhein-Neckar-Kreises, Bauakten, Peter Krauß III, FLST-Nr. 81, Hauptstraße, Abt 15/362/Zug 1979/50/Neckarhausen 358).

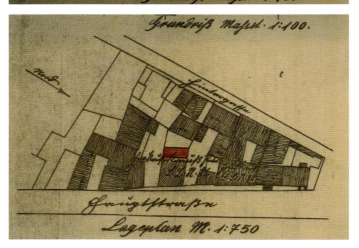

Das Gleiche gilt von dem Dachwerk des Stallbaues. 2. Die Eisenträger über dem Stall müssen nach NP 23 gewählt werden; dann kann der Unterzug und die in den Plänen mit Blaustift angedeutete Säule wegbleiben. 3. Die Düngerstätte ist nach Maßgabe der §§ 11, 12, 15 und 3 der bezirkspolizeilichen Vorschrift vom 14. Oktober 1891 neu zu erstellen; die in der Situationszeichnung angedeutete Lage der alten Düngerstätte ist unzulässig. Die Jauche muß mittels undurchlässiger Rinne aus den Ställen in die Grube eingeleitet werden ..."[19] Für Ende des Jahres 1925 sind weitere, wenn auch kleinere Umbaumaßnahmen überliefert. Hier kam es zur Errichtung zweier Kamine sowie eines Waschkessels, wie die Abbildung verdeutlicht. Zwischenzeitlich hatten sich allerdings die Eigentumsverhältnisse verändert; Bauherr war nun der Landwirt Peter Krauß III.[20]

Wechselnde Eigentumsverhältnisse im 20. Jahrhundert

Für die Angaben zur nachfolgenden, jüngeren Entwicklung sei der Gemeindeverwaltung Edingen-Neckarhausen herzlich gedankt:[21] Laut Kaufvertrag vom 22. Dezember 1920 wurde das Haus von dem Neckarhausener Landwirt Peter Krauss III und der Margaretha Krauss, geborene Henn, je zur Hälfte erworben. Nach dem Tod der Margaretha Krauß ging das Erbe an ihren Witwer Peter Krauß und die beiden Söhne Theodor und Albert Krauß über. Nach einem Übergabe- und Leibgedingsvertrag vom 4. Juli 1944 gelangte das Anwesen an den Sohn Karl Theodor Krauß, Landwirt in Neckarhausen. Dieser verstarb bereits am 23. Januar 1945 in russischer Kriegsgefangenschaft. 1947/1948 gelangte das Anwesen an Anna Maria, geborene Hirsch, Witwe des Theodor Krauß. Mit dem Tauschvertrag vom 23. April 1951 wurde der Neckarhausener Landwirt Hermann Zieher am 5. Mai 1952 ins Grundbuch eingetragen. Mit seinem Tod 2004 ging das Anwesen im Erbgang an seine Kinder. Nach erfolgter Aufteilung des Grundstücks im Juli 2011 in Flurstück Nr. 81 (Hauptstraße 379) und Flurstück 81/1 (Fichtenstraße 3) wurden die Teile Mitte 2011 separat verkauft. Der neue Miteigentümer des Flurstücks Nr. 81, Markus Frei, hat sich mit besonderem Nachdruck für die archäologische und architektonische Bestandsaufnahme stark gemacht.

Literaturverzeichnis

Backes u. Fillbrunn 1995: K. Backes u. G. Fillbrunn, Fähre Neckarhausen – Geschichte und Geschichten, hg. von der Gemeinde Edingen-Neckarhausen, Mannheim 1995.

Deurer o.J.: E. F. Deurer, Umständliche Beschreibung der im Jänner und Hornung 1784 die Städte Heidelberg, Mannheim und andere Gegenden der Pfalz durch die Eisgänge und Ueberschwemmungen betroffenen grosen Noth; nebst einigen vorausangeführten Natur-Denkwürdigkeiten des vorhergehenden Jahres, Mannheim o.J.

Die Stadt- und Landkreise Heidelberg und Mannheim. Amtliche Kreisbeschreibung, Bd. 3: Die Stadt Mannheim und die Gemeinden des Landkreises Mannheim, Karlsruhe 1970.

Diefenbacher u. Jakoby o. J.: K. Diefenbach u. K. Jakoby, Ilvesheimer Kirchenbücher (Ortssippenbuch), bearbeitet nach den katholischen Kirchenbüchern (1734 bis 1900), den evangelischen Kirchenbüchern (1650 bis 1900) und den Standesbüchern (1810 bis 1870), Ladenburg/Ilvesheim. o. J.

Fetzer 2008: R. Fetzer, Edingen. Dörfliche Entwicklung im Rhein-Neckar-Raum – eine Chronik, Edingen-Neckarhausen 2008.

Fütterer 1973: P. Fütterer, Neckarhausen. Geschichte und Gegenwart, 1973.

Kreutzer 2000: R. Kreutzer, Ortssippenbuch Edingen-Neckarhausen 1647–1900, Edingen-Neckarhausen 2000 (Deutsche Ortssippenbücher der Zentralstelle für Personen- und Zeitgeschichte, Reihe B, Bd. 212) (Badische Ortssippenbücher der Zentralstelle Badischer Ortssippenbücher, Bd. 89).

Schulz 1938: W. Schulz, Neckarhausen. Eine Chronik, Mannheim 1938.

Anmerkungen

1 Vgl. GLA 69 von Oberndorff 2646.
2 Vgl. Gemeindearchiv Neckarhausen, Grundbuch Bd. 4.
3 Gemeindearchiv Neckarhausen, Nr. 374, Grundbuch Bd. 2, Fol. 253f.
4 Vgl. GA Neckarhausen, Grundbuch Bd. 1, Fol. 200ff.
5 Vgl. Gemeindearchiv Neckarhausen, Grundbuch Bd. 1, Nr. 373.1, Teil 2, Fol. 42.
6 Vgl. zum Folgenden GLA 69 von Oberndorff 1508; vgl. allgemein zu den Auswirkungen des Hochwassers auf Neckarhausen: Fütterer 1973, 246ff.; Deurer.
7 Vgl. GLA 69 von Oberndorff 1508.
8 Vgl. Gemeindearchiv Neckarhausen, Grundbuch Bd. 1, Nr. 373.1, Teil 2, Fol. 221–223.
9 Gemeindearchiv Neckarhausen, Grundbuch Bd. 4, Nr. 89, Fol. 217.
10 Gemeindearchiv Neckarhausen, Grundbuch Bd. 4, Nr. 89, Fol. 217.
11 Gemeindearchiv Neckarhausen, Grundbuch Bd. 4, Nr. 89, Fol. 218.
12 Vgl. Gemeindearchiv Neckarhausen, Grundbuch Bd. 9, Fol. 224–228.
13 Gemeindearchiv Neckarhausen Nr. 381, Grundbuch Bd. 9, Fol. 224f.
14 Georg Keller I. aus Neckarhausen, Michael Keller, Häfner in Seckenheim, Anna Maria Keller, verwitwete Johann Zieher und Franz Keller I.; vgl. Gemeindearchiv Neckarhausen Nr. 381, Grundbuch Bd. 9, Fol. 227.
15 Gemeindearchiv Neckarhausen Nr. 381, Grundbuch Bd. 9, Fol. 226.
16 Vgl. Gemeindearchiv Neckarhausen Nr. 383, Grundbuch Bd. 11, Fol. 525ff.
17 Vgl. Gemeindearchiv Neckarhausen Nr. 384, Grundbuch Bd. 12, Fol. 298ff.
18 Kreisarchiv des Rhein-Neckar-Kreises, Bauakten, Peter Keller V, FLST-Nr. 81, Hauptstraße, Abt. 15/362/Zug 1979/50/Neckarhausen 303. Den Mitarbeitern des Kreisarchivs in Ladenburg sei an dieser Stelle für die erfahrene Unterstützung gedankt.
19 Kreisarchiv des Rhein-Neckar-Kreises, Bauakten, Peter Keller V, FLST-Nr. 81, Hauptstraße, Abt 15/362/Zug 1979/50/Neckarhausen 303.
20 Vgl. Kreisarchiv des Rhein-Neckar-Kreises, Bauakten, Peter Krauß III, FLST-Nr. 81, Hauptstraße, Abt 15/362/Zug 1979/50/Neckarhausen 358.
21 Mein besonderer Dank gilt dem Hauptamtsleiter des Bürgermeisteramts Edingen-Neckarhausen, Herrn Wolfgang Ding, für die Zusammenstellung der neueren Daten.

Ausgrabungen in Neckarhausen, Rhein-Neckar-Kreis, Hauptstraße 379 – Befunde und Funde

Klaus Wirth

Von August bis Oktober 2011 führten Archäologen der Reiss-Engelhorn-Museen im Wohnhaus „Hauptstraße 379" Ausgrabungen durch (BW2011-137). Die Grabung fand in dem zuletzt als Küche des Hauses genutzten Raum auf einer Gesamtfläche von ca. 18 m^2 statt (Abb. 1). Man konnte unter dem Küchenfußboden, der ca. einen Meter über dem Gehwegniveau lag und nicht unterkellert war, mit ungestörten Bodenschichten rechnen, die Informationen zur Baugeschichte des Hauses mit allen Vorgängerbauten enthalten dürften (Wirth 2011, 9–44; ders. 2012, 198–200).[1]

Abb. 1: Neckarhausen, Hauptstraße 379. Umriss des ehemaligen Wohnhauses mit Lage der Grabungsfläche.

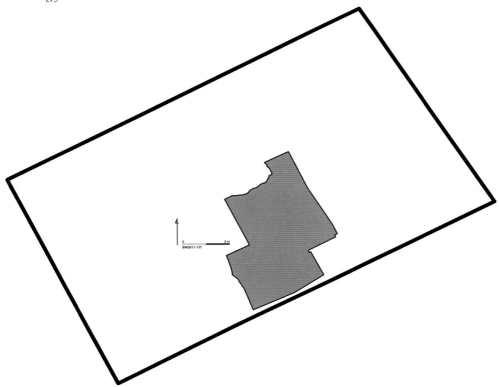

Phase 1[2] (11./12. Jahrhundert)

Die ältesten Befunde waren in braunem Auelehm eingetieft, dessen Oberfläche in einer Höhe von 100,52 m NN erhalten war (Abb. 2).[3] Als Auelehm wird eine Bodenablagerung in einer Flussaue bezeichnet (Stremme 1966, 82–85; Rothe 2005, 156–160). Synonym werden dafür auch Begriffe wie „Hochflutlehm" und „Hochflutsediment" verwendet. Es handelte sich dabei um ein sogenanntes Grubenhaus, von dem sich zwei Seiten von 1,2 m und 0,8 m Länge als Negativ im Auelehm abzeichneten (Abb. 3). Die Grubensohle lag bei 100,32 m NN, der Rand bei 100,52 m NN. Die Grubentiefe betrug demnach lediglich 0,2 m. Als Teil der tragenden Pfostenkonstruktion diente eine oval umrissene Pfostengrube (158; Länge 0,46 m, Breite 0,36 m), deren Boden ca. 0,2 m unter der Sohle des Grubenhauses lag (100,12 m NN). Aufgrund der Pfosten-

Abb. 2: Befunde der Phase 1 mit Grubenhaus und Stakenlöchern (11./12. Jahrhundert).

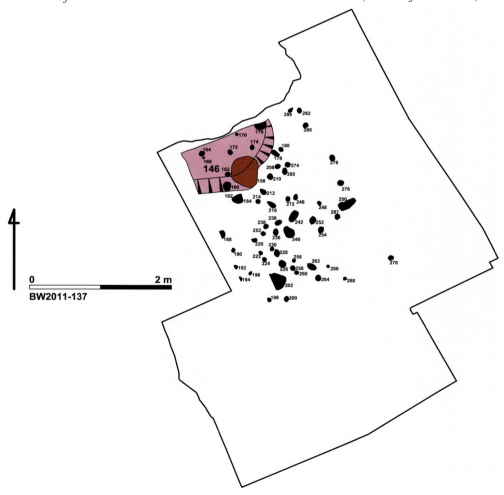

Abb. 3: Negative von Befunden der Phasen 1 und 3. Damit man die Befunde voneinander unterscheiden kann, werden sie durchnummeriert.

stärke wird man von einem massiven hölzernen Traggerüst ausgehen müssen. In die Sohle des Grubenhauses waren an verschiedenen Stellen Holzstangen eingeschlagen gewesen, von denen sich lediglich spitzdreieckige Verfärbungen von 4 bis 16 cm Länge, 4 bis 11 cm Breite und 3 bis 29 cm Tiefe erhalten haben (Abb. 4). Diese Spuren von Staken wurden bei Ausgrabungen von Grubenhäusern vielfach beobachtet und nur in geringerem Maße dokumentiert. Die Staken sind in ihrer Funktion noch immer nicht ausreichend geklärt. Sie gehörten möglicherweise in einen Zusammenhang mit Teilen der Inneneinrichtung des Grubenhauses selbst oder mit dort aufgestellten handwerklichen Geräten (Webstuhl, Bank, Tisch, Stuhl etc.). 56 gleichartige Stakenlöcher mit kreisförmigem bis ovalem Umriss fanden sich auch in dem Auelehm (100,51 m NN) östlich vom Grubenhaus. Stakenverfärbungen am Rand der Hüttengrube könnten im Sinne einer Wand in einem baulichen Zusammenhang mit der Hütte gestanden haben. Konzentrationen von Verfärbungen in einem anderen Bereich der kleinen Grabungsfläche erbrachten keine Hinweise auf eventuelle damals vorhandene lineare Strukturen. Die Durchschnittswerte für Länge, Breite und Tiefe aller vermessenen Befunde betrugen 10 cm, 8 cm und 10 cm. Die Querschnitte waren überwiegend spitzdreieckig, wenige trapezförmig. Es ist nicht auszuschließen, dass die Holzstangen, die diese Verfärbungen hinterließen, einer älteren Siedlungsphase angehörten.

Abb. 4: Negative von Befunden der Phasen 1 und 3. Blick von Nordwest in das Grubenhaus mit dem Eckpfosten (158).

Am Ende der Nutzungszeit des Grubenhauses hatte man die aufgehende Holzkonstruktion abgetragen und die Grube im Boden mit schwarz- und braungrauem Lehm in drei Schichten (144) verfüllt.[4] Das Verfüllmaterial stammt vermutlich aus nächster Nähe. Darin befand sich hochmittelalterlicher Kulturschutt, der Rückschlüsse auf Lebensverhältnisse und handwerkliche Tätigkeiten auf diesem Siedelareal erlaubt (siehe Beiträge von U. Gross, R. Schoon, J. Wiethold). Das Fundmaterial besteht aus vier Rand- und 46 Wandscherben von mindestens 19 Gefäßen nicht glasierter Irdenware. Zwei Wandscherben weisen eine charakteristische Streifen- und Tupfenzier von rotbrauner Farbe auf, deren Herkunft aus dem Mittelrheingebiet um den Töpfereiort Pingsdorf anzunehmen ist. Ein Webgewichtfragment zeugt von der Herstellung von Textilien. Von Tierknochen liegen sieben Fragmente vor. Die 25 Ziegelbruchstücke im Fundmaterial weisen mehrheitlich abgerundete Kanten auf, so dass man weniger an den ältesten Nachweis von Hartdeckung von Hausdächern denken will als vielmehr an eine Sekundärverwendung von Ziegeln, die römischen Ursprungs sind und vielfach in den Hochfluten des Neckars mitgerissen und an den Ufern abgelagert worden sind. Ein Verwendungszweck solcher Ziegel erschließt sich daraus jedoch nicht. Hinweise auf die Lehmfüllung von Fachwerkwänden oder Lehmkuppelöfen geben acht im Feuer hart gebrannte Fragmente von Hüttenlehm mit Abdrücken von Astwerk. Einen Beleg für die Verarbeitung von Eisen liefern 17 Stücke von Schmiedeschlacke mit einem Gesamtgewicht von 1181 g.

Das Grubenhaus wurde im 11./12. Jahrhundert zur Textilverarbeitung errichtet und die Grube am Ende ihrer Nutzung mit Hausabfällen und Lehm verfüllt.

Grubenhäuser werden in großer Zahl bei Ausgrabungen von vor- und frühgeschichtlichen bzw. mittelalterlichen Siedlungsplätzen gefunden (Leinthaler 2003, 47–53). Auch wenn die ausgegrabene Fläche des Grubenhauses sehr klein ist und nur ein einzelner Eckpfosten darin entdeckt wurde, gehört unser Befund (144) zum 6-Pfosten-Typ mit vorgestellten Giebel- und eingerückten Eckpfosten (Abb. 5). Die Stärke des Eckpfostens weist auf ein massives Holzgerüst im Aufgehenden hin, das auch eine besondere Dachform erforderte. Innerhalb der Grube wurden keinerlei Einbauten oder Überbleibsel handwerklicher Tätigkeiten in Originallage beobachtet. Die Holzkonstruktion des Grubenhauses ist daher mit allen Einbauten vollständig entfernt worden. Das Webgewichtsfragment in der Verfüllung der Hausgrube könnte daher aus einem Grubenhaus stammen, das in unmittelbarer Nähe gestanden hatte und als Werkstätte zur Textilherstellung und -verarbeitung genutzt worden war. Zu diesem Zweck stand in der Grube ein sogenannter Gewichtswebstuhl, bei dem die Kettfäden am Ende mit Gewichten, den Webgewichten, beschwert waren. Diese lassen sich bei guten Erhaltungsbedingungen vollständig und in Originallage oder aber lediglich als

Abb. 5: Modell eines Grubenhauses nach einem Grabungsbefund im Hermsheimer Bösfeld, Mannheim-Seckenheim (Grafik Dr. Jürgen Süß, MediaCultura).

Abb. 6: Profil 2. Schichtenfolge vom Hochmittelalter bis in das 20. Jahrhundert. Geschichte im Zeitraffer: (144) Hochmittelalter, (77) 16. Jahrhundert, (6) 20. Jahrhundert.

Abb. 7: Profil 4 mit dem Fundament (149), 14. Jahrhundert, und der frühbarocken Aufmauerung (69), 17. Jahrhundert.

Fragmente nachweisen. Nach Aufgabe dieses weiteren Grubenhauses hatte man offenbar zerbrochene Webgewichte in der näheren Umgebung „entsorgt", und sie gerieten zusammen mit anderem Kulturschutt in die Verfüllung (144).

Phase 2 (13. Jahrhundert)

Die Verfüllung des Grubenhauses ist mit einer maximal 0,12 m dicken Planierschicht (102) aus graubraunem, schluffigem Lehm abgedeckt worden. Die Oberfläche dieser Schicht senkte sich von 100,67 m NN im Nordteil (Profil 2, Abb. 6) auf 100,47 m NN im südlichen Grabungsbereich (Profil 4, Abb. 7) ab, was mit späteren Sackungserscheinungen im Untergrund in Verbindung stehen könnte. In mittelalterlichen Siedlungen trug man solche Böden auf, um ein einheitliches Niveau als Grundlage zur Errichtung neuer Wohn- und Wirtschaftsgebäude zu schaffen. Im Lehm waren wenige Fundstücke enthalten: vier Fragmente von Ziegeln der unter Befund (144) beschriebenen Art, zwei Stücke Hüttenlehm, eine Rand- und fünf Wandscherben sowie eine Bodenscherbe von mindestens fünf Tongefäßen. Mit je einer Rand- und Wandscherbe einer Becherkachel fassen wir erstmals Überbleibsel eines Kachelofens, wie er in Wohnhäusern zur Raumerwärmung genutzt wurde (Roth Heege 2012). Die Planierschicht wurde im Laufe des 13. Jahrhunderts aufgetragen.

Phase 3 (13. Jahrhundert)

Über der Planierschicht (102) konnten weitere verschiedene Bauaktivitäten beobachtet werden (Abb. 8). Davon zeugen die Gruben (186) (L 0,72 m, B 0,34 m, T 0,28 m), (204) und (206) sowie die oval umrissene Grube (142) (Profil 1, Abb. 9). Letztere wies eine Länge von 0,8 m und eine Breite von 0,72 auf. Die plane Grubensohle lag mit 99,61 m NN um ca. einen Meter niedriger als die Oberfläche der Planierschicht (102). Da die Grube bis auf die Oberfläche des anstehenden Neckarkieses abgetieft war, ist zu erwägen, ob man sie damals nicht als Brunnengrube nutzte. Holzeinbauten waren jedoch nicht feststellbar. Die Untersuchung einer archäobotanischen Probe aus der Grube erbrachte kein Ergebnis. In ihrer Verfüllung (154, 155) fanden sich drei Ziegelfragmente, ein Schlackestück sowie drei Wandscherben von Tongefäßen.

Wiederum konnten von Holzstaken herrührende Verfärbungen in der Fläche dokumentiert werden, jedoch nicht so massiert wie in Phase 1. In der Größe waren sie mit jenen identisch. Die Grenze zwischen den Planierschichten (102) und der jüngeren (100) wurde auf einer Länge von ca. 1,8 m von Holzstaken begleitet, die einen Zaun mit einer Ausrichtung nach Nordnordsüd bildeten.

Phase 4 (13./14. Jahrhundert)

Alle Spuren der Bauphase 3 waren mit dem Auftrag einer neuen Planierschicht (100) zugedeckt worden. Dabei handelte es sich um eine 0,1–0,2 m starke, graugelbe, die gesamte Grabungsfläche bedeckende Lehmschicht, die Teile von Baustoffen, Tongefäßen und Schlachtabfällen (14 Knochen) enthielt. Einen Großteil dieser Funde bilden mit 108 Fragmenten Tongefäßscherben (3 RS, 95 WS, 1 Bandhenkel, 1 Tüllenfragment). Besondere Beachtung verdienen darüber hinaus acht Fragmente von mindestens drei Becherkacheln, die in einem Kachelofen eingebaut waren. Von der Hartdeckung eines Daches stammen insgesamt 84 Ziegelfragmente, von denen 44 unbestimmbar waren, 36 zu Hohl- und vier zu Firstziegeln mit spitzer und pyramidenstumpfartiger „Nase" gehörten. Zu den Baustoffen zählen auch acht gerundete Stücke Kalkmörtel sowie vier Stücke Schiefer, die ergänzend der Dachdeckung dienten. Die Hüttenlehmfragmente stammten entweder aus Hauswänden, die einem Brand zum Opfer gefallen waren, oder aus der Lehmwandung von Backöfen. Eisen verarbeitendes Handwerk ist durch fünf Fragmente von Schmiedeschlacke belegt.[5] Die Oberfläche der Planierschicht lag zwischen 100,70 m NN und 100,77 m NN.

Phase 5 (13./14. Jahrhundert)

Dieser Phase konnten Verfärbungen von vier Staken (129–132) unbekannter Bestimmung zugewiesen werden (Abb. 8).

Zwischenbericht

Während das Grubenhaus als handwerkliche Betriebseinheit im Befund klar erkannt wurde, gestaltet sich die Interpretation von scheinbar unzusammenhängenden Holzpfosten und Planierschichten als schwierig. Das Fundmaterial aus den Planierschichten (100) und (102) lässt jedoch darauf schließen, dass sich auf der Parzelle außer dem Grubenhaus noch größere Fachwerkhäuser befunden haben müssen, die Wohnzwecken dienten. Sie nehmen durch den Nachweis von Hartdeckung (Hohlziegel) und Kachelöfen herausragende Positionen innerhalb der bebauten Parzelle ein und lassen durch die bessere Ausstattung Rückschlüsse auf eine gehobene gesellschaftliche Stellung ihrer Bewohner zu.

Abb. 8: Befunde der Phase 3 (türkis) und 5 (schwarz).

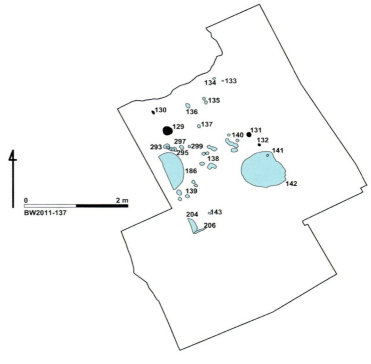

Abb. 9: Fundament 26 über Planierschichten des 13.–16. Jahrhunderts.

Phase 6 (14. Jahrhundert)

In diesem Befund fassen wir Teile des Küchenbereichs eines in Fachwerktechnik errichteten Wohnhauses. Es fanden sich Steinfundamente, eine hölzerne Schwelle, die Herdstelle, Fußbodenestriche und Brenn- bzw. Ascherückstände, die beim Reinigen der Herdstelle auf den Lehmestrich geschüttet worden waren (Abb. 10).

Die im Südosten und Nordosten der Grabungsfläche in einer Länge von 2,4 m bzw. 2,7 m erhaltenen, im Eckverband stehenden Fundamente (149) und (98) bestanden aus maximal 0,4 m langen und 0,14 m hohen Flussgeröllen aus Sandstein, die vermutlich aus dem nahe gelegenen Neckar gewonnen worden waren (Abb. 7, 11). Das Steinbindemittel war Kalkmörtel. Die größeren Steine bildeten die basale Fundamentlage, wäh-

Abb. 10: Befunde der Phase 6. Fundamentreste des Fachwerkhauses mit Herdstelle und Lehmestrich aus dem 14. Jahrhundert.

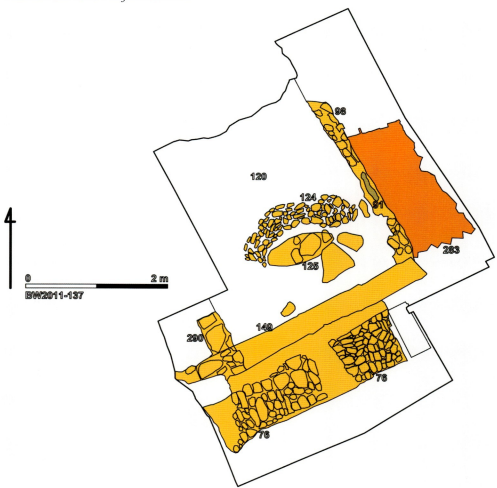

Abb. 11: Vertikalschnitt durch die Befunde. Lehmestrich (283) und Fundament (98), 14. Jahrhundert, Fundament (34), 17. Jh., Feuerstelle (40/41), 18. Jh., Schornstein (8), 19./20. Jh.

rend die Gerölle kleineren Formats in maximal sechs Lagen darübergeschichtet wurden. Die Fundamentsohle lag etwa bei 100,53 m NN, die Mauerkrone bei 100,89 m NN. Auf der Mauerkrone von Fundament (98) war für die Auflage eines horizontalen Holzbalkens (91) – der Schwelle – muldenförmig Mörtel (84) aufgetragen worden. Nach dem Querschnitt der Mörtelwanne zu urteilen, dürfte es sich bei der Schwelle um einen halbierten, maximal 0,2 m breiten Stamm gehandelt haben, in den die Ständer des aufgehenden Fachwerks eingezapft waren. Das Schwellenholz selbst war verbrannt und lediglich als 0,6 m langer, 0,1 m breiter und 0,05 m hoher Holzkohlestreifen in originaler Lage erhalten geblieben (Abb. 12).

An die beiden Fundamentstücke stieß eine wenige Zentimeter dicke Lage von ockerfarbenem Lehm (120), der als Fußboden zu interpretieren ist (Abb. 13). Die Oberfläche befand sich bei 100,78 m NN. Der Estrich umschloss die Rollierung einer Herdstelle (124, OK 100,85 m NN) aus kleinen Neckarkieseln, die einen Halbkreis mit einem Radius von ca. 1,2 m bildeten (Abb. 13). Diese Herdstelle schloss unmittelbar an Steinplatten (125, OK 100,82–100,90 m NN) aus Sand- und Kalkstein an. Die größte Platte besaß eine Länge von ca. einem Meter bei einer Breite von 0,5 m, die kleinste war 0,36 m lang und 0,22 m breit. Die maximale Stärke der Platten betrug 0,1 m. Ob die Platten

Abb. 12: Verkohlte Reste des ehemaligen Schwellbalkens (14. Jahrhundert).

Abb. 13: Einrichtung des spätmittelalterlichen Fachwerkhauses. Herdstelle (124, 125), Lehmestrich (120), Brandfleck (123), Fundament mit verkohltem Schwellbalken (91). Die funktionale Kontinuität des Küchenbereiches bleibt für mehrere Jahrhunderte gewahrt.

ehemals bis an das südöstliche Fundament (149) heranreichten, lässt sich aufgrund einer im Barock verursachten Störung nicht mehr feststellen. Ca. 0,5 m nordwestlich der Steinrollierung (124) befand sich ein 0,8 m langer und 0,5 m breiter Lehmfleck (123, OK 100,78 m NN) mit Spuren von Verziegelung, die an dieser Stelle durch das Aufhäufen von glühenden Brandrückständen aus der Herdstelle entstanden war.

Nordöstlich von Fundament (98) schloss sich ein weiterer Raum an, von dem nur ein verziegelter Lehmstampfboden (283) erkennbar war (Abb. 14). Dieser Befund war aufgrund barocker Störungen (Kellerbau) lediglich in einem schmalen Korridor von ca. 2 m Länge und bis zu 0,5 m Breite erhalten. Die Oberfläche dieses Fußbodens schwankte zwischen 100,88 m und 100,90 m NN. Er lag mit diesen Werten etwa so hoch wie die Herdstelle (124, 125), aber um ca. 0,1 m höher als die Oberfläche des Lehmestrichs (120). Im Bereich des Schornsteins (8) zeichneten sich rotverziegelte Areale auf diesem Estrich ab. Hier könnte sich eine Feuerstelle befunden haben. Die Verziegelung könnte aber auch durch das Schadenfeuer verursacht sein, das zur Zerstörung des Fachwerkbaus (98, 149) geführt hatte.

Gegen das Fundament (149) setzte von Südosten ein zum Fachwerkbau dieser Bauphase gehöriges Hofpflaster (76) aus Neckarkieseln an (Abb. 15–17). Im Grabungsausschnitt konnte das Hofpflaster auf einer Länge von 2,8 m und einer Breite von ca. einem Meter dokumentiert werden. Es konnten wenigstens zwei Reihen aus länglichen Steinen

Abb. 14: Verziegelter Lehmestrich zwischen den Fundamenten (34, links) und (11, rechts). 14. Jahrhundert. Der orangerote Fleck unter dem Schornstein könnte auch von einer Herdstelle stammen.

Abb. 15: Hofpflaster (76) in der Küche, 14. Jahrhundert.

Abb. 16: Blick aus südöstlicher Richtung auf das Mauergewirr. Jedes Fundament repräsentiert eine eigene Zeitepoche.

Abb. 17: Die Ausdehnung des Hofpflasters (76) aus Neckarkieseln zeigt den ehemals kleineren Grundriss des Fachwerkhauses aus dem 14. Jahrhundert.

mit unterschiedlicher geografischer Ausrichtung festgestellt werden. Die Oberfläche des Pflasters lag zwischen 100,69 m NN und 100,82 m NN.

Phase 7 (15. Jahrhundert)

In dieser Phase wurde die gesamte durch die Fundamente (98 und 149) begrenzte Innenraumfläche im Laufe einer nur zu schätzenden Zeitspanne mit einem ca. 0,13 m starken Paket aus mindestens 31 millimeter- und zentimeterdicken Straten (Profil 2, OK 100,96 m NN; Befunde 95, 96, 101, 110, 113, 115, 116, 118, 119) aus Lehm und Asche erhöht (Abb. 6, 18, 19, 25, 26). Die Herdstelle oder -stellen, in denen diese Aschenmengen produziert wurden, müssen im nicht ausgegrabenen Teil des Wohnhauses gelegen haben.[6]

Dem Charakter der Fußbodenschichten entsprechend, war das keramische Fundmaterial sehr klein zerschert. Anpassungen von Scherben zur Rekonstruktion von Gefäßen und zusammenhängenden Befunden wurden trotzdem gefunden. Die spätmittelalterliche unglasierte Irdenware war mit 188 Fragmenten (14 RS, 171 WS, 3 BS) vertreten, eine Wandscherbe wies Glasurreste auf. Gefäße aus Steinzeug waren durch drei Wandscherben repräsentiert. Auch von Ofenkacheln (Viereckkacheln) fanden sich sechs Rand- und 15 Wandscherben sowie eine Bodenscherbe. Tierknochen haben sich

Abb. 18: Über 31 Asche- und Lehmschichten (115) sind über Jahrzehnte in der Küche abgelagert worden.

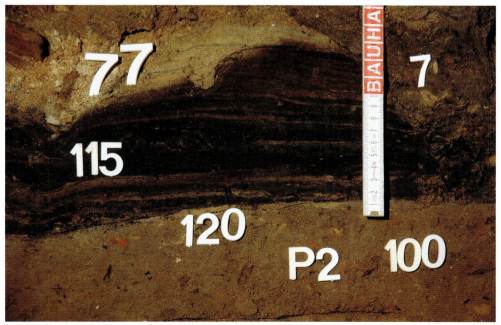

Abb. 19: Die Asche- und Lehmschichten (115) im Profil 1 wurden durch jüngere Befunde in ihrer Mächtigkeit reduziert.

in 96 Fragmenten mit einem Gesamtgewicht von 188 g erhalten. Erstmalig konnte in dieser Befundabfolge ein Hohlglasgefäß durch eine Wandscherbe nachgewiesen werden. Baustoffe waren nur in geringer Menge vorhanden, darunter fünf Fragmente von Sandstein, elf Ziegelfragmente, acht Stücke Hüttenlehm und ein Stück Kalkmörtel mit dem Abdruck eines Mauersteins. Auf die Verarbeitung von Perlmutt könnten drei Fragmente hinweisen, auf die von Eisen ein Schlackestück. Ein flacher, tonnenförmiger Spielstein aus der Planierschicht (95) war aus einem Flachziegel (Dicke 1,8 cm) gefertigt worden (Abb. 20). Sein Durchmesser beträgt ca. 3,5 cm, sein Gewicht 27 g (Scholkmann 1978, 93).

Zehn korrodierte Nägel bilden zusammen mit einem Ring (Dm 2,0 x 2,5 cm; Befund 113) und einem Messer die einzigen Funde aus Eisen. Das Messer (Inv.- Nr. BW 2011-139-115-100) von der Art, die auch als „Bauernwehr" bekannt ist, hat eine Gesamtlänge von ca. 0,31 m bei einer Klingenbreite von ca. 4,5 cm (Abb. 21). Das Heft dieser einschneidigen, geraden Klinge besitzt Griffschalen aus Holz, die mit vier kräftigen Eisennieten fixiert und mit fünfzehn Nieten verziert worden sind.[7] Die Lage des Messers innerhalb der Ascheschichten (115) suggeriert seinen Gebrauch in der Nähe einer Herdstelle, sei es zum Zerkleinern von Holz oder zur Zerteilung von Fleischwaren. Aus der Brandschicht (118) stammt ein Beschlag aus einer Kupferlegierung, der aus einem einfach gefalteten Blechstreifen hergestellt wurde (Abb. 22). An einem Ende liegen die beiden gerade geschnittenen Blechkanten übereinander, decken sich aber nicht ganz. An beiden Enden des Beschlags befinden sich Nagellöcher, zueinander leicht verschoben. Die Knickfalte am anderen Ende ist mittig ca. 0,9 cm tief trapezförmig eingeschnitten. Die Enden der so entstandenen zwei Schenkel waren ursprünglich zu je einer Öse gebogen, eine ist noch intakt, die andere flachgepresst. In den Ösen steckte möglicherweise ein Achsstift aus Metall, der aber verloren ist.[8] Die Funktion des Stückes ist nicht eindeutig zu bestimmen. Es könnte sich in Erstverwendung um einen Beschlag (Schlossbeschlag) auf einem hölzernen Untergrund gehandelt haben. In Zweitverwendung diente dieses Objekt als Riemenbeschlag für eine Gürtelschnalle, wobei Schnalle und Dorn durch die Achse fixiert wurden. Bei dem

Abb. 20: Kleinfunde aus verschiedenen Befunden. Wetzstein (Befund 56; linke Bildseite; 17. Jahrhundert), Spielsteine? (Befund 101; Bild unten Mitte und rechts; Spätmittelalter), Spinnwirtel (Befund 101; Bild oben Mitte; Spätmittelalter), Spielstein aus einem Flachziegel (Befund 95; Bild oben rechts; 15. Jahrhundert).

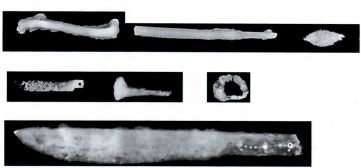

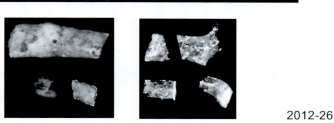

Abb. 21: Metallfunde im Röntgenbild. „Bauernwehr", 15. Jahrhundert (Bildmitte). Am Griff sind Nieten zur Befestigung der Griffschalen und als Verzierung zu erkennen.

2012-26

Abb. 22: Fundobjekte aus Blei (Befund 80; Bild links, Mitte) und Kupferlegierung, „Scharnier" (rechts).

Gegenstand könnte es sich aber auch um den Teil eines (Kästchen-)Scharniers gehandelt haben. Das Gegenstück mit einer einzelnen Öse wäre dann verloren. Diese Interpretation wird durch die Beobachtung gestützt, dass sich auf der Oberfläche des „Scharniers" verbrannte Holzreste befanden, die nicht lagerungsbedingt anhafteten, sondern als Reste der verbrannten Holzkiste zu deuten sind. Diese wäre demnach in einem Herdfeuer verbrannt, die Asche mit dem Scharnierteil im Küchenraum verteilt worden. Ein Objekt aus Blei aus demselben Befund konnte funktional nicht zugewiesen werden.

Phase 8 (15. Jahrhundert)

Dieser Phase wurden im Wesentlichen ein Steinfundament (93/122) sowie damit assoziierte Befunde (111, 112, 114, 117) zugewiesen, die über Befunden der Phase 7, jedoch unter der Planierschicht (90; Phase 9) lagen (Abb. 23, 24). Das ca. 1,95 m lange und maximal 0,4 m breite Fundament bestand aus einer Lage von Flussgeröllen aus Sandstein, die mit weißlichem, mit grobkörnigen Zusatzstoffen versetztem Kalkmörtel gebunden waren. Die Ausrichtung war von Nordost nach Südwest. Diese Orientierung wich von der Flucht der Gebäudefundamente (98 und 149) merklich ab. Man darf in diesem neuen Befund wohl die Grundmauer einer Fachwerkwand sehen, die den Raum in verschieden große Abschnitte teilte.

Die weiteren dieser Phase zugehörigen Befunde bestanden aus bis zu drei cm starken Aufträgen von graufarbigem Schluff, die gelegentlich Kies, Steine und in geringem Maße Haushalts- und Nahrungsreste enthielten.

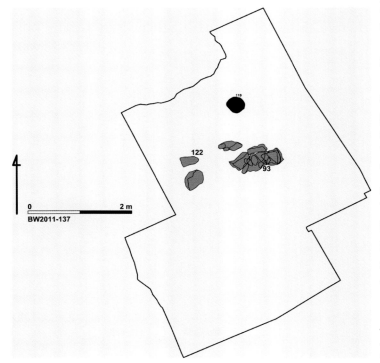

Im Fundgut (Befunde 111, 114, 117, 122) dominieren unglasierte Tongefäßfragmente, zwei Rand- und 116 Wandscherben. Eine Wandscherbe war außen grün glasiert. Textile Produktion ist durch einen graufarbenen, doppelkonischen Spinnwirtel (BW 2011-137-122-

Abb. 23: Befunde der Phase 7 (schwarz) und 8 (violett).

Abb. 24: Steinfundament (93/111; Phase 8) mit kiesiger Mörtelbindung; Versturz? (112–114).

100)[9] angezeigt (Befund 122, Abb. 20). Von Ofenkacheln liegen elf Fragmente vor (10 WS, 1 BS). Baustoffe sind durch fünf Fragmente von Hohl- und Flachziegeln sowie durch Hüttenlehm (drei Stücke) vertreten. Der „Baustoff" Sandstein ist durch kleinste Fragmente angezeigt. Von Tierknochen sind 81 Fragmente mit einem Gesamtgewicht von 128 g erhalten. Der Fund von zwei 0,17 cm dicken Scherben von Flachglas (Befunde 111, 117) deutet an, dass man für ein oder mehrere Fenster Glasscheiben verwendet hat. Nach den erhaltenen Kanten und Winkeln der beiden Glasausschnitte zu urteilen, könnte es sich um Sechseck- oder Rautenscheiben gehandelt haben.[10]

Die enge zeitliche Verzahnung zwischen den Befunden der Phasen 7, 8 und 9 zeigen direkte Anpassungen von Gefäßscherben aus folgenden Befunden: 113–115; 90–118; 111–113; 117–118; 115–117; 113–117.

Phase 9 (15./16. Jahrhundert)

Die Befunde der Phase 8 waren durch einen Erdauftrag (90) zugedeckt worden (Abb. 27). Die Oberfläche befand sich bei 101,00 m NN. Es handelte sich um schwarzgrauen Lehm mit einem hohen Holzkohleanteil. Art und Anzahl der in dieser Planierschicht enthaltenen Fundmaterialien, 17 Wandscherben einer spätmittelalterlichen Warenart und zehn Fragmente von Baustoffen (Hohlziegel, Kalkmörtel, Hüttenlehm), stimmen

Abb. 25: Ascheschichten (115) und Lehmestrich (116), 15. Jahrhundert.

Abb. 26: Asche- und Lehmschichten in der spätmittelalterlichen Küche.

Abb. 27: Der Auftrag von Planierschicht (90) markiert den Übergang vom Spätmittelalter zur frühen Neuzeit.

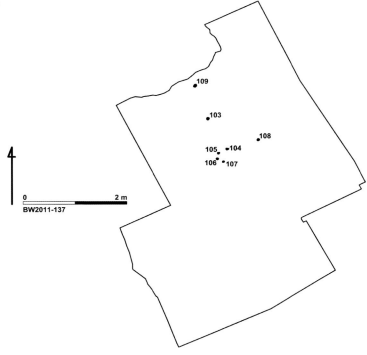

Abb. 28: Befunde der Phase 10 (15./16. Jahrhundert).

mit denen der bislang beschriebenen Objekte aus den älteren Planierschichten überein. Lediglich zwei Wandscherben mit einer dunkelgrünen Innenglasur künden vom Übergang des Spätmittelalters zur frühen Neuzeit im 16. Jahrhundert.

Phase 10

In die Planierschicht (90) waren sieben Holzpfähle sowie eine Pfostengrube (89) eingetieft worden. Die Stakenlöcher (103–109) waren mit dunkelgrauem Lehm verfüllt. Zu ihrer Funktion erlauben die Befunde keine Aussage (Abb. 28).

Phase 11 (16. Jahrhundert)

Die Profile 1–3 (Abb. 6, 7, 9) dokumentieren eine maximal 0,19 m dicke Planierung (77) von Baustoffen (Hohlziegel, Hüttenlehm), die starke Feuereinwirkung aufwiesen (Abb. 29). Die Oberfläche der sich nach Südosten absenkenden Schicht befand sich zwischen 101,00 m NN und 100,91 m NN, die Basis zwischen 100,74 m NN und 100,95 m NN. Von einem verheerenden Brand zeugten auch die verkohlten Reste des Schwellbalkens (91) auf dem Mörtelbett (84) von Fundament (98; siehe Bauphase 6, Abb. 10, 11, 12). Im Fundmaterial dominieren Baustoffe, darunter die Hohlziegel, die

Abb. 29: Die Brandschuttschicht (77) markiert die Zerstörung des spätmittelalterlichen Fachwerkbaus. Der Brandschutt wurde vor seiner Planierung sortiert und brauchbare Baustoffe wurden zweitverwendet.

in 506 Fragmenten mit einem Gesamtgewicht von ca. 45 kg geborgen wurden. Ca. sieben Prozent davon besaßen auf ihrem Rand eine noch vollständige, spitz zulaufende „Nase" oder den Ansatz einer solchen (Abb. 30). Das Material dieser applizierten Nasen war entlang dem gebogenen Ziegelrand ausgestrichen worden und bildet auf den beiden Seiten des Hohlziegels schwalbenschwanzartige Formen. Während die Schwalbenschwanzenden eine Breite von 3,0 bis 4,0 cm aufwiesen, lag die Breite der „größeren" Nasen bei 2,5 cm, der kleineren bei 2,0 cm. Die Scheitelhöhe der Ziegel im Bereich der Nase betrug 3,7 cm bzw. 5 cm bei einer lichten Breite von 12 cm. Die Gesamthöhe zweier Hohlziegel betrug 7 cm und 8,5 cm. Die Ziegeldicke lag zwischen 1,5 cm und 2,5 cm. Die Länge eines konisch sich verjüngenden Ziegels konnte in einem Fall mit 41 cm rekonstruiert werden.

Die Hohlziegel repräsentieren die älteste Ziegelform vom Typ „Mönch/Nonne". Beim gedeckten Dach liegen die breiten Unterziegel („Nonne") mit ihren rückwärtigen Nasen auf den Sparren. Sie werden von schmaleren Ziegeln bedeckt („Mönch"). Die Hohlziegel waren untereinander mit Mörtel verbunden gewesen.

Ca. 1,5 kg mit Stroh oder Strohhäcksel gemagerter Hüttenlehm wurde aus der Planierschicht geborgen. Er füllte ursprünglich die Gefache des Fachwerkbaus. Von 41 Kalk-

Abb. 30: Hohlziegel mit spitzer „Nase" (Befund 77).

mörtelfragmenten weisen einige wenige Abdrücke von Steinen auf. Zwei Putzreste tragen graue Farbfassungen, ein weiterer Kalkweiß auf der Sichtseite. Die Rückseite zeigt Lehm mit Negativabdrücken von Stroh. Die Gefache von innen oder außen liegenden Hauswänden waren offensichtlich verputzt und gefasst gewesen.

Einen besonderen Fund stellt eine 0,26 x 0,23 x 0,08 m große Sandsteinplatte dar. Die rußgeschwärzte Oberfläche enthielt eine 3,5–4,2 cm breite und 0,8 cm tiefe Rinne. Da solche Funde unikat sind, bleibt eine funktionale Ansprache hypothetisch. Gefäßscherben waren mit 13 Fragmenten in nur geringer Zahl vertreten. Sechs Scherben weisen Glasurreste auf. Von Ofenkacheln wurden 14 Fragmente geborgen. Darunter befindet sich die Ecke einer grün glasierten Nischenkachel aus dem 14./15. Jahrhundert.

Die in dieser Abbruchschicht enthaltenen Baustoffe und keramischen Funde stellen Teile der letzten Ausstattung des Wohnhauses vor seiner Zerstörung durch einen Brand dar. Nach Ausweis der keramischen Funde aus der Brandschicht (77) ist dieses Ereignis ins 16. Jahrhundert zu datieren. Ob das Wohnhaus im Landshuter Erbfolgekrieg 1504/05 oder in den Kriegswirren des Bauernkrieges im April 1525 zerstört wurde oder „nur" einem lokalen Hausbrand zum Opfer fiel, bleibt ungeklärt.

Phase 12 (17. Jahrhundert)

Diese Phase fasst das Baugeschehen nach dem Brand des mittelalterlichen Wohnhauses zusammen, ältere Bauteile sind dabei wiederverwendet worden (Abb. 31). Neue Fundamente (34, 74, 51) sind für einen Fachwerkbau errichtet und Fundamente der Vorgängerbebauung (149/69) verstärkt worden. Neu war die Anlage einer Herdgrube (72) sowie die Erstellung eines hofseitigen Hauszugangs (59, 82).

Das spätmittelalterliche Fundament (149) war an seiner Innenseite zunächst durch Ausheben einer Arbeitsgrube freigelegt, die Mauerkrone danach durch Aufmauern von Neckarkieseln mit Kalkmörtelbindung erhöht und geringfügig verbreitert worden (Abb. 29).

Abb. 31: Befunde der Phase 12 (Fundamente, grün) und 13 (Steinpflaster, grau).

Von Südosten wurde eine Mauerschale (74) aus Neckarkieseln angefügt (Abb. 17). Die Breite des neuen Fundamentes betrug nun 0,5 m. Die spätmittelalterliche Grundmauer (98) wurde nicht wiederverwendet. Parallel zu (98) errichtete man auf dem Brandschutt (77) ein mit dem Befund (69) über Eck verzahntes, 0,46 m breites, mindestens 3,70 m langes und maximal 0,2 m hohes Fundament (Abb. 11). Die Mauerkrone der Befunde (69/74) und (34) lag zwischen 101,09 m NN und 101,20 m NN. Der letztgenannte Wert dürfte die Höhe der Unterkante des Schwellbalkens widerspiegeln. Im Südwesten der Grabungsfläche befand sich der Rest einer Herdgrube (72) von mindestens 0,7 m Durchmesser, deren Rand von Feuer verziegelt war. Reste eines Fußbodens konnten nur indirekt durch Funde in der Grubenverfüllung (73) nachgewiesen werden. Dort befand sich ein Backstein mit vollkommen glatter Oberfläche, wie sie nur auf intensiv begangenen Fußböden entsteht.[11] Ein Zugang zum Obergeschoss des Wohnhauses könnte sich an der südöstlichen Längswand des Hauses befunden haben. Das Fundament (59; Abb. 32) hätte dann als Treppenwange gedient, die Sandsteinstufe (82) (OK 100,97 m NN) als Antrittsstein für eine Holztreppe/-leiter, die archäologisch aber nicht nachgewiesen wurde (Abb. 17).

Drei Befunde (58/59, 73/78, 80/81) enthielten Objekte, die die früheste barocke Wiederaufbauphase in das 17. Jahrhundert datieren. Die spätmittelalterliche, unglasierte Keramik innerhalb des frühbarocken Fundkomplexes war mit 182 Fragmenten repräsentiert. Beim Abtiefen von Grube (80) hatte man nämlich Planier- und Ascheschichten

Abb. 32: Befund (59) bildete ein Fundament für den Aufgang in das Obergeschoss. Oberhalb vom Fundament (62) befand sich einst eine Tür zum Hof der Hauptstraße 377. In die Vermauerung wurde ein Fenster gesetzt.

aus dem 14./15. Jahrhundert angeschnitten und das Aushubmaterial mitsamt der spätmittelalterlichen Gefäßscherben wieder zur Verfüllung der Grube verwendet. Glasierte Waren sind mit 72 Scherben vertreten, eine Wandscherbe mit Löchern sticht hervor, sie gehörte zu einem Sieb. Neun Fragmente von Ofenkacheln liegen vor. Zwei Fragmente von Blei (Gewicht 13,6 und 13,9 g) aus der Grubenverfüllung (80) sind weder zeitlich noch funktional zuzuordnen (Abb. 22).

Phase 13 (17. Jahrhundert)

Wenn man der Annahme folgt, dass der älteste Fußboden des frühbarocken Wohngebäudes aus Backsteinen bestand, so stellte das Kopfsteinpflaster (46) mit Futterschicht (56) einen zweiten, jüngeren Fußboden dar (Abb. 31, 33). Er bestand aus hochkant gestellten Flussgeröllen von 6 bis 24 cm Länge, 5 bis 18 cm Breite und 4 bis 13 cm Dicke, die überwiegend aus Sandstein, wenige aus Muschelkalk bestanden. Das Pflaster hatte sich nur auf einer kleinen, ungestörten Fläche erhalten. Die Oberfläche lag bei 101,16 m NN.

Abb. 33: Von dem Steinpflaster (Befund 46; 17. Jahrhundert) blieb durch nachfolgende Baumaßnahmen nicht viel übrig. Die Steine unterscheiden sich in ihrer Größe deutlich von denen des 14. Jahrhunderts (76).

Die wenigen Funde aus der Planierschicht (56) stammen von glasierten (42 Fragmente) und von unglasierten Irdenwaren (19 Fragmente). Zu erwähnen ist ein Wetzstein aus einem feinkristallinen Gestein (Abb. 20).

Phase 14 (ab 1720)

Nach dem Abbruch des ältesten barocken Gebäudes (Fachwerk auf den Fundamenten 34, 74, 51) wurde ab 1720 ein größeres Wohngebäude errichtet (siehe Beitrag B. Stadler), das in seiner Ausrichtung zum Wohnhaus des 17. Jahrhunderts geringfügig abwich. Davon befanden sich der Keller, das südöstliche Kellerfundament 11 (Abb. 34) sowie die beiden Herdstellen (37; Abb. 35, 36) und (40; Abb. 35) innerhalb der kleinen Grabungsfläche.

Das Kellerfundament (11) (s. Beitrag D. Dietsche-Pappel) bestand aus Mauerziegeln und großen Sandsteinquadern, die mit Kalkmörtel gebunden waren. Die Mauerkrone lag bei 101,13 m NN. Das Spektrum der wenigen Funde aus der Verfüllung des Fundamentgrabens ist dem 18. Jahrhundert zuzuweisen. Erwähnenswert sind das Fragment einer Butzenscheibe, das Randstück eines Koppchens aus Fayence sowie der Teil einer grün glasierten Nischenkachel aus dem 14./15. Jahrhundert, also ein aus älteren Schichten verschleppter Fund.

Die Herdstellen (37) und (40) waren in die abgebrochene Mauerkrone von Fundament (34) eingetieft worden. Die Herdstelle (37) lag mit einer erhaltenen Ziegellage innerhalb einer ovalen, 0,6 m langen und 0,44 m breiten, mit ockerbraunem Lehm verfüllten Grube. Der Ofenboden von ca. 0,2 m Breite und 0,45 m Länge bestand aus intakten (L 27,2 cm, B 13,2–13,5 cm, D 4,5 cm; G 2448 g) und fragmentierten Backsteinen, die von Ruß geschwärzt waren. Die Fugen zwischen ihnen waren weniger als

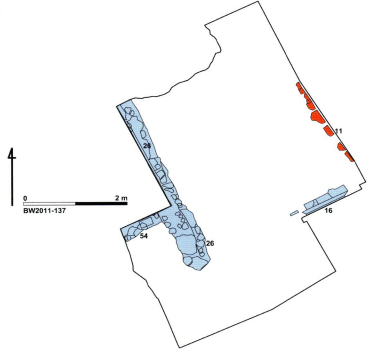

Abb. 34: Befunde der Phase 14 (11; rot) und 16 (16, 26, 54; blau).

einen Zentimeter breit und mit Lehm gefüllt. Die Position der aufgehenden Ofenwand war durch eine klare Kante im Ruß erkennbar, von ihr selbst waren keine Spuren mehr vorhanden. Die erhaltene Ziegeloberfläche befand sich bei 101,19 m NN. Von dieser Herdstelle aus wurde durch ein Schürloch ein im Wohnzimmer aufgestellter Kachelofen (Hinterladerofen) befeuert.

Die zweite Herdstelle bestand aus einer Lage von feuerverbrannten Backsteinen, die man auf die Sandfüllung (41) einer in das Fundament (34) eingetieften Grube (42) gelegt hatte. Der Herd hatte sich an dieser Stelle nur deshalb erhalten, weil er das Fundament für den später errichteten Schornstein (8) bildete. Die Tenne des Herdes bildeten sieben Reihen versetzt gelegter Backsteine, die ein Rechteck von 0,87 m x 0,65 m formten.[12] Die Herdstelle war in ihrer Mitte durch stetes Entfernen von Brenngut leicht eingetieft.

Phase 15 (18. Jahrhundert)

Als Kennzeichen dieser Phase werden großflächige Aufträge (32, 66, 67) von ockergelbem Lehm gewertet, der mit großen Mengen von Baustoffen und Haushaltsresten durchsetzt war (Abb. 37). Die Oberfläche der Planierschicht befand sich bei 101,17 m NN und war in einer maximalen Stärke von 0,16 m im gesamten Küchenraum verteilt.

Abb. 35: In der Küche des 18. Jahrhunderts waren zwei bodennahe Herdstellen aus Backsteinen nachweisbar (37, 40). Über die Herdstelle 37 wurde im Wohnzimmer ein Kachelofen beheizt.

Abb. 36: Herdstelle (37) mit Baugrube (38) und Verfüllung der Baugrube (36) in der Nahaufnahme. Die verrußte Tenne ist klar erkennbar.

Zu diesem Zeitpunkt waren die aufgehenden Wände der beiden Herdstellen (37) und (40) bereits abgetragen gewesen.

Besondere Aufmerksamkeit verdient eine Auswahl von Baustoffen aus dieser Planierschicht. Das Bruchstück eines Sandsteins (5 x 5 x 4 cm) trägt eine weiße Glasur, die durch Verglasen der Oberfläche entstanden ist. Die Unterseite zeigt eine sogenannte Pinne. Der allseits verglaste Stein wird demnach als Brennhilfe in einem Hochtemperaturofen (> 1000 Grad Celsius), eventuell in einem Keramikbrennofen, benutzt worden sein. Sehr hohen Temperaturen war offensichtlich auch ein Mauerziegel mit Längsstrich ausgesetzt, der an der Oberseite und an zwei Schmalseiten glasierte Oberflächen besitzt. Die beiden Fragmente waren demnach ebenfalls Bestandteile eines Brennofens, in dem im Rahmen eines nicht zu bestimmenden Produktionsprozesses sehr hohe Temperaturen auftraten. Diese Funde können dem 18. Jahrhundert angehören, aber auch aus älteren Fundzusammenhängen im Siedlungsareal stammen. Zwei Mauerziegel (Länge > 11 cm, Breite 13 cm, Dicke 6 cm) waren als Bodensteine für eine erdnahe Herdstelle verwendet worden. Die Hartdeckung eines Daches repräsentiert ein geringfügig beschädigter Flachziegel (Biberschwanz) mit Hand- und Querstrich von 35,2 cm Länge, 15,9–16,3 cm Breite und 1,5 cm Dicke (Gewicht 1803 g). Von glasierten Tongefäßen sind 62 Fragmente überliefert, davon zehn von malhornverzierter Hafnerware. Unglasierte Scherben sind dreimal belegt, eine Nischenkachel (14./15. Jahrhundert) einmal. Zehn Scherben von Topfdeckeln sind erhalten, eine von einer dekorierten Steinzeugschale. Von Gefäßen aus zinnglasierter Fayence sind sechs Gefäßreste – vier Teller, ein Koppchen, eine Buckelplatte – im Fundgut vertreten (s. Beitrag U. Gross). Die Manufakturen sind in Hanau und Frankfurt/M. oder im Umfeld zu vermuten. Aus der Planierschicht (66) stammt zudem das Randfragment eines Wasserglases.[13]

Phase 16 (nach 1784?)

In die Planierschicht (32) schnitten die Fundamentgräben der Mauern (16, 26 und 54) ein, die eine Veränderung der Raumstruktur anzeigten (Abb. 34). Fundament (26), auf dem eine Wand des modernen Badezimmers (20. Jahrhundert) gründete, bestand aus einem grob lagerhaften Mischmauerwerk aus Sand-, Kalk- und Backstein. Das Steinbindemittel war Lehm. Die Fundamentsohle lag bei 100,83 m NN, die Mauerkrone bei 101,09 m NN (Profil 1, Abb. 9). Die basale Lage bildeten Sandsteinquader von bis zu 0,4 m Länge und 0,26 m Höhe. Lücken zwischen den großen Sandsteinen waren mit Flusskieseln und Mauer- bzw. Flachziegelfragmenten gefüllt. Im rechten Winkel dazu verlief in südwestliche Richtung das Fundament (54).

Auf der Grundmauer (16) errichtete man den Unterbau für die nordöstliche Kellertreppenwange (Abb. 38). Sie gehört bereits dem 20. Jahrhundert an. Aus den Verfüllungen der Gräben für die Fundamente (16) und (26) wurden zahlreiche keramische Funde geborgen. Zu diesen Funden zählen das Fragment eines Siebgefäßes sowie der Stiel einer

Abb. 37: Die Planierschicht (32) überzog den gesamten Küchenboden. Ältere Befunde sind teils zu sehen oder zu erahnen.

Abb. 38: Barocke Baustrukturen (11, 16, 32, 34) und die Eingangssituation in den straßenseitig errichteten Keller mit der Schwelle auf Ziegelsteinen. Die Wasserleitung führt von der Straße durch den Keller in den hinteren Hausbereich (Stall).

Tabakspfeife aus weißbrennendem Ton. Zu den aus älteren Schichten verschleppten Funden in diesem Spektrum des ausgehenden 18. und beginnenden 19. Jahrhunderts gehören je ein Fragment einer gelb und grün glasierten Nischenkachel (14./15. Jahrhundert).

Phase 17 (1. Hälfte 19. Jahrhundert)

In die Planierschicht (32) schnitten zwei langschmale Gräben (29, 31) mit trapezförmigem Querschnitt, die mit braunem, sandigem Lehm verfüllt waren (Abb. 39, 40).

Abb. 39: Baustrukturen des 19./20. Jahrhunderts. Wasserleitung (23), Gräben (28, 30), Fragmente von Sandsteinplatten (4), Betonestrich (5), Schornstein (8), Tonplatten (7), Herdstelle (9), Fundamente (48, 62).

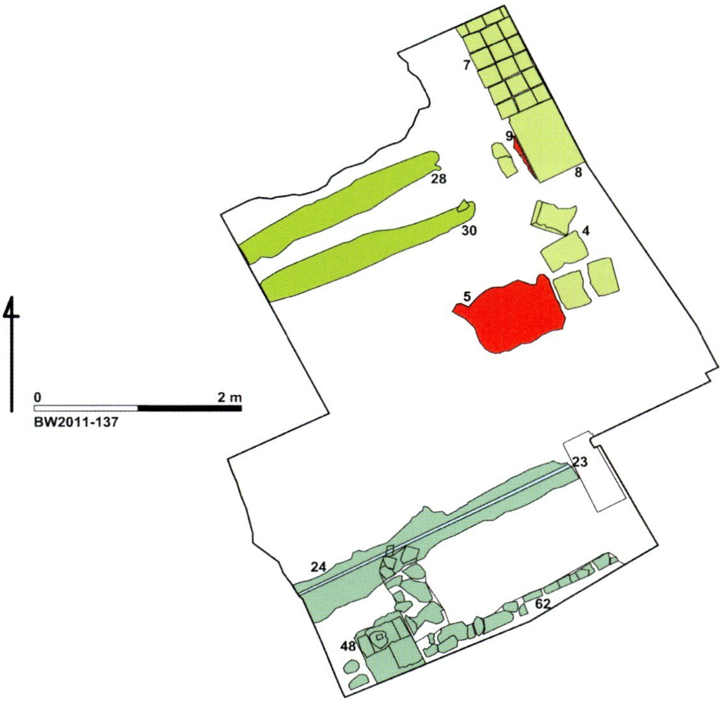

Ihre Länge betrug mindestens 2,2 m, während die Breite zwischen 0,22 m und 0,32 m schwankte. Die Tiefe betrug 0,12–0,15 m (Oberkante 101,15 m NN). Der Boden von Graben (31) war eben, der von (29) senkte sich leicht in südwestliche Richtung. Vermutlich hatten diese Gräben zur Aufnahme von Balken für einen Holzdielenfußboden gedient.

Phase 18–22 (19./20. Jahrhundert)

Abschließend werden Umbauten am und im ehemaligen Wohnhaus Hauptstraße 379 zusammengefasst, die in der zweiten Hälfte des 19. und in der ersten Hälfte des 20. Jahrhunderts durchgeführt wurden (Abb. 39).

In der zweiten Hälfte des 19. Jahrhunderts wurde die Gebäudeaußenwand partiell durch Mauerwerk (20) aus Sandstein ersetzt. In diese Zeit gehört auch der Einbau einer Tür (62) hin zum gepflasterten Hof der heutigen Hauptstraße 377. Gleichzeitig wurde im Küchenraum ein Fundament (48) eingesetzt, auf das eine Trennwand gebaut wurde (Abb. 15). Ein langschmales Gräbchen wurde für den Einbau einer Wasserleitung aus Eisen (23) notwendig, die, vom Verteiler in der Hauptstraße kommend, über den Keller direkt in den rückwärtigen Küchen- bzw. Stallbereich geführt wurde (Abb. 41). Bereits 1913 (1911 nach Fütterer 1973) trat Neckarhausen dem Wasserversorgungsverband „Neckargruppe" bei und errichtete 1930 ein erstes Pumpwerk. Im Jahre 1955 ließ die

Abb. 40: Balkennegative (29, 31) nach Entfernen der sandigen Verfüllungen (28, 30).

Abb. 41: Wasserleitung (23) mit breitem Graben.

Abb. 42: Fragmente von Sandsteinplatten (4) im Bereich eines Herdes der letzten Nutzung.

Gemeinde einen zweiten Brunnen bauen (www.edingen-neckarhausen.de/2390_DEU_WWW.php). Die Wasserleitung in der Hauptstraße 379 muss demnach zwischen 1913 und 1930 verlegt worden sein. Verschiedentlich ist in Neckarhausen zu beobachten, dass Brunnen bis zum heutigen Tag intakt geblieben sind, auch noch geringfügig Wasser führen und nicht zu „Müllschluckern" umgewidmet werden.

Die jüngsten Fußböden (Abb. 42) im ehemaligen Küchenbereich bestanden aus Naturstein und Beton (5, 2). Sie lagen jeweils auf Fundamentschichten aus Sand (3, 6). Der Fußboden der letzten Nutzungsperiode bestand aus quadratmetergroßen Holzplatten (Phase 22, ohne Abbildung). Wann genau der Schornstein (8; Abb. 43) in der Küche errichtet wurde, lässt sich mit archäologischen Mitteln ebenso wenig klären wie das Alter der Tonplatten (7; Abb. 44), die den Boden einer Wandnische am Schornstein bedeckten. Auch wurden keine Hinweise auf das Alter einer Herdstelle (9; Abb. 11)

Abb. 43: Mit Tonplatten (7) ausgelegte Wandnische links vom Schornstein (8) mit Abdrücken von Regalbrettern an der rückwärtigen Wand.

unter dem Schornstein gefunden, die zwar unmittelbar über der Herdstelle (40) lag, von dieser aber durch eine dünne Sandschicht getrennt war.

Zusammenfassung

Als die Archäologen den Ausgrabungsort zum ersten Mal betraten, war ihnen nicht recht bewusst, dass diese Wohnstelle mit ihrem aus dem 19. Jahrhundert stammenden Aussehen unter ihrem Küchenfußboden eine Siedlungsabfolge zurück bis ins Hochmittelalter konservierte. Zeichnet man die Bauphasen nach, so folgte dem Grubenhaus aus dem 11./12. Jahrhundert im 14. Jahrhundert ein Fachwerkbau, von dem wichtige Bauelemente – Fundamente, Schwellbalken, Herdstelle, Hofpflaster – gut erhalten in der Grabungsfläche angetroffen wurden. Dass dieser Fachwerkbau über lange Zeit in architektonisch unverändertem Zustand bewohnt war, belegen die über 30 Lehm- und Ascheschichten, die über Jahrzehnte hinweg im Küchenbereich aufgehäuft worden sind. Seiner Zerstörung durch einen Brand in Kriegszeiten (1504/05, 1525?) oder durch ein

Abb. 44: Tonplatten (7) in der Nahaufnahme. Die letzte Putzfassung des Schornsteins zieht über die Tonplatten.

unbeaufsichtigtes Herdfeuer folgte im Barock, im 17. Jahrhundert, ein Fachwerkneubau unter Verwendung von Teilen der Vorgängerbebauung, dem allerdings selbst keine lange Nutzungszeit beschieden war. Denn um 1720 baute man auf vergrößertem Grundriss ein neues Wohnhaus mit einem Keller zur Straße hin. Von seiner ehemaligen Infrastruktur konnten Herdstellen in der Küche und die Standorte zweier Kachelöfen im Wohnzimmer nachgewiesen werden. Dieses Gebäude mag im Katastrophenjahr 1784 durch den Eisgang leicht beschädigt worden sein. Archäologisch nachzuweisen war lediglich eine Verlegung des Kellerzugangs von der Straße in die Küche. Das 19. und 20. Jahrhundert führten zu weiteren Veränderungen in der Bausubstanz, die von der Bauforschung dokumentiert wurden.

Nicht nur die zahlreich erhobenen Befunde liefern einen wichtigen Beitrag zur Archäologie des ländlichen Raums („Dorfarchäologie"), auch das Fundmaterial zeigt für Neckarhausen Besonderheiten mit überregionaler Ausstrahlung, die erstmalig dokumentiert sind (Schreg 2006). So lässt sich die gesamte Entwicklung von unglasierten und glasierten Irdenwaren vom Hochmittelalter bis in das 19./20. Jahrhundert verfolgen. Parallel dazu sind die Veränderungen der Ofenkeramik und damit der Kachelöfen selbst seit ihrem ersten Auftreten im 13. Jahrhundert fassbar (Klein u.a. 2007). Baustoffe belegen hartgedeckte Dächer von Fachwerkhäusern im Spätmittelalter (Goer u.a. 2008), die für kirchliche Bauten oder reiche Häuser in den Städten zu erwartenden Fensterglasscheiben wurden in Neckarhausen bereits im 15. Jahrhundert verwendet. Diese Besonderheiten im Wohnstandard werden durch importierte Fayencen des 18. Jahrhunderts aus dem Untermaingebiet nur unterstrichen.

Mögen diese erstmalig für Neckarhausen gewonnenen Erkenntnisse aus der Archäologie und ihren naturwissenschaftlichen Nachbardisziplinen sowie aus der Bau- und Quellenforschung in das Bewusstsein einer breiten Öffentlichkeit gelangen![14]

Anmerkungen

1. Baubegleitende Untersuchungen im Jahre 2012 (BW2012-06) vermehrten zwar die Anzahl der Befunde, sie lieferten aber nur geringes Fundmaterial und keine zusätzlichen Erkenntnisse zum bereits dokumentierten Siedlungsablauf. Daher bleibt die Dokumentation hier unberücksichtigt.
2. Den nachfolgend beschriebenen Phasen mit ihren zugehörigen Befunden liegt eine mit dem Programm ArchEd 1.0 hergestellte Befundmatrix zugrunde, die die relative Abfolge aller Strukturen grafisch darstellt. Die Datierung der Phasen erfolgte durch die zeitliche Einordnung keramischer Einschlüsse (siehe Beitrag Uwe Gross). Vor allem Fayencen lieferten engere zeitliche Datierungsspielräume als glasierte Irdenwaren, die lange Laufzeiten hatten und sich in ihrer Form wenig veränderten. Dendrodaten konnten für Befunde ab dem 18. Jahrhundert verwendet werden, sofern die datierten Hölzer einen unmittelbaren Bezug zum archäologischen Befund erkennen ließen.
3. Vor- und frühgeschichtliche bzw. mittelalterliche Strukturen auf Grundstücken, Straßen und Wegen im Ortskern Neckarhausens unterhalb der Marke von 100,52 m NN dürften nur noch in geringen Resten vorhanden sein. Zum Vergleich: Die Hauptstraße liegt bei 100,20 m NN.
4. Alle Strukturen – archäologische Befunde – erhielten während der Ausgrabung zur eineindeutigen Identifizierung eine Ziffer, die bei den nachfolgenden Beschreibungen im Text angegeben werden. Sie stehen jeweils in Klammern gesetzt.
5. Der Anteil von Eisenoxyd in der Schlacke betrug ca. 20 %. Die Bestimmung erfolgte durch Dr. Joachim Lutz, Curt-Engelhorn-Zentrum Archäometrie gGmbH Mannheim.
6. Das Schichtpaket wurde aus zeitlichen Gründen in einem Zuge entfernt.
7. Das Messer befindet sich derzeit zur Entsalzung in einem Natriumsulfitbad, damit es für eine nachhaltige Konservierung vorbereitet werden kann. Eine ausführliche Fundvorlage, auch die von Eisenfunden aus anderen Befunden, ist für einen späteren Zeitpunkt vorgesehen.
8. Inv.-Nr. BW2011-137-118-100; Gesamtlänge 2,9 cm, Teillänge 1,58 cm, B 1,1–1,26 cm; Dicke 0,015 cm; Gewicht 0,5 g.
9. Höhe 2,38 cm; max. Durchmesser 2,86 cm; Durchmesser zentrales Loch 0,5 cm; Gewicht 14,5 g.
10. Die Bestimmung der elementaren Zusammensetzung der Fensterscheiben mithilfe der Röntgenfluoreszenzanalyse (RFA) ergab folgende Nachweise: Die Glasfragmente bestehen aus grünlich gefärbtem Waldglas. Die randlichen Verfärbungen, die zunächst für Bleireste gehalten wurden, weisen aber einen auffallend hohen Phosphatgehalt auf, der auf die Fassung in einem organischen Rahmen (Holz) unter Verwendung eines „Fugenkitts", wahrscheinlich Pech, hinweist. Obwohl kein Blei nachgewiesen wurde, ist die Verwendung von Bleiruten nicht auszuschließen. In diesem Fall hätten die Scheiben keinen direkten Kontakt zum Metall gehabt (Analyse Dr. J. Lutz; s. Anm. 5).
11. Länge 25 cm; Breite 12,7–13 cm; Dicke 4,5–4,6 cm; Gewicht 2370 g.
12. Länge 25–25,5 cm, Breite 12–12,8 cm, Dicke 4,5–5,0 cm; Gewicht zweier nicht gänzlich intakter Ziegel 2186 g bzw. 2376 g.
13. Beim Abtragen der Planierschicht (32) wurden auch Teile der älteren Planierschicht (56) unbemerkt entfernt. Dies führte zu einer geringfügigen Vermischung von Fundmaterial, was sich beim Zusammensetzen eines Tellers aus Fayence anschaulich zeigen ließ. Ein dem Befund (56) zugewiesenes Randstück dieses Tellers passte zu Boden- und Wandscherben aus dem Befund (32). Gleiches ließ sich auch an Topfdeckelfragmenten aus den beiden

Planierschichten beobachten. Die Fundvermischung führte zunächst zu einer fehlerhaften zeitlichen Einordnung der Planierschicht (56), die aber durch Passscherben aus Befund (32) korrigiert werden konnte.

14 Redaktionelle Arbeiten unternahmen Luisa Reiblich und Dr. Heidrun Pimpl (beide Mannheim). Dr. Joachim Lutz lieferte archäometrische Erkenntnisse, Sandra Grochow führte alle Digitalisierungsarbeiten aus, Frank Tavener wurde nicht nur hervorragend von den Scherbenkleberinnen und -klebern unterstützt, sondern erwies sich auch als Meister des Photoshop für die Bildbearbeitung. Die Restauratoren Peter Will und Christopher Röber halfen bei der Deutung von Gebrauchsspuren auf Fundobjekten. Allen möchte ich meinen herzlichen Dank für ihre Unterstützung aussprechen.

Abbildungsnachweis

© rem. Archäologische Denkmalpflege und Sammlungen.

Literatur

Fütterer 1973: P. Fütterer, Neckarhausen. Geschichte und Gegenwart (Bretten 1973), 288.

M. Goer u.a. 2008: M. Goer u.a. (Hrsg.), Hausbau im 15. Jahrhundert im Elsaß und am Oberrhein sowie in weiteren Regionen. Jb. f. Hausforsch. 58 (Marburg 2008).

Klein u.a. 2007: U. Klein, M. Jansen u. M. Untermann, Küche – Kochen – Ernährung. Archäologie, Bauforschung und Naturwissenschaften. Mitt. DGAMN 19, 2007.

Leinthaler 2003: B. Leinthaler, Eine ländliche Siedlung des frühen Mittelalters bei Schnaitheim, Lkr. Heidenheim. Mat.hefte Arch. Baden-Württemberg 70 (Stuttgart 2003), 47–53.

Roth Heege 2012: E. Roth Heege, Ofenkeramik und Kachelofen, Typologie, Terminologie und Rekonstruktion im deutschsprachigen Raum (CH, D, A, FL). Schweizer Beitr. Kulturgesch. u. Arch. Mittelalter 39 (Basel 2012).

Rothe 2005: P. Rothe, Gesteine. Entstehung, Zerstörung, Umbildung (Darmstadt 2005), 156–160.

Scholkmann 1978: B. Scholkmann, Sindelfingen/Obere Vortstadt. Eine Siedlung des hohen und späten Mittelalters. Forsch. u. Ber. Arch. Mittelalter Baden-Württemberg 3 (Stuttgart 1978), 93–94.

Schreg 2006: R. Schreg, Dorfgenese in Südwestdeutschland. Das Renninger Becken im Mittelalter. Materialhefte Arch. Baden-Württemberg 76 (Stuttgart 2006).

Stremme 1966: H. E. Stremme, Böden. In: Die Stadt- und die Landkreise Heidelberg und Mannheim. Amtliche Kreisbeschreibung (Karlsruhe 1966), 82–85.

Wirth 2011: K. Wirth, Ergebnisse archäologischer Ausgrabungen in Neckarhausen, Rhein-Neckar-Kreis. Bausteine zur Ortsgeschichte Edingen-Neckarhausen 2011 (Edingen 2011), 9–44.

Wirth 2012: K. Wirth, Ein wichtiger Baustein zur Ortsgeschichte: Ausgrabungen in einem Wohnhaus in Neckarhausen. Arch. Ausgrab. Baden-Württemberg 2011 (Stuttgart 2012), 198–200.

Neckarhausen, Hauptstr. 379 – Farbgestaltungen der Stubenwände ab der Bauzeit mit Interpretationsansätzen und Hinweisen zum Untersuchungsvorgehen

Wilfried Maag

Zum Abschluss der Bauaufnahme Dietsche-Pappel[1] und der Bauforschung durch die REM[2] am Gebäude Neckarhausen, Hauptstr. 379, wurden in Raum 0.2 Putzproben entnommen. Die beprobten Bereiche zeigten viellagige Farbbeschichtungen (vgl. Abb. 1 und 2; Probenhöhe 130 cm bis 160 cm). Zielsetzung der Untersuchung waren Aussagen zu Farbfassungsentwicklung und historischen Raumgestaltungen sowie die Zuordnung in die baugeschichtliche Gliederung wie aus der Aufnahme vor Ort abgeleitet[2].

Die fünf Probekörper (Abb. 3) wurden durch den Verfasser unter dem Mikroskop auf Farbschichtenaufbau, Farbwerte und Farbdifferenzierungen innerhalb einzelner Farb-

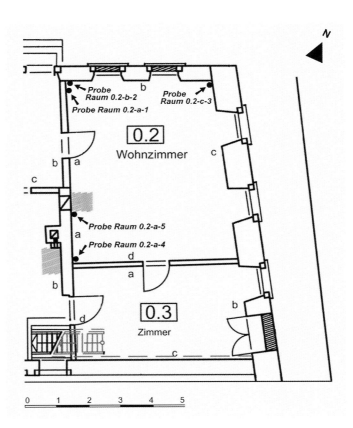

Abb. 1: Neckarhausen, Hauptstraße 379, östliches Erdgeschoss; Grundriss¹ Raum 0.2 mit Entnahmebereichen der Putzproben; Probenbezeichnung: Raumnummer, Wandfläche, fortlaufende Probennummer.

Abb. 2: Raum 0.2, Ansicht der Ostwand (Ofenwand) nach Abnahme der Tapetenbeklebungen und nach Putzfreilegungen; Reste vielfacher Blaufassungen und Reste einer älteren Rotfassung im unteren Wandbereich und Vertikalstreifen im oberen Wandbereich; Pfeile mit Nummern: Probennahmebereiche mit Probennummer.

schichtoberflächen untersucht. Diese Probekörper wurden nach Farbschichtenoberflächen und teilweise im Schrägschnitt zur Darstellung der Abfolgen mit dem Skalpell präpariert (Abb. 3 bis 6). Zur Auswertung wurden die Ergebnisse mit den Befunden aus Bauaufnahme, Grabung, Dendrochronologie und Fotodokumentation in Abstimmung mit dem REM-Team abgeglichen mit Bestätigung von Baualtersplan und Bauphasen[2].

Gliederung der Schichten- und Farbfassungsabfolge nach den Bauphasen

Vier Proben zeigen den gleichen Putzuntergrund. Alle fünf Proben stimmen weitgehend in der Gesamtabfolge überein und repräsentieren die Farbschichtenabfolge der Wandflächen wie in Tab. 1 zusammengestellt. In Normdarstellung nach chronologischer Ordnung beginnt die Nummerierung mit „001" für den ältesten Farbfassungsträger. Grund- beziehungsweise Voranstriche werden durch Voranstellen einer Null abgesetzt, aufgesetzte Bemalungen oder flächige Hauptanstriche erhalten die Zustandsnummer (zum Beispiel die Blauabsetzung die Zustandsnummer „14"). Die zugehörige Farbfassungsoberfläche ist über die Standzeit freiliegend in Exposition und zeugt von üblichen Veränderungen wie Verschmutzung, Zergehen bzw. Auflösung mit Abpudern, Verhär-

Abb. 3: Übersicht über die fünf Putzproben mit dickschichtigen Farbfassungspaketen, teilweise freigelegt auf ältere Schichtniveaus (hauptsächlich auf die Erstfassung mit Rot) sowie Schrägschnitte zur Bestimmung der Schichtabfolge unter dem Mikroskop; älteste Farbschichteinheit (Pfeil) unter dem Rotfassungshorizont; Rotfassungshorizont (a), Blauschichten (b).

ten, Feinrissbildungen, Schollenbildung, Abrieb und Abnutzung, tiefreichenden mechanischen Schäden usw.

In der Summe treten mindestens 15 Farbfassungszustände in ungestörter Abfolge ab 1785 auf. Die voranzustellende Rotfassungseinheit ist an einer Probe indiziert und zeigt die Schichtenabfolge ab der Bauzeit 1719/20 bis 1784.

Die Folgezeit nach den Farbfassungen bis zum Istzustand 2011 ist anhand der Fotodokumentation durch Tapetenbeklebungen (Abb. 2) charakterisiert, die vermutlich zwischen den Weltkriegen ansetzen und ca. vier bis sechs Zustände umfassen, incl. möglicher Farbfassungen auf Raufasertapete.

Über die gesamte Standzeit ab 1720 ergeben sich folglich durchschnittliche Standzeiten von rund 11 Jahren. Diese Standzeiten gelten auch innerhalb der zu Fassungseinheiten zusammengefassten Schichtenpakete, wie durch die Zuordnung zu den Bauphasen[2] indiziert. Die von den REM abgeleitete Baugeschichte mit Bauphaseneinteilung wird im Umkehrschluss durch die Farbfassungsabfolgen hier bestätigt, das heißt, Bauphasen und bauliche Änderungen kongruieren mit den Farbfassungseinheiten, wobei vier Einheiten unterschieden werden:

– **Rotfassungseinheit: 1720 bis 1784** (Zustand 1 bis 6):
Die Probe Raum 0.2-c-3 (Außenwand; Abb. 1 und 5) trägt unter der üblichen Abfol-

ge ab Zustand 7 eine ältere Farbfassungseinheit mit rötlich-bräunlichen Erscheinungen und mindestens sechs Einzelfarbschichten, die neben fünf Rotauflagen auf hellen Grundanstrichen in Zustand 5 ein Grau zeigt (Tab. 1). Die Braunerscheinung ist ein „Durchbluten", das heißt Folge von Durchfeuchtung mit Eintrag löslicher Farbmittelanteile der anwesenden roten (Eisenoxid-Hydroxid-) Pigmente in die Kalkweiß-Grundanstriche und die Oberfläche des Putzes. Der Eisgang von 1784 ist vermutlich Ursache für diese starke und einheitliche Materialüberprägung durch Wasser und Schmutz.

– **Unterschiedliche Fassungen: nach 1784 bis früheres 19. Jahrhundert** (Zustand 7 bis 11):
Gut belegt sind die älteste Farbfassung auf dem Kalkmörtelputz nach 1784 und die Folgezustände mit zwei Graufassungen und zwei Zustände mit Blauabsetzungen.

– **Blaufassungseinheit : früheres 19. Jahrhundert bis früheres 20. Jahrhundert** (Zustand 12 bis 21):
Abfolge mit vielfach wiederholten Blau- beziehungsweise Graufassungen, die teilweise mit grauen Flächentönen beziehungsweise Absetzungen einhergehen. Zustand 13 mit flächigem Hellgrün unterbricht diese Blauwiederholungen und ist ein sogenannter „Leithorizont" im Raum 0.2, an dem die älteren und jüngeren Blaufassungen parallelisiert werden können – selbst wenn einzelne Schichten ausfallen oder zum Beispiel eine Schichtenabfolge abreißt. Zum Ende der Anstrichfassungen erfolgten Flächenfassungen in Grau und abschließend in Gelbocker – beide stark reduziert und bei entfernten Tapeten auf den Blaufassungsresten kaum wahrnehmbar (Abb. 2 und 3).

– **Tapetenfassungen: früheres 20. Jahrhundert bis Istzustand**

Aus der Bauzeit weitgehend überkommen ist die Ofenwand (Abb. 2), während für die traufseitigen Außenwände bauzeitlich Fachwerkgefüge angenommen wird. Die Teilneuerrichtung des Raumes 0.2 nach 1784 mit vollflächiger Neuverputzung legt auch eine Neuausstattung mit Holzbauteilen in zeittypischer Formgebung nahe. In Abb. 2 sind derartige zeitgemäße Sockelleisten und Türfutter abgebildet. Vor allem die einfachen, flachen Langstützkegel weisen stilistisch auf das späte 18. Jahrhundert und die Folgezeit hin. In der Bauaufnahme[2] ist die zugehörige Vertäfelung des gesamten Fensterbrüstungsbereichs mit Eckausbildung aufgenommen. Zugleich wird von einer zeitüblichen Deckenabhängung mit Vollputzfläche ausgegangen (vermutlich mit Anlage der überkommenen einfachen Kehlung). Die vermutete bauzeitliche Fachwerksichtigkeit wurde spätestens in dieser Generalüberarbeitung nach 1784 aufgegeben, der nach 1784 eingelegte Unterzug wurde kaschiert, das heißt mit Brettern ummantelt und mit Farbfassung versehen.

Im früheren 19. Jahrhundert erfolgte der Austausch der nach 1784 in Fachwerk errichteten (traufseitigen) Nordwand durch eine Massivmauerung[2] sowie an Gewändeform und Fensterläden stilistisch datiert), wobei die neuen Fensternischen incl. Vertäfelung an den damaligen „Altbestand" der Ostwand angepasst wurden.

Historische Farb- und Dekorationssysteme

Die Rotfassungseinheit des 18. Jahrhunderts scheint als zeitübliche Raumfassungsart im angenommenen Fachwerkraum über fünf Dekaden zu dominieren. Angedeutet sind zeitgemäße kalkweiße Tünchefassungen der Wände (das heißt deren Gefachflächen). Die zugehörigen Rotabsetzungen (Abb. 5) entsprächen dann den zeitüblichen Bänderungen, die im Farbwert des Fachwerkgefüges als Sockelabsatz entlang den Türfuttern und rahmend um die Wandflächen geführt wären. Orts- und zeitüblich ist die Deckenfläche als Fachwerk anzunehmen mit nord-südlich verlaufenden Deckenbalken-Untersichten und dazwischen liegenden Putzgefachen sowie mit Fachwerkfassung analog den Wandflächen.

Der Flächenputz nach 1785 zeigt als Erstfassung kräftig rote Absetzungen auf einem kalkweißen Grundflächenanstrich, wobei eine flächige Dekoration der Wände belegt

Abb. 4: Putzprobe Raum 0.2-b-2; die freipräparierte Oberfläche der Erstfassung zeigt unter der Altverschmutzung rote Pinselstriche auf der kalkweißen und hellgrauen Grundfläche (a); Rest der ältesten Blaufassung (grünstichige Blaureste auf kalkweißer Grundfläche mit deutlichem Pinselduktus (b)), Paket mit Blaufarbschichten (c); der schräge Anschnitt zeigt ältere Graufassungen und folgend mehrere Blaufassungen (immer getrennt durch weiße Grundflächenanstriche, Pfeil).

ist (Abb. 3, 4, 6). Zumindest an der Ofenwand ist diese Gestaltung mit roten Vertikalstreifen für die gesamte Fläche oberhalb eines flächig roten Brüstungsbereichs belegt (ca. 15 cm breit; zwischenliegende hellockerfarbene Streifen; Probe 9.2-a-5, Abb. 2). An der Nordwand liegen gebogene rote Pinselstriche auf der Kalkweißfläche und setzen teilweise auf graue Flächen über, die als eher flächige Absetzungen auf dem Rot angelegt waren (Abb. 4). Dieses 3-lagige Bemalungsfragment ist Teil eines Bemalungsmotivs, zum Beispiel eines Ornaments, kann aber im Raumzusammenhang nicht näher interpretiert werden.

Im Zweitfassungszustand (ab 1785) erscheinen auf kalkweißer Grundfläche eine Differenzierung in Hellblau (deutlich mit Strichkante, grünlich vergehend, Abb. 4) und an der Ofenwand ein Hellgrau (vermutlich flächig, unter Umständen als Absetzung des Ofenbereichs).

Die Drittfassung (ab 1785) zeigt einen hellgrauen Flächenanstrich und Absetzungen in Grau, die nicht näher zu bestimmen sind. In der Viertfassung (ab 1785) tritt wiederum ein Hellblau auf kalkweißer Grundfläche auf, jedoch ohne nachvollziehbare Differenzierungen und grünlich vergehend in der Schichtoberfläche (wie das ältere Blau der Zweitfassung).

Abb. 5: Putzprobe Raum 0.2-c-3; Makroaufnahme der schräg angeschnittenen Farbschichtenabfolge; obere Einheit mit Blaufarbschichten (a), darunter tiefer liegende Graufassungen (b), Rotfassungshorizont auf Kalkweiß (Pfeil; entspricht der Erstfassung in Probe 0.2-b-2, Abb. 4, und den Rothorizonten, Abb. 3), das bräunliche Farbschichtenpaket (c) zeigt mindestens 5 dunkle, rötliche Schichten und eine graue Schicht als Farbschichtenabfolge zwischen der Bauzeit 1718/19 und dem Eisgang 1784; das „Durchbluten" der Rotfärbung durch die Schichteneinheit bis in den Putzträger verweist auf lang andauernde starke Durchfeuchtung.

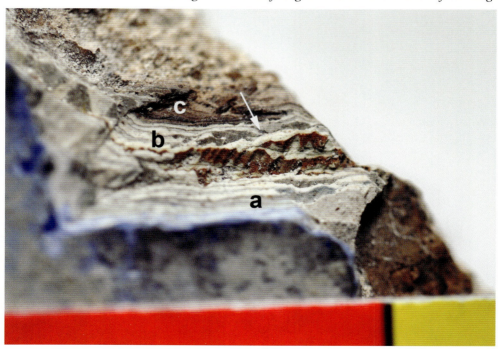

Die Folgefassungen bis Farbfassungszustand 19 (Tab. 1) zeigen Blauabsetzungen auf heller Grundfarbe und indizieren immer graue Fassungen an der Ofenwand (vermutlich beschränkt auf den Bereich des Ofens, nur in Probe 0.2-a-4 auftretend, Abb. 6). Angenommen werden Absetzungen als Rahmungen bzw. Begrenzungen oder Betonungen, die in jeder Neufassung die vormalige Wandgliederung wieder aufgenommen haben.

In Zustand 19 wird diese indizierte Gliederung aufgegeben. Blau wird als Grundflächenfarbe vollflächig angelegt (Abb. 3) und mit schwarzen Absetzungen versehen, die vermutlich zu einer Schablonierung gehören.

Beide weiteren Flächenfassungen in Grau bzw. in Gelbocker zeigen keine Absetzungen und erscheinen als unifarbene Tünchen, die in der Vorbereitung zum Aufkleben der ältesten Tapetenbeklebung flächig entfernt wurden und deshalb unter den Tapetenbeschichtungen nur fragmentarisch erhalten waren (Abb. 3).

Bewertung und Interpretationsansätze

Die Farbfassungseinheiten stimmen mit der Baualterseinteilung[2], den Baubefunden, dem Auftreten der baulichen Änderungen sowie mit den Ausstattungsänderungen überein. Danach werden Raumgestaltung und Farbdekoration als jeweils zeitgemäße Gestaltungen gewertet, die im Erstellungsaufwand immer vergleichbar mit üblichen Farbbearbeitungen ähnlicher Gebäude sind (Nutzung, Raumgröße der Stube, Art und Aufwand der Vertäfelung usw.). Maltechnisch angelegte Wanddifferenzierungen, Ornamente und selbst freihändig angelegte Bereiche sind bis ins 20. Jahrhundert grundsätzlich als einfachste, das heißt aufwandsgünstigste Gestaltungsformen anzusehen und nicht vergleichbar mit Tapetenbeklebungen oder zum Beispiel mit Stuckierungen.

Für die Gebäudefrühzeit ist ein Rotfassungssystem indiziert, ausgeprägt als Bänderbemalung wie vor allem auch im Zentrum der Kurpfalz zeit- und ortsüblich.

Nach dem Wiederaufbau ab 1785 erfolgt eine Rotbemalung mit Absetzungen, einfachen Bemalungen bzw. Ornamenten als eine bereits nicht mehr zeitgemäße Farbgebung – verglichen mit den modernen klassizistischen Farbsystemen, die zumeist auf einem Grau basieren und im Allgemeinen bereits im kleinbürgerlichen Wohnen übernommen war.

In der Folge werden jedoch diese Graufassungen auch in diesem Gebäude dominant. Hierbei wird Blau vermutlich für farbliche Absetzungen eingesetzt, das heißt als Betonungen, Rahmungen von Flächen bzw. von maltechnisch abgesetzten Bereichen (zum Beispiel einer Brüstung) beziehungsweise von Flächendekor (zum Beispiel Tapetenmuster nachahmend).

Hervorzuheben hier ist die vielfache Wiederholung dieses Dekorationsprinzips mit Blauabsetzungen in allen Folgezuständen bis ins 20. Jahrhundert, wie dies dem Verfasser bezüglich anderer Gebäude der Region weder aus eigenen Untersuchungen noch aus der Literatur bekannt ist.

Blaudekore mit den altbekannten, zumeist sehr teuren Blaupigmenten treten nur im höherwertigen Profanbau und in Kirchen des 18. Jahrhunderts beziehungsweise in Adelspalais

Tab. 1: Putz- und Farbfassungsabfolge an den Wandflächen in Raum 0.2 –Zusammenstellung

001	Kalksandmörtel, bis tiefer 1 mm bräunlich durchgeblutet
01	Kalkweiß, bräunlich durchgeblutet
1	Rot (indiziert Absetzung), bräunlich durchgeblutet
02	Kalkweiß, bräunlich durchgeblutet
2	Rot (indiziert Absetzung), bräunlich durchgeblutet
03	Kalkweiß, bräunlich durchgeblutet
3	Rot (indiziert Absetzung), bräunlich durchgeblutet
04	Kalkweiß, bräunlich durchgeblutet
4	Rot (indiziert Absetzung), bräunlich durchgeblutet
05	Kalkweiß, bräunlich durchgeblutet
5	Grau (indiziert Absetzung), bräunlich durchgeblutet
06	Kalkweiß
6	Rot (indiziert Absetzung), bräunlich durchgeblutet, u.U. noch eine weitere Fassung, zusammen mit Zustand 5 bei Überarbeitung 007 reduziert
007	Teilneuerrichtung nach 1784 mit vollflächiger Neuverputzung: Kalksandmörtel, hell, weißlich, gleichkörnig-grobsandig, Kalkschmitzen; an der Ofenwand mit geschwungener Absatzkante (Probe 0.2-a-4); ohne Verrußung (*)
7	Rot (Eisenoxid-Hydroxid-Pigmentierung); Bemalung in verschiedenen Abwandlungen: **Bänderbemalung** entlang den Raumkanten mit hohem Sockelabsatz (mindestens 40 cm, indiziert bis 60 cm, bzw. als unterer Wandbereich in Brüstungshöhe von ca. 90 cm, vgl. Abb. 2); Wandgliederung an der Ofenwand (vgl. Abb. 2) mit **roten Vertikalstreifen** à ca. 15 cm Breite und Zwischenbereichen (Grundflächenfarbe in Hellocker, pastell, ca. 30 cm breit; vgl. Probe 0.2-a-5); freie **Aufmalung** an der Nordwand (vermutlich Teil eines Motivs bzw. Ornaments; Probe 0.2-b-2)
08	Kalkweiß
8	Hellblau, mit **Strichkante** in Probe 0.2-b-2; grünlich verändert bis verblasst; Hellgrau (Probe 0.2-a-4 und 0.2-a-5)
09	Kalkweiß
9	Hellgrau, Grau, kräftig (indiziert strichartig abgesetzt, Probe 0.2-b-2), in Probe 0.2-a-1 ausfallend
010	Kalkweiß
10	Blau, grünlich-graulich verblassend
011	Kalkweiß
11	Grau, kräftig
012	Kalkweiß
12	Blau (**)
13	Hellgrün, gelblich (**)
014	Kalkweiß
14	Blau (**)
015	Kalkweiß
15	Blau (**)
016	Kalkweiß
16	Blau, intensiv (**)
017	Kalkweiß
17	Blau (**)
018	Kalkweiß
18	Blau (**)
019	Hellblau, indiziert ganzflächig
19	Blau, kräftig/mit Auflage in Schwarz (Probe 0.2-b-2; eine Absetzung indizierend)
20	Grau, kräftig
21	Gelbocker, kräftig
ff	mehrere Tapetenbeklebungen (im Istzustand Abb. 2 entfernt, nur in Resten ablesbar)

(*) An der Westwand erfolgen im Bereich der Ofenpositionen in der Folge Graufassungen, indiziert auch als Ausbesserungen innerhalb eines Fassungszustands, d.h. als selektive Ausbesserung und verstärke Verschmutzungen/Verrußungen in der engeren Ofenumgebung.

(**) Die gesamten Farbfassungsabfolgen zeigen keinerlei Verrußung und geringe Verschmutzungen der Farbschichtenoberflächen; Ausnahme ist die Probe aus dem Ofenbereich (Probe 0.2-a-4) mit ausgeprägten Schmutzauflagen (angedeutet teilweise auch Rußanteile).

und Schlössern und dort zumeist in spezifischer Verwendung an Blickfängen auf (zum Beispiel Ultramarin-Echtgold-Dekoration des Proszeniums im „Rokoko"-Theater Schwetzingen[7]; Flächenfarbe mit tiefblauer Smalte-Pigmentierung in den Putzkassetten ist zu finden an der Fassade des Hauses „Buhl" in Heidelberg[5]).

Im einfachen bürgerlichen Wohnbereich erscheint Blau mit den tradierten Pigmenten eigentlich nicht beziehungsweise nur in Ausnahmefällen. Hier könnte unter Umständen Azurit in Zustand 8 beziehungsweise 10 (sparsam) verwendet worden sein, zumal beide Blauabsetzungen grünlich verblassen (als Umwandlungen nach Malachit beziehungsweise nach anderen grünen Zersetzungsprodukten der Azuritkörner).

Das allgemeine Aufkommen von Blau in Verwendung für Flächenfarbgebungen ab dem späteren 18. Jahrhundert liegt an den neuartigen, industriell hergestellten Blaupigmenten, deren Gemeinsamkeit der niedrige Preis war. In der Folgezeit treten Häufungen von Blaufassungen als Gestaltungsmoden auf, gebunden an die Einführung des jeweils neuesten Blaupigments und im jeweiligen Zeitgeist. Zu erwähnen sind zum Beispiel Cölinblau[8] ab 1830 und besonders die preiswerten Anilin-Farbstoffe. Von der BASF ab Mitte des 19. Jahrhunderts in Massenproduktion hergestellt, verbreiten sich Blaufassungen in der Region rasch, besonders auch aufgrund der möglichen kräftigen Blauausmischungen für deckenden Farbauftrag.

Neben der Mode im ausgehenden 18. Jahrhundert können das spätere 19. Jahrhundert und die 1920er/1930er Jahre als Hauptverwendungszeiten von Blau zur Flächendekoration differenziert werden. Dies ist oft innerhalb eines Gebäudes anhand der Farbfassungsabfolgen zu verfolgen und übergeordnet in der Zusammenschau aller Gebäude, deren Farbfassungsabfolgen absolutchronologisch zugeordnet sind. Blaufassungen im späten 19. Jahrhundert wie im früheren 20. Jahrhundert werden aber vor allem in Küchen- und Funktionsräumen verwendet, blaue Flächenfassungen in höherwertigen Räumen treten so gut wie nicht mehr auf. Das Blau verlor in Form der „billigen" Pigmente seinen vormals hohen Status, der planmäßig eingesetzt worden war als Krönung einer hochwertigen Ausstattung und vergleichbar dem Aufwand für Echtvergoldung. Zwar ist der Preis für natürlichen Lapislazuli von aktuell ca. € 25.000/kg im Rahmen dieser vormaligen Vergleichbarkeit mit einem Vergoldungsaufwand, doch degradierte Blau allgemein zu einer „Küchenfarbe", Azurit oder gar Lapislazuli kommt im Prinzip im Flächendekor nicht mehr zur Verwendung. Seit dem Aufkommen der billigeren Ersatzmaterialien wirkten keine Blaufassung und kein Blaudekor mehr in der historischen Verwendungsform im Sinne einer nach dem pekuniären Aufwand kostbaren Erscheinung, diese spezifische Wirkweise war quasi aufgehoben bzw. verbraucht.

Die am Objekt hier nachvollziehbare durchgehende Verwendung von Blaudekor über einen Zeitraum von über 100 Jahren erscheint als Ausnahme in historischen Fassungsabfolgen und verweist auf eine gleichbleibende Vorliebe, die verschiedene Besitzerfamilien und mehrere Generationen überdauerte – unabhängig von aufkommenden und vergehenden Gestaltungsmoden des 19. Jahrhunderts.

Systematische Farbfassungsuntersuchung als Grundlage für denkmalgerechten Umgang mit dem Bestand

Vor dem Hintergrund der selektiven (Farbgebungs-)Untersuchungen nach Abriss wird deutlich, dass jedes Gebäude in seiner Baugeschichte gesamtheitlich erfasst werden sollte, das heißt durch systematisch angelegte, abfolgeorientierte Farbfassungsuntersuchungen in möglichst vielen Räumen, bevorzugt jedoch in den Haupträumen und in der Gebäuderschließung. Weiterhin wird auf die Farbgebungsgeschichte im Außenbereich eines Gebäudes verwiesen, die ebenfalls mit der allgemeinen Entwicklung von Farbigkeit und Dekor der Region abgeglichen werden kann und am betrachteten Gebäude mit der Innenbereichsfarbgestaltung zumeist eng verwandt ist.

Zusammenfassend ist es hier wenigstens noch gelungen, an den wenigen – in „Notgrabung" gewonnenen – Putzproben die Hausgeschichte zu verifizieren und die historischen Farbgestaltungen des Hauptraums in den Ansätzen zu beschreiben. Dies sollte jedoch nicht so interpretiert werden, dass die normierte Untersuchung der Farbfassungsgeschichte am Objekt durch einige Proben ersetzt werden könnte. In der Untersuchung hier traf die seltene Ausnahme, dass eine ungestörte Gesamtfarbfassungsabfolge an den Wandbereichen vorlag, auf den positiven Umstand, dass die Farbschichten als dicke, gleichmäßige Lagen auf den Proben verblieben. Im Normalfall kann eine Farbfassungsabfolge wie in Tab. 1 nur vor Ort mittels gezielter Befundöffnung gewonnen werden, wobei gleichzeitig alle Bauteile und Ausstattungen im baulichen Verbund in situ erkundet und abgeglichen werden müssen.

Im Vergleich mit allgemeinen Bevorzugungen von bestimmten Farb- beziehungsweise Dekorationssytemen in unterschiedlichen Epochen wird an dieser singulär erkundeten Stubensituation deutlich, wie individuell die Farbfassungsgeschichte dieses Raumes ausgebildet ist und wie sehr sie von der üblichen Gestaltung vergleichbarer Gebäude aus der näheren Umgebung abweicht.

Doch es gilt auch bei einer gebäudeübergreifenden Befundlage, dass Ausnahmen auftreten können. Diese wiegen umso mehr, je bedeutender ein Bauwerk für das Umfeld bzw. die Region ist. Im Ilvesheimer Schloss ist zum Beispiel die zeitgemäße Rotfassungssystematik der Bauzeit (Bauzeit 1700; Architekt vermutlich J. Adam Breunig) im gesamten Innen- und Außenbereich incl. Ökonomiegebäuden belegt.[3) 4) 6)] Die Rotfassung mit Bändersystem blieb selektiv in der Erschließung wie im Außenbereich bis zur Umnutzung als Blindenschule 1868 durch mehrfache Wiederholung bestehen, während in den Sälen die zeitüblichen, das heißt klassizistischen und jüngeren Farbsysteme Einzug hielten.

Vergleichbar hier ist weder das Farbsystem noch der Gebäude- oder Nutzungstyp, sondern das Festhalten an unzeitgemäß gewordenen Farb- und Gestaltungsprinzipien über ähnlich große Zeiträume: im Schloss zwischen 1700 und der Mitte des 19. Jahrhunderts mit andauernder barocker Farbsystematik, im kleinbürgerlichen Wohnhaus hier ab ca. 1800 bis ins 20. Jahrhundert mit dem Graufassungssystem des ausgehenden 18. Jahrhunderts und einem Blaudekor auch außerhalb der spezifischen Zeiten mit Blau

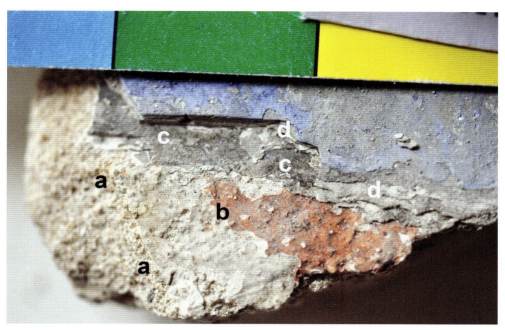

Abb. 6: Putzprobe Raum 0.2-a-4; auf dem Kalksandmörtelputz (a) aus der Neuverputzung nach 1784 liegt die freipräparierte Erstfassung mit kalkweißer Grundflächenfarbe und roter Auflage (b); die offenliegende älteste Graufassung (c) ist durch die schwärzliche Schmutzauflage gut von den jüngeren Grau- und Blaufassungen (d) zu präparieren.

als Gestaltungsmode. Der Umgang liegt in beiden Fällen außerhalb der historischen „Norm", Neufassungen tradieren immer wieder den Vorzustand und richten sich nicht nach den veränderlichen, von außen wirkenden Vorlieben der betreffenden Zeiträume. Mit derartigen „Ausreißern" ist an jedem Untersuchungsobjekt zu rechnen.

Umgekehrt kann jedes einfache Gebäude zusätzlich höherwertige Dekorationssyteme aufweisen, das heißt vielfarbige Ornamente beziehungsweise Bänderungen oder auch freihändige Bemalungen. Besonders ist mit Emblemen, Wappen und Spruchbändern zu rechnen, die bisweilen als singuläre Zutaten auf einfach gestalteten Flächen auftreten.

Dieser übergeordnete Hinweis aus dem Befund hier zeigt die Notwendigkeit, jedes noch so kleine Gebäude einfachster Bauweise auch als Quelle für übergeordnete Vergleiche und Aussagen zu begreifen. Neben den gängigen Gestaltungsprinzipien und Farbigkeiten auch den historischen Umgang mit noch früher bestehenden Altbeständen zu berücksichtigen. Vordergründig wäre zum Beispiel am Schloss Ilvesheim die einfache (preiswerte) Rotfassung[6] im Treppenhaus auch rein als Ausdruck des chronischen Geldmangels der Bauherren zu sehen, wie für die Zeit nach dem Anbau der dortigen Seitenflügel archivalisch belegt. Lang andauernde Farbgebungssysteme beschreiben jedoch den objektreferenziellen Umgang mit der Substanz und sind Hauptmerkmal der gesamten Objektgeschichte. Derart historisch belegte Umgangsformen beziehungsweise

Kontinuität ist ein Grundansatz der denkmalgerechten Objektbearbeitung heute, besonders zur Gewichtung einer der verschiedenen historischen Erscheinungsformen eines Gebäudes beziehungsweise Raums als Hauptmerkmal. Solche zentralen Merkmale sind für das heutige Vorgehen, das heißt für die „Neufassung nach Befund", eine weiter gehende Begründung, indem größere Einheiten der Hausgeschichte in einer (heutigen) Fassung wieder lesbar werden beziehungsweise beispielgebend für eine ganze Epoche eines Gebäudes stehen. Zukünftige Bearbeitungen mit abermaliger Neufassung können nach einer heutigen systematischen Befunderhebung immer diese Kenntnis der Historie in der Gesamtabfolge nutzen. Die heute gewählte Darstellung und Farbgebung kann wiederum für lange Zeiträume Gültigkeit erlangen und ist erweiterbar, sollten zukünftig zusätzliche Befunde hinzukommen.

Abbildungsnachweis

Abb. 2: Bauaufnahme durch die REM (vgl. [2]), zusammen mit der REM-Arbeitsgruppe ausgewertet und modifiziert.

Anmerkungen

[1] Vgl. Beitrag DIETSCHE-PAPPEL in dieser Monografie. Bauaufnahme und Bauforschung (Dietsche-Pappel; REM); Grundriss entnommen; hier modifiziert und mit Probennummern versehen in Zusammenarbeit mit den REM.

[2] Vgl. Beitrag STADLER in dieser Monografie; Fotoansicht Westwand; aus der bauforschenden Aufnahme durch die REM; hier in Zusammenarbeit mit den REM mit Probennummern versehen.

[3] KUMLEHN, I.: Ilvesheim, Schloß, Außenbereich – Restauratorische Untersuchung der historischen Putz- und Farbfassungen; unveröffentl. Gutachten (1995a); Nachweise: Vermögen und Bau Baden-Württemberg; Denkmalreferat des RP Karlsruhe.

[4] KUMLEHN, I.: Ilvesheim, Schloß, Ökonomiegebäude, Außenbereich – Restauratorische Untersuchung der historischen Putz- und Farbfassungen; unveröffentl. Gutachten (1995b); Nachweise: Vermögen und Bau Baden-Württemberg; Denkmalreferat des RP Karlsruhe.

[5] KUMLEHN, I. & MAAG, W.: Heidelberg, Hauptstr. 248, Haus Buhl, Außenbereich–Restauratorische Untersuchung der historischen Putz- und Farbfassungen; unveröffentl. Gutachten (1995); Nachweise: Vermögen und Bau Baden-Württemberg; Denkmalreferat des RP Karlsruhe; Stadt Heidelberg, Amt für Baurecht und Denkmalschutz.

[6] KUMLEHN, I. & MAAG, W.: Ilvesheim, Schloß, Innenbereich – Restauratorische Untersuchung der historischen Putz- und Farbfassungen; unveröffentl. Gutachten (1996); Nachweise: Vermögen und Bau Baden-Württemberg; Denkmalreferat des RP Karlsruhe.

[7] KUMLEHN, I. & MAAG, W.: Schloß Schwetzingen, Theater, Innenbereich – Restauratorische Untersuchung der historischen Putz- und Farbfassungen; unveröffentl. Gutachten (2001), Nachweise: Vermögen und Bau Baden-Württemberg; Denkmalreferat des RP Karlsruhe.

[8] WEHLTE, K.: Werkstoffe und Techniken der Malerei, Ravensburg (1967).

Die mittelalterlichen und neuzeitlichen Keramikfunde

Uwe Gross

Auch wenn das keramische Fundgut aus dem Grundstück Hauptstraße 379 keine spektakulären Objekte beinhaltet, verdient es durchaus, genauer betrachtet zu werden. Man hat es im vorliegenden Fall nämlich mit dem im dörflichen Milieu eher seltenen Umstand zu tun, dass von ein und demselben Grundstück einmal ein viele Jahrhunderte umfassender Querschnitt vom Hochmittelalter bis in die entwickelte Neuzeit „dargeboten" werden kann. Ganz im Gegensatz zu den Städten, denen in den zurückliegenden Jahrzehnten viel archäologische Aufmerksamkeit zuteil wurde, blieben die Dörfer zumeist außerhalb der Betrachtung. Die in Südwestdeutschland keineswegs unterentwickelte Archäologie aufgegebener ländlicher Siedlungen (Wüstungen) ist in aller Regel eine solche des Früh- und Hochmittelalters, dagegen wurden solche des späten Mittelalters oder gar der frühen Neuzeit kaum einmal einbezogen.

Die Vorstellung der Funde erfolgt in chronologischer Reihenfolge, wobei zuerst die Geschirrkeramik, daran anschließend die Ofenkacheln und zuletzt die wenigen übrigen Funde aus Ton (Dachziegel, Webgewicht, Spinnwirtel) sowie Glas zur Sprache kommen.

Mittelalterliche Keramik

Pingsdorf-Ware

Am Beginn der Betrachtungen steht mit der Pingsdorf-Ware die wohl bekannteste Warenart des hohen Mittelalters. Die hart gebrannten helltonigen, rot bemalten Gefäße sind so charakteristisch, dass sie auch in klein(st)zerscherbtem Zustand – wie hier der Fall (Taf. 1, 5–6; 11, L) – gut zu identifizieren sind. Allerdings kann beim Fehlen von Rändern oder anderen aussagefähigen Gefäßpartien keine sichere Aussage über die einstige Form der Neckarhäuser Behälter gemacht werden. Am wahrscheinlichsten, weil überall am zahlreichsten vorhanden, dürfte es sich um große Kannen mit einem, zwei oder drei Henkeln (Pingsdorfer „Amphoren") gehandelt haben.
Auch die zeitliche Einordnung ist aus den genannten Gründen nur allgemein in die Gesamtproduktionszeit der Ware (spätes 10. Jh. bis um 1200) möglich (Sanke 2002); die weiteren Funde aus dem Grubenhaus sprechen allerdings eher für das 12. Jahrhundert Zwar ist originale Pingsdorfer Keramik, die nicht nur am namengebenden Produktionsort, sondern auch an weiteren Plätzen in der Nachbarschaft im Raum zwischen Köln und Bonn am Niederrhein gefertigt wurde, in Südwestdeutschland insgesamt eher selten. Im Neckarmündungsraum erscheint sie aber nicht nur an bedeutenden Plätzen wie

Ladenburg, sondern immer wieder auch in ländlichen Siedlungen (beispielsweise in den zahlreichen abgegangenen Orten des Mannheimer Stadtgebietes, u.a. in Hermsheim und Kloppenheim, in der unmittelbaren Nachbarschaft von Neckarhausen auf der anderen Flussseite in Botzheim). Daher erstaunt das Vorkommen in Neckarhausen nicht.

Imitierte Pingsdorf-Ware

Die Bedeutung der echten Pingsdorf-Ware drückt sich auch in einer großen Zahl von Nachahmungen aus (Gross 1991, 78–80). Im hiesigen Raum tritt vor allem eine weit weniger hart gefeuerte Imitation mit goldglimmerhaltigen Scherben auf, die in einer Produktionsstätte im südhessischen Seligenstadt am Main zwischen dem 10. und 12. Jahrhundert entstanden sein dürfte. Das aus einem jüngeren Schichtzusammenhang zum Vorschein gekommene Randstück (Taf. 1, 7) stammt von einem rundbodigen Kugeltöpfchen, der nach den Amphoren zweithäufigsten Gefäßform sowohl in der Originalware als bei den Imitaten.
Solche Behälter, die nichts anderes als kleine Ausgaben der zeittypischen Kochtöpfe sind, dienten im Hochmittelalter als Becher. Spezielle Formen des tönernen Trinkgeschirrs wurden erst im späten 12./13. Jahrhundert gängig (siehe unten: Jüngere graue Drehscheibenware).

Glimmerware

Mit dieser Warenart ist ein weiteres Erzeugnis aus dem südlichen Hessen in Neckarhausen am Fundaufkommen beteiligt. Zwar sind ein sicher hier einzuordnendes und ein fragliches Wandstück nicht abbildungswürdig, aber schon das Vorhandensein allein muss erwähnt werden. Die mangels einschlägiger Brennofenfunde nicht ortsgenau zu lokalisierenden Töpfereien der Glimmerware scheinen aufgrund mineralogischer Untersuchungen im Vorspessartraum gelegen zu haben (Gross 1991, 66–68).
Die schlecht datierbaren, weil lange Zeit mit sehr schlichten Randformen ausgestatteten Töpfe und zweihenkligen Kannen mit nach außen gewölbten Böden („Linsenböden") sind die Bergstraße entlang bis etwa auf die Höhe von Heidelberg vom 9. bis zum 12. Jahrhundert in jedem größeren Fundbestand vorhanden. Obwohl sie in ihrem Ursprungsraum noch bis ins späte Mittelalter hinein hergestellt wurde, verschwindet die Glimmerware am Unteren Neckar im 13. Jahrhundert fast schlagartig.
Durch das Auftreten im Grubenhaus kann sie in Neckarhausen mit Sicherheit in die Zeit vor 1200 datiert werden.

Ältere graue Drehscheibenware

Diese Keramik ist die einheimische Warenart des späten 10. bis 12. Jahrhunderts schlechthin (Gross 1991, 49–52). Daher ist es eher erstaunlich, dass aus dem

Grubenhaus nur zwei Randscherben (Taf. 1, 3–4) vorliegen. Diese zeigen zudem nicht die typische Form des hohen, gerieften Halses. Aufgrund der Beschaffenheit ihres grauen, hart gebrannten Scherbens ist die Zuordnung aber gesichert. Die Töpfe, zu denen sie einst gehörten, waren wie bei der Glimmerware rundlich-bauchig und hatten einen nach außen gewölbten sogenannten Linsenboden.

Braune ältere Drehscheibenware

Zeitgleich mit der Älteren grauen Drehscheibenware war im hiesigen Raum eine weniger hart gefeuerte Ware mit braunen Scherben in Gebrauch (Taf. 1, 2), wie das gemeinsame Vorkommen im Grubenhaus in der Hauptstraße 379 belegt. Sie kann für diese jedoch kein ernsthafter Konkurrent gewesen sein, da sie in den zahlreichen Fundkomplexen des hohen Mittelalters, wenn sie überhaupt auftritt, dort nur jeweils mit wenigen Scherben vertreten ist (z.B. in Seckenheim oder im Michaelskloster auf dem Heiligenberg in Heidelberg).

Kugeltopf

Eines der wenigen Randstücke aus dem Grubenhaus (Taf. 1, 1) könnte wie die Scherben der echten Pingsdorf-Ware einen rheinländischen Import darstellen. Der schlichte Rand stammt von einem dunklen, hart gebrannten rundbodigen „Kugel"-Topf, einer in den Landschaften nördlich des Mains seit der späten Karolingerzeit bis ins Spätmittelalter gängigen Gefäßform. Aber auch am nördlichen Oberrhein wurden sie ab und an gemeinsam mit Älterer grauer Drehscheibenware gefertigt, wie etwa Töpfereifunde aus Bad Schönborn-Langenbrücken bei Bruchsal zeigen. So muss die Herkunft des Neckarhäuser Exemplars letztlich ungeklärt bleiben. Gleich den Pingsdorfer Gefäßen treten Kugeltöpfe vor allem im 12. Jahrhundert hierzulande immer wieder auf und stellen keine wirklichen „Exoten" dar.

Jüngere graue Drehscheibenware

Seit der Zeit um 1200 sind in der Keramik am nördlichen Oberrhein Veränderungen – zuerst bei den Rand-, später auch bei den Gefäßformen – erkennbar, die zu einer terminologischen Abgrenzung gegen die Ältere graue Drehscheibenware führen. Da die Scherbenbeschaffenheit als solche aber noch lange gleichbleibt, ist bei vielen schlichten Wand- und Bodenfragmenten kein Unterschied zwischen beiden festzustellen. Bei den Böden werden allerdings im Laufe des 13. Jahrhunderts, spätestens jedoch im früheren 14. Jahrhundert die nach außen gewölbten „Linsen-" oder „Wackelböden" durch Standböden abgelöst.
Im Neckarhäuser Fundgut gibt es nur wenige Scherben, die ins 13. Jahrhundert gehören könnten, die Masse des mittelalterlichen Keramikmaterials stammt aus dem 14., vor allem aber aus dem 15. Jahrhundert.

Zu diesen „Kandidaten" aus dem 13. Jahrhundert zählt der flache Henkel einer einst zweihenkligen Kanne (Taf. 1, 10). Diese eigentlich hochmittelalterliche Gefäßform lebt noch in der Zeit nach 1200 fort. Sie ist übrigens das einzige Zeugnis für große hoch- und spätmittelalterliche Flüssigkeitsbehälter, die dem Ausschenken oder der Aufbewahrung dienten, denn es lassen sich im gesamten übrigen Fundmaterial keine weiteren Kannen, Krüge oder Flaschen nachweisen.

Auch der schlichte Rand aus demselben Kontext (Befund 100) könnte schon im späten 12. Jahrhundert entstanden sein (Taf. 1, 11). Schließlich muss hier noch ein drittes Fragment aus diesem Befund 100 erwähnt werden (Taf. 1, 12). Da – wie gerade erwähnt – die nach außen gewölbten „Linsenböden" erst allmählich durch flache Standböden ersetzt werden, bleibt auch bei zwei Böden (Taf. 2, 7–8) die Unsicherheit in der zeitlichen Einordnung vor oder nach 1200.

Die Masse der eindeutig ansprechbaren Scherben des jüngeren und ausgehenden Spätmittelalters (14.–15. Jahrhundert) rührt von schlichten Töpfen her (Taf. 1, 13; 2, 1–5; 11, 1), die sich von den rundlichen hochmittelalterlichen Formen hin zu eher gestreckt-eiförmigen entwickeln. Dies ist freilich nur an besser oder vollständig erhaltenen Beispielen abzulesen, wie sie etwa aus Latrinen in Ladenburg (ehemaliges Gasthaus Kirchenstraße 35: Wendt 1995) oder auf dem Heidelberger Kornmarkt (Vor dem großen Brand 1992, 66, Abb. 65.) untersucht werden konnten. Ihre Oberflächen sind im Gegensatz zu denen der vorangehenden hochmittelalterlichen und der folgenden neuzeitlichen Gefäße in der Regel gerillt oder gerieft.

Zu diesen Koch- und Vorratstöpfen gehören Deckel, die man im 13. Jahrhundert nun erstmals seit römischer Zeit wieder in nennenswerten Mengen im keramischen Formenschatz antrifft. Sie sind in der gewölbten Mittelpartie hohl, verfügen über einen breiten Fuß und einen knaufartigen Griff (Taf. 2, 6).

Obwohl, wie oben schon hervorgehoben, keine Schenkgefäße vorkommen, sind einige Fragmente von späten Trinkbechern vorhanden (Taf. 2, 9–13; 12,3). Sie belegen Varianten mit einbiegendem beziehungsweise kurzem, abgesetztem Rand, mit glattem wie mit gerieftem Körper, wie sie in sehr großen Mengen an mehreren Stellen in Heidelberg (Kornmarkt, ehemaliges Augustinerkloster, Schloss, Michaelskloster auf dem Heiligenberg) in Zusammenhängen des 15. und frühen 16. Jahrhunderts zum Vorschein kamen.

Diese Neckarhäuser Gefäße sind bemerkenswert, da solche Becher in ländlichen Siedlungen nur sehr selten und in geringer Anzahl auftreten. Die dort geläufigen Trinkgeschirre dürften ganz überwiegend aus Holz gewesen sein (Daubenbecher), das sich bei normalen Bodenverhältnissen nicht erhält.

Jüngere helle Drehscheibenware

Sie tritt erst nach der grauen Ausprägung im späten 14. oder 15. Jahrhundert auf die Bildfläche (Taf. 3, 1–8; 4, 1–5; 11, 1 und 3). Die in Neckarhausen gefundene Ware entspricht ihr bis auf das Fehlen von Bechern, die aber auch andernorts fast immer nur in reduzierend-dunkler Brenntechnik vorkommen, und das Vorhandensein eines dünnwandigen Behälterchens (Taf. 4, 2), das keine grauen Entsprechungen hat.

Neuzeitliche Keramik

Glasierte Keramik

Die allgemeine Anwendung von Glasur und das damit verbundene endgültige Verschwinden der dunkel gebrannten Gefäße seit dem frühen 16. Jahrhundert markiert am deutlichsten die Zäsur zwischen mittelalterlicher und neuzeitlicher Keramik. Glasur ist bis auf eine kurze experimentelle Anfangsphase im späten 13./frühen 14. Jahrhundert immer an einen hellen (= oxidierend gebrannten) Scherben gebunden.

Alle Gefäßformen, die schon im Laufe des Spätmittelalters glasiert sein können, fehlen bis auf eine Ausnahme in Neckarhausen. Es handelt sich dabei um eine winzige Wandscherbe eines außenseitig grün glasierten Miniaturbehälters.

Wie schon bei der mittelalterlichen Keramik herrschen auch beim neuzeitlichen Geschirr noch die nun oft mit Henkeln versehenen Töpfe vor, auch wenn der Formenschatz jetzt etwas erweitert wird.

Die Topfränder sind seit dem 16. Jahrhundert länger und schlanker als ihre mittelalterlichen Vorgänger, sie sind außen meist schwach geschwungen, innen bilden sie in der Regel eine deutliche Kehle, die den Deckel aufnehmen sollte (Taf. 6–7; 12, 4). Besser als die Gestaltung der Ränder oder auch die oft aber leider nicht zu ermittelnde Gesamtform der Töpfe ist die Glasurfarbe zur zeitlichen (Grob-)Differenzierung geeignet. Während grüne und „gelbe" (in Wahrheit farblose Glasur direkt auf gelblichem Scherbengrund) Glasuren schon im späten Mittelalter vorkommen, treten braune und schwarze Glasuren (anders als bei den Ofenkacheln) erst seit dem 18. Jahrhundert parallel zu ihnen auf.

Mehr oder weniger „zeitlos" ist auch der schlichte rot(braun)e Liniendekor im Halsbereich der Töpfe (Taf. 6, 7–8; 7, 2–3). Selten wird er durch Wellenlinien oder -bänder ersetzt beziehungsweise ergänzt, ebenso selten greift diese aufgemalte Verzierung auf den Rand über (Taf. 6, 5). Im deutlichen Gegensatz auch zum Spätmittelalter sind in der Neuzeit sehr viele Töpfe mit flachen, bandförmigen Henkeln ausgestattet, die direkt an der Randoberkante ansetzen (Taf. 6, 3; 7, 4).

Wenn die Wandung unterhalb des Randes einmal besser erhalten blieb, können auch Sonderformen erkannt werden. Im Falle des Fragmentes (Taf. 7, 4) ist sogar der Henkel mit dem sehr kräftigen Fingereindruck des Töpfers an seiner Wurzel noch vollständig vorhanden. Es handelt sich hier entweder um einen bauchigen Nachttopf („Pisspott") mit flachem Standboden oder aber um einen Dreifußtopf des 17./18. Jahrhundert, der einst auf drei Beinchen direkt am offenen Herdfeuer stand (Archäologie in den Quadraten 1986, Taf. 8, 1 außen rechts). Da die dem Henkel gegenüberliegende Gefäßpartie, die bei solchen Behältern immer starke Rußspuren trägt, verloren ist, bleibt die funktionale Zuordnung zum Hygiene- oder aber Küchengeschirr ungewiss.

Einen jüngeren Dreifußtopf in der typischen breiten Form des späteren 18. oder 19. Jahrhunderts (Archäologie in den Quadraten 1986, Taf. 10,2) fasst man wohl mit dem Randfragment mit Ansatz eines flachen, auf der Oberseite schwach gekehlten Bandhenkels (Taf. 7, 5).

Zum gegenüber dem Spätmittelalter etwas breiteren Spektrum an Formen tragen im neuzeitlichen Fundgut einige offene Gefäße (Schalen, Schüsseln, Teller) bei. In den Jahrhunderten davor muss man sie sich ganz überwiegend als geschnitzte, gedrechselte und geböttcherte Erzeugnisse aus Holz vorstellen. Überliefert sind sie so gut wie ausschließlich als Funde aus städtischen Latrinen (Vor dem großen Brand 1992, 81–82; Schmidt 2005, 663 ff.; Müller 1996).

Eine große Schüssel mit breitem Schrägrand (Taf. 8, 1) zeigt den im Material des Heidelberger Kornmarktes für das ausgehende 16. und (frühere?) 17. Jahrhundert charakteristischen innenseitigen Farbwechsel der Glasur von Grün auf dem Rand zu Gelb (farblos) auf der Wandung.

Eine Schüssel des 17./18. Jahrhunderts, von der nur Fragmente der Unterpartie vorhanden sind, ist innen gelb, grün und dunkelbraun bemalt (Taf. 8, 2; 13, 3 rechts). Eine dritte, möglicherweise erst aus dem 19. Jahrhundert, trägt auf der Randinnenseite auf rötlichem Grund eine gelbe, breite Wellenlinie, eingefasst von zwei gleichfarbigen Linien (Taf. 8, 3). Dekor aus farblich gegeneinander abgesetzten Flächen bzw. mehrfarbige Malerei kommt in Neckarhausen auch bei zwei Rändern von flachen Tellern des späten 18./19. Jahrhunderts vor (Taf. 8, 5–6; 13, 3 links).

Die in einiger Anzahl vorliegenden neuzeitlichen Deckel (Taf. 9, 1–8) sind alle unglasiert, obwohl sie zu glasierten Gefäßen gehörten. Da sie funktional nicht notwendig war, verzichtete man bei ihnen auf Glasur (der nach dem Aufbringen der Glasur nötige zweite Brennvorgang verteuerte Töpfereiprodukte nicht unwesentlich). Anders als ihre spätmittelalterlichen Vorgänger verfügen sie nicht über breite Auflageflächen, sondern immer über recht kurze Ränder.

Bei dem mit 27 cm Durchmesser auffällig großen Exemplar (Taf. 9, 8) stellt sich die Frage, ob man es hier mit einem Gefäßverschluss zu tun hat. Auch Haushaltsgerätschaften wie Backhauben oder Feuerstülpen (zur Abdeckung der Herdglut über Nacht) kämen als denkbare Verwendungszwecke infrage.

Steinzeug

Noch unscheinbarer als die Scherben der Pingsdorf-Ware sind die beiden mittelalterlichen Steinzeugfragmente aus dem 14./15. Jahrhundert, von denen nur eines abbildungswürdig ist (Taf. 4, 6). Beide stammen von Trinkbechern – und wären schon deswegen erwähnenswert, denn bereits oben wurde die Seltenheit von keramischen Bechern in dörflichen Kontexten hervorgehoben. Beim Steinzeug kommt – anders als bei der lokal, allenfalls regional hergestellten grauen Irdenware – noch dazu, dass es sich in jedem Fall um Import handelt. Steinzeug wurde im Mittelalter südlich der Mainlinie nicht hergestellt. Die einzige Ausnahme ist Hagenau im Unterelsass, dessen Produkte den Neckarmündungsraum aber nicht erreichten.

Für den nicht abgebildeten Becher aus Neckarhausen wird man aufgrund des violett engobierten Scherbens eine Herkunft aus dem nördlichen Hessen (Dreihausen?) vermuten dürfen. Zahlreiche Vergleichsstücke sind aus Heidelberg (Stadt) und vom Heiligenberg bekannt. Das abgebildete Wandungsfragment (Taf. 4, 6) wird eher aus dem Rheinland stammen.

Weniger erstaunlich mutet hingegen das Auftreten eines neuzeitlichen Deckels aus „Westerwälder" Steinzeug mit Bemalung an (Taf. 10, 8). Zwar ist die Form (Deckel) hierzulande kaum belegt, aber graues Steinzeug mit blauem Dekor ist vor allem im 19. Jahrhundert als Schenk- und Vorratsgeschirr weit verbreitet. Ein Verschluss wird kaum alleine aus dem Westerwald oder einer anderen Region, die solches Steinzeug produzierte, nach Neckarhausen gekommen sein. Von einem weiteren, möglicherweise zugehörigen Steinzeugbehälter fehlt allerdings jede Spur.

Fayence

Mit der deckend weiß glasierten und blau oder mehrfarbig bemalten Fayence fasst man die qualitätvollste Keramik, die vor der Etablierung von Porzellanmanufakturen in Straßburg, Frankenthal oder Ludwigsburg im 18. Jahrhundert im weiteren südwestdeutschen Raum produziert wurde.

Für das ländliche Milieu in Neckarhausen stellt das Vorkommen von mehreren henkellosen Koppchen oder „echten" Tassen (Taf. 10, 1–2; 13, 1 links), einer Unterschale (Taf. 10, 3), mehreren Tellern (Taf. 10, 4–6; 13, 2) und einer sog. Buckelplatte (Taf. 10,7; 13, 1 rechts) des späteren 18./frühen 19. Jahrhunderts absolute Besonderheiten dar. Zwar ist einerseits einschränkend festzuhalten, dass es bisher kaum dörfliche Vergleichskomplexe gibt. Aber man muss andererseits auch konstatieren, dass selbst in den zahlreich bekannten städtischen Materialien dieses Zeitabschnitts Fayencen oft selten sind oder auch ganz fehlen.

Die im Vergleich mit der „normalen" Irdenware bedeutend teureren Fayencen sagen auch etwas über den Konsum bestimmter damals noch fast exotisch zu nennender Lebensmittel aus. Sie belegen den Verzehr der überseeischen Importgüter Kaffee und/oder Tee. Aufgrund fehlender eindeutiger Charakteristika der zerscherbten Stücke ist eine sichere Zuweisung zu bestimmten Manufakturen leider nicht möglich (freundliche Auskunft S. Glaser, Germanisches Nationalmuseum Nürnberg).

Ofenkeramik

Der Kachelofen stellt eine der bedeutendsten technischen Innovationen des älteren Mittelalters dar. Wenn auch die ältesten Nachweise von becherförmigen Kacheln in Straßburg (spätes 7./8. Jahrhundert) als eindeutige Hinweise auf Stubenöfen umstritten sind, so kann man doch von der Existenz solcher Heizeinrichtungen in Südwestdeutschland spätestens im 10. Jahrhundert ausgehen, wie Funde und Befunde auf dem Runden Berg bei Urach zeigen (Gross 1991, 140). Allgemeinere Verbreitung findet der aus schlichten, unglasierten röhren- oder becherförmigen Kacheln zusammengesetzte Stubenofen im dörflichen Milieu allerdings erst ab dem 13. Jahrhundert. Einzelne früher zu datierende Funde in ländlichen Siedlungen sind wahrscheinlich mit der dortigen Existenz von Herrenhöfen oder verschwundenen Burganlagen zu erklären. Nicht jeder Adelige konnte sich im Hoch- und beginnenden Spätmittelalter eine Höhenburg errichten.

In Neckarhausen sind es zwei Ränder (Taf. 4, 7–8), welche die Verwendung bereits entwickelter Becherkacheln des 13. Jahrhunderts bezeugen.

Aus der nächsten Entwicklungsstufe, in der breitere und meist niedrigere („Napf"-) Kacheln die becherförmigen ersetzen, könnte ein Unterteil (Taf. 4, 9) stammen. Es weist mit dem ausgeprägten Linsenboden ein Merkmal auf, das hierzulande im 14. Jahrhundert auch bei Kacheln immer mehr zugunsten eines planen Bodens verschwindet.

Im 14. Jahrhundert ereignet sich mit der quadratischen Ausformung der bisher runden Kachelmündungen eine Art Quantensprung. In der Folge wird es nun möglich, die Kacheln eines Ofens lückenlos aneinanderzufügen und so die Wärmeabstrahlung zu verstärken. Die schlichtesten Ausführungen, die wie die runden Vorläuferformen unglasiert blieben, sind in Neckarhausen mehrfach vertreten (Taf. 5, 1–5; 11, 4).

Erstaunlich ist das Auftreten von glasierten Nischenkacheln (Taf. 5, 6–10; 12, 1), die in zeittypischer Manier gotische Architektur (Spitzbogen) zitieren. Das am besten erhaltene Fragment mit dem „geraden" Spitzbogen und dem nicht genau erkennbaren Fabeltier (?) als Zwickelmotiv (Taf. 5, 9; 12, 1) gehört zu den Kacheln vom Typ Tannenberg. Diese Benennung erfolgte nach der Entdeckung zahlreicher einschlägiger Stücke in der 1399 zerstörten Burg Tannenberg bei Seeheim-Jugenheim an der südhessischen Bergstraße. Kacheln dieses Typs wurden wenigstens teilweise seit der Mitte des 14. Jahrhunderts in den Töpfereien von Dieburg, Kr. Darmstadt-Dieburg, produziert.

Ein Fragment (Taf. 5, 7; 12, 2) beweist, dass der Neckarhäuser Ofen von Kacheln bekrönt wurde, die als Spitzgiebel ausgeformt waren. Gegenstücke zu diesem optisch sicher eindrucksvollen Stubenofen muss man in reichen städtischen Haushalten, auf Burgen und in Klöstern suchen.

Aus nachmittelalterlicher Zeit sind keinerlei Kachelreste im Fundgut vorhanden, obwohl Ofenkacheln noch jahrhundertelang in jeweils gut erkennbarer zeittypischer Weise hergestellt wurden.

Webgewicht

Bei dem auf den ersten Blick unscheinbaren Lehmklumpen (Taf. 1, 8) handelt es sich bei genauerer Betrachtung um das Bruchstück eines Fadenbeschwerers von einem „stehenden" (senkrechten) Webstuhl des frühen und hohen Mittelalters. Solche nur an der Luft getrockneten oder schwach gebrannten Gewichte zerfallen leicht und entziehen sich so vielfach dem archäologischen Zugriff. Nach der Wölbung der erhaltenen Oberfläche zu schließen, war das Gewicht einst rundlich. Die Größe konnte leider nicht mehr ermittelt werden. Da die übrigen Funde aus der gesamten Grabung nicht älter als hochmittelalterlich sind, dürfte es in Analogie zu Webgewichten des 11./12. Jahrhunderts von anderen Plätzen einen Durchmesser von etwa 12 bis 13 cm gehabt haben und mindestens 7 oder 8 cm hoch gewesen sein.

Frühmittelalterliche Gewichte sind in der Regel deutlich kleiner (Gross 2006). Das Stück könnte ursprünglich im Grubenhaus, wo es gefunden wurde, verwendet worden sein. Grubenhäuser waren im Früh- und Hochmittelalter keine Wohn-, sondern Nebengebäude, die u.a. auch der Weberei dienten. Die Herstellung von Textilien nicht nur für den eigenen Bedarf, sondern darüber hinaus als wichtiger Teil der Abgaben, die die Bauern an ihre Grundherren zu leisten hatten, ist bis ins 12. Jahrhundert dank der tönernen Fadenbeschwerer eine der am besten nachweisbaren handwerklichen Tätigkeiten im Mittelalter. Die zuvor zwar nicht unbekannten, ab dem 13. Jahrhundert aber allgemein verbreiteten Horizontalwebstühle, die nun ohne Gewichte auskommen, verändern die Situation dann grundlegend.

Spinnwirtel

Aus dem Bereich der Textilherstellung kommt mit einem tönernen Wirtel noch ein zweites Fundobjekt. Aufgrund der mitgefundenen spätmittelalterlichen Scherben in demselben Befund datiert es allerdings jünger als das Gewicht. Solche Rotationshilfen für Spindeln treten noch bis weit in die Neuzeit hinein auf – dann oft als Erzeugnisse aus grauem, manchmal sogar blau bemaltem Steinzeug. Sie sind wichtige Hinweise auf die in nahezu jedem Haushalt ausgeübte Tätigkeit des Fadenspinnens.

Dachziegel

Dass schon aus dem Grubenhaus als der älteste Befund ein Fragment eines Hohlziegels stammt, weist auf eine „harte" Deckung eines anderen Baues in der Nachbarschaft hin. Es handelt sich wahrscheinlich um das Wohnhaus des Gehöftes. Ziegeldeckung in einem bäuerlichen Umfeld ist im Hochmittelalter sehr selten, war sie doch damals selbst in den Städten noch keineswegs die Regel. Viel eher ist hier mit „weichen" Stroh- oder Schilfdächern zu rechnen, deren Materialien im Gegensatz zu teuren Ziegeln umsonst zu haben waren, weil sie am Neckarufer wuchsen (Schilf) oder in der Landwirtschaft anfielen (Stroh).
Weitere – und besser erhaltene – Hohlziegel stammen auch aus jüngeren Befunden und belegen eine Kontinuität für diese Deckungsform.

Glasfunde

Die Entsprechung zu den spätmittelalterlichen tönernen Trinkbechern im neuzeitlichen Fundgut stellt ein einziges Glasfragment des späten 17./18. Jahrhunderts dar (Taf. 10, 9). Die gute Qualität des Bechers (klares, gänzlich entfärbtes Glas ohne Luftbläschen) würde im 13.–15. Jahrhundert noch auffallen, in der Neuzeit war sie seit dem ausgehenden 16. Jahrhundert bei Tafelgläsern Standard.

Hohlglas wurde schon seit dem 15. Jahrhundert für breitere Bevölkerungsschichten erschwinglicher, wie vor allem die Vielzahl an Gläsern aus städtischen Latrinen – in der Region beispielsweise an jenen am Kornmarkt in Heidelberg – bezeugt. In dörflichen Siedlungen scheint es aber kaum benutzt worden zu sein. Angesichts des Auftretens von teurem Fayencegeschirr verwundert dieser Umstand in Neckarhausen doch ein wenig. Allerdings gab es bei den Heißgetränken Kaffee und Tee außer dem wohl sehr viel teureren Porzellan keine Alternativen, während man Wein statt aus Gläsern bei entsprechendem Wohlstand auch aus Metallbechern (Zinn, Edelmetall) konsumieren konnte, die sich durch Recycling (rückstandsloses Einschmelzen) archäologisch aber kaum einmal nachweisen lassen.

Das Vorhandensein zweier Fragmente von Flachglas in einer Schicht des 15. Jahrhunderts belegt die Existenz von Fensterscheiben. Wie etwa die Trinkbecher oder die glasierten Reliefkacheln, so bezeugen auch sie den Wohlstand der spätmittelalterlichen Bewohner des Anwesens Hauptstraße 379 .

Katalog

Taf. 1

1. Rs Kugeltopf; dunkelgrau, sehr hart; Dm 11 cm (?), erhalten 18 Grad; Befund 144 (Grubenhaus)
2. Rs Topf Ältere braune Drehscheibenware; Dm 12 cm, erhalten 26 Grad; Befund 144 (Grubenhaus)
3. Rs Topf Ältere graue Drehscheibenware Dm 13 cm, erhalten 36 Grad; Befund 144 (Grubenhaus)
4. Rs Topf Ältere graue Drehscheibenware; Dm 12 cm; erhalten 34 Grad; Befund 144 (Grubenhaus)
5. Ws Pingsdorf-Ware; gelblich, Bemalung braunrot; Befund 144 (Grubenhaus)
6. Ws Pingsdorf-Ware; gelblich, Bemalung hellrot; Befund 144 (Grubenhaus)
7. Rs imitierte Pingsdorf-Ware; hell gelblich, fein glimmerhaltig, Bemalung rot; Dm 9 cm, erhalten 46 Grad; Befund 80
8. Webgewichtsfragment; Befund 144 (Grubenhaus)
9. Dachziegelfragment; Befund 144 (Grubenhaus)
10. Henkel Kanne Jüngere (?) graue Drehscheibenware; Befund 100

11 Rs Topf Jüngere graue Drehscheibenware Dm 12 cm, erhalten 40 Grad; Befund 100
12 Rs Topf Jüngere graue Drehscheibenware Dm 15 cm, erhalten 40 Grad; Befund 100
13 Rs Topf Jüngere graue Drehscheibenware Dm 16 cm, erhalten 42 Grad; Befund 117

Taf. 2

1   Rs Topf Jüngere graue Drehscheibenware Dm 13 cm, erhalten 32 Grad; Befund 124
2   Rs Topf Jüngere graue Drehscheibenware Dm 10 cm, erhalten 24 Grad; Befund 124
3   Rs Topf Jüngere graue Drehscheibenware Dm 12 cm, erhalten 44 Grad; Befund 124
4   Rs Topf Jüngere graue Drehscheibenware Dm ?; Befund 124
5   Rs Topf Jüngere graue Drehscheibenware Dm 14 cm, erhalten 48 Grad; Befund 80
6   Rs Deckel Jüngere graue Drehscheibenware Dm 10,5 cm, erhalten 46 Grad; Befund 80
7   Bs (Linsenboden) Topf Jüngere graue Drehscheibenware; Befund 80
8   Bs (Linsenboden) Topf Jüngere graue Drehscheibenware; Befund 100
9   Rs Becher Jüngere graue Drehscheibenware Dm 11 cm, erhalten 56 Grad Befund 80
10 Rs Becher Jüngere graue Drehscheibenware Dm 11 cm, erhalten 30 Grad Befund 80
11 Ws Becher Jüngere graue Drehscheibenware Befund 80
12 Bs Becher Jüngere graue Drehscheibenware Dm 7 cm; Befund 80
13 Bs Becher Jüngere graue Drehscheibenware Dm 7 cm; Befund 80

Taf. 3

1   Rs Topf Jüngere graue Drehscheibenware; Dm 12 cm, erhalten 24 Grad; Befund 115
2   Rs Topf Jüngere graue Drehscheibenware; Dm 14 cm, erhalten 36 Grad; Befund 115
3   Rs Topf Jüngere helle Drehscheibenware, orange; Dm 15 cm, erhalten 64 Grad; Befund 80
4   Rs Topf Jüngere helle Drehscheibenware, gelblich; Dm 17 cm, erhalten 64 Grad; Befund 117
5   Rs Topf Jüngere helle Drehscheibenware, orange; Dm 14 cm, erhalten 24 Grad; Befund 80
6   Rs Topf Jüngere helle Drehscheibenware, bräunlich; Dm 14 cm, erhalten 40 Grad; Befund 115
7   Rs Topf Jüngere helle Drehscheibenware Dm 13 cm, erhalten 42 Grad; Befund 80
8   Rs Topf Jüngere helle Drehscheibenware, rot; Dm 15 cm, erhalten 94 Grad; Befund 113

Taf. 4

1   Ws Topf Jüngere helle Drehscheibenware; Befund 113
2   Rs Jüngere helle Drehscheibenware, rot; Dm 7 cm, erhalten 20 Grad; Befund
3   Rs Deckel Jüngere helle Drehscheibenware, orange; Dm 14 cm, erhalten 50 Grad; Befund
4   Rs Deckel Jüngere helle Drehscheibenware, orange; Dm 12 cm, erhalten 70 Grad; Befund 113
5   Rs Deckel Jüngere helle Drehscheibenware, orange; Dm 15 cm, erhalten 180 Grad; Befund 80
6   Ws Steinzeug, braun, im Bruch grau; Befund 113
7   Rs Becherkachel; Dm 13 cm, erhalten 32 Grad; Befund 124

8   Rs Becherkachel; Dm 12 cm, erhalten 28 Grad; Befund 107
9   Bs Napfkachel; Dm 6 cm; Befund 100

Taf. 5

1   Rs Viereckkachel, grau; Befund 113
2   Rs Viereckkachel, hellgelb; Befund 118
3   Rs Viereckkachel, bräunlich; Befund 115
4   Rs Viereckkachel, orange; Befund 80
5   Bs Viereckkachel, orange; Dm 9 cm; Befund 80
6   Fragment Nischenkachel, grün glasiert; Befund 57
7   Fragment Kranzkachel, farblos (gelblich) glasiert; Befund 25
8   Fragment Nischenkachel, grün glasiert; Befund 73
9   Fragment Nischenkachel, grün glasiert; Befund 25
10   Fragment Nischenkachel, grün glasiert; Befund 80

Taf. 6

1   Rs glasierte Ware (grün); Dm 19 cm, erhalten 56 Grad; Befund 57
2   Rs glasierte Ware (grün), rotbrauner Malstreifen; Dm 18 cm, erhalten 56 Grad; Befund 10
3   Rs glasierte Ware (gelblichbraun), Henkelansatz; Dm 16 cm, erhalten 34 Grad; Befund 6
4   Rs glasierte Ware (grün); Dm 12 cm, erhalten 28 Grad; Befund 19
5   Rs glasierte Ware (grün), brauner Malstreifen; Dm ?; Befund 80
6   Rs glasierte Ware (grün); Dm ?; Befund 25
7   Ws glasierte Ware (grün); zwei rotbraune Malstreifen; Befund 19
8   Rs glasierte Ware (dunkelbraun), roter Malstreifen; Dm 20 cm, erhalten 26 Grad; Befund 6

Taf. 7

1   Rs glasierte Ware (braun); Dm 18 cm, erhalten 40 Grad; Befund 30
2   Rs glasierte Ware (braun), roter Malstreifen; Dm 19 cm, erhalten 30 Grad; Befund 6
3   Rs glasierte Ware (dunkelbraun), zwei rote Malstreifen; Dm 14 cm, erhalten 64 Grad; Befund 25
4   Rs glasierte Ware (gelblich/farblos), vollständiger Henkel; Dm 15 cm, erhalten 84 Grad; Befund 57
5   Rs glasierte Ware (oben grün, darunter gelblich), Henkelansatz; Dm 18,5 cm; Befund 57

Taf. 8

1   Rs Schüssel glasierte Ware (oben grün, darunter gelblich); Dm 30 cm, erhalten 30 Grad; Befund 73
2   Bs Schüssel glasierte Ware (farblos mit gelblicher, grünlicher und brauner Bemalung); Dm 30 cm, erhalten 30 Grad; Befund 66
3   Rs Schüssel glasierte Ware (farblos mit gelblicher Bemalung); Dm 27 cm, erhalten 32 Grad; Befund 6

4   Rs Teller (?) glasierte Ware (grün); Dm ?
5   Rs Teller glasierte Ware (farblos mit gelblicher, grünlicher und weißer Bemalung); Dm 18 cm, erhalten 76 Grad; Befund 19
6   Rs Teller glasierte Ware (farblos mit grünem Randstreifen); Dm 15 cm, erhalten 32 Grad; Befund 32

Taf. 9

1   Deckelfragment (Oberteil); Befund 73
2   Deckelfragment (Oberteil); Befund 32
3   Deckelfragment (Oberteil); Befund 10
4   Deckelfragment (Oberteil); Befund 66
5   Deckelfragment; Dm 14 cm, erhalten 40 Grad; Befund 10
6   Deckelfragment; Dm 14 cm, erhalten 70 Grad; Befund 10
7   Deckelfragment; Dm 15 cm, erhalten 40 Grad; Befund 32
8   Deckelfragment (?); Dm 27 cm, erhalten 24 Grad; Befund 6

Taf. 10

1   Koppchenfragment Fayence, innen blaue Bemalung; Dm 7 cm, erhalten 124 Grad; Befund 32
2   Rs Koppchen Fayence, blaue Bemalung; Dm 5 cm, erhalten 24 Grad; Befund 57
3   Unterschalenfragment Fayence, innen braune und hellgrüne Bemalung; Dm 10 cm, erhalten 32 Grad; Befund 10
4   Rs Teller Fayence, innen blaue und gelbe Bemalung; Dm 18 (?) cm, erhalten 26 Grad; Befund 6
5   Rs Teller Fayence, innen blaue Bemalung; Dm ?; Befund 6
6   Tellerfragment Fayence, innen blaue und grüne Bemalung; Dm 19 cm, erhalten 42 Grad; Befund 32
7   Rs Buckelplatte Fayence, außen blaue Bemalung; Dm ?; Befund 32
8   Deckelfragment graues („Westerwälder") Steinzeug, blaue Bemalung; Dm 12 cm, erhalten 160 Grad; Befund 32
9   Rs farbloser Glasbecher; Dm 9 cm, erhalten 72 Grad; Befund 66

Abbildungsnachweis

Tafel 1-10:   Zeichnungen Uwe Gross; Layout Frank Tavener, rem.
Tafel 11-13:   rem, Abteilung Archäologische Denkmalpflege und Sammlungen.
Maßstab: 1:2; Tafel 8.3 und 9.8: Maßstab 1:3.

Literaturverzeichnis

Archäologie in den Quadraten 1986: Archäologie in den Quadraten. Ausgrabungen in der Mannheimer Innenstadt (Mannheim 1986).

Gross 1991: U. Gross, Mittelalterliche Keramik im Raum zwischen Neckarmündung und Schwäbischer Alb. Bemerkungen zur räumlichen Entwicklung und zeitlichen Gliederung. Forsch. u. Ber. Arch. Mittelalter Baden-Württemberg 12 (Stuttgart 1991).

Gross 2006: U. Gross, Runde Webgewichte des frühen und hohen Mittelalters aus Südwestdeutschland. Archaeological Textiles Newsletter 43, 2006, 5–9.

Müller 1996: U. Müller, Holzfunde aus Freiburg/Augustinereremitenkloster und Konstanz – Herstellung und Funktion einer Materialgruppe aus dem späten Mittelalter. Forsch. u. Ber. Arch. Mittelalter Baden-Württemberg 21 (Stuttgart 1996).

Sanke 2002: M. Sanke, Die mittelalterliche Keramikproduktion in Brühl-Pingsdorf: Technologie-Typologie-Chronologie. Rhein. Ausgr. 50 (Mainz 2002).

Schmidt 2005: S. Schmidt, Mittelalterliche Holzfunde aus Heidelberg: Die Kleinfunde der Grabung „Kornmarkt". Fundber. Baden-Württemberg 28, 2005, 663–774.

Vor dem großen Brand 1992: Vor dem großen Brand. Archäologie zu Füßen des Heidelberger Schlosses. Katalog Heidelberg (Stuttgart 1992).

Wendt 1995: A. Wendt, Ein spätmittelalterliches Fachwerkhaus von 1435. Archäologische und bauarschäologische Befunde und Funde zum Haus Kirchenstraße 35, Ladenburg RNK (Magisterarbeit Tübingen 1995).

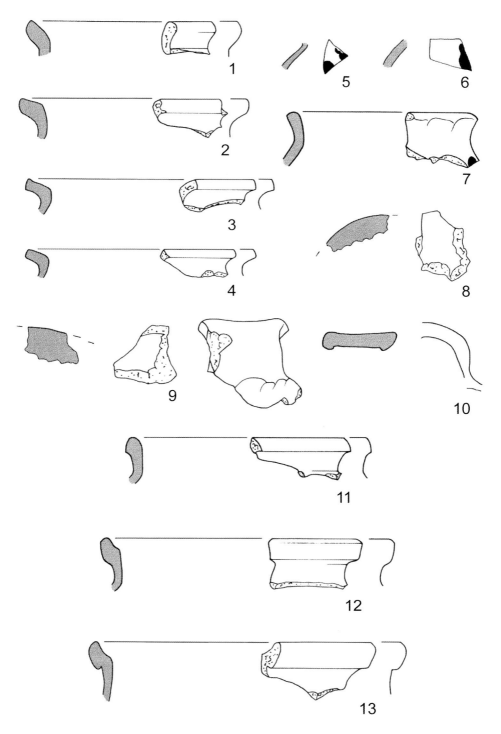

Taf. 1: Gefäßkeramik (1–6, 10–13), Webgewicht (8), Dachziegel (9).

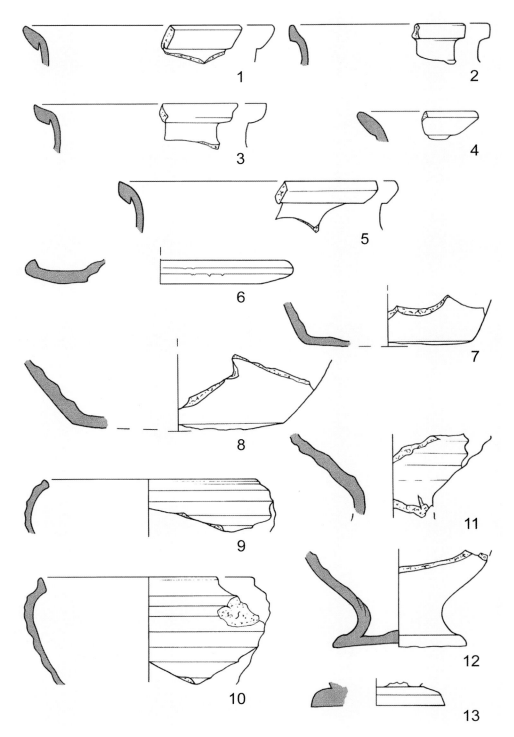

Taf. 2: Gefäßkeramik.

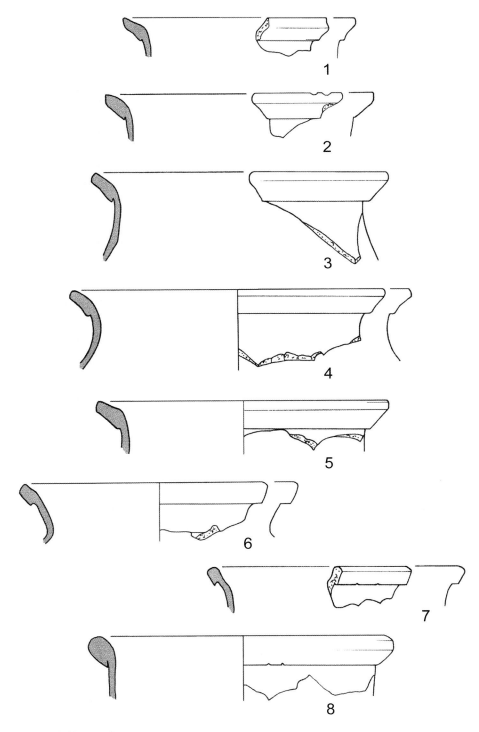

Taf. 3: Gefäßkeramik.

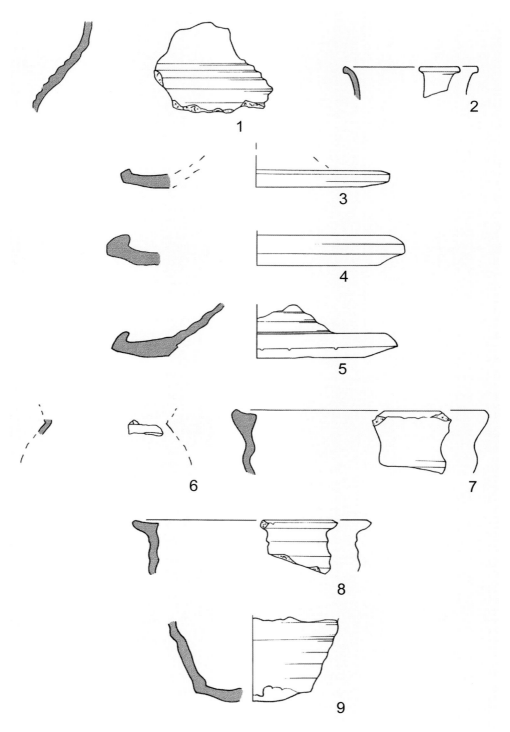

Taf. 4: Gefäßkeramik (1–6) und Ofenkacheln (7–9).

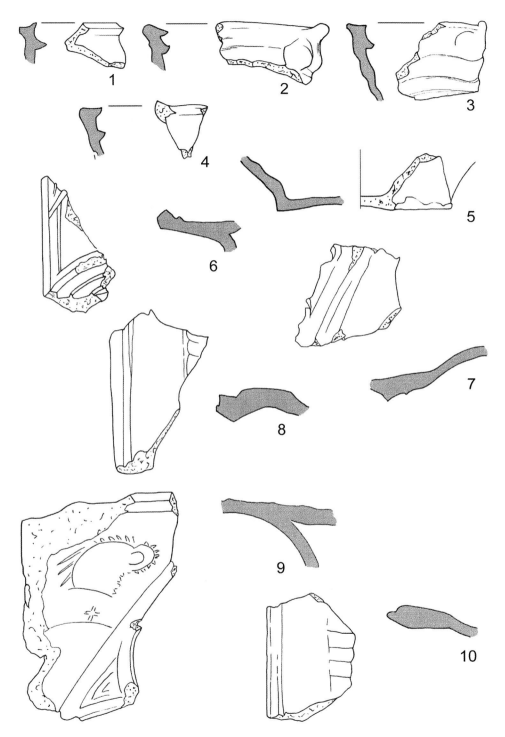

Taf. 5: Ofenkacheln.

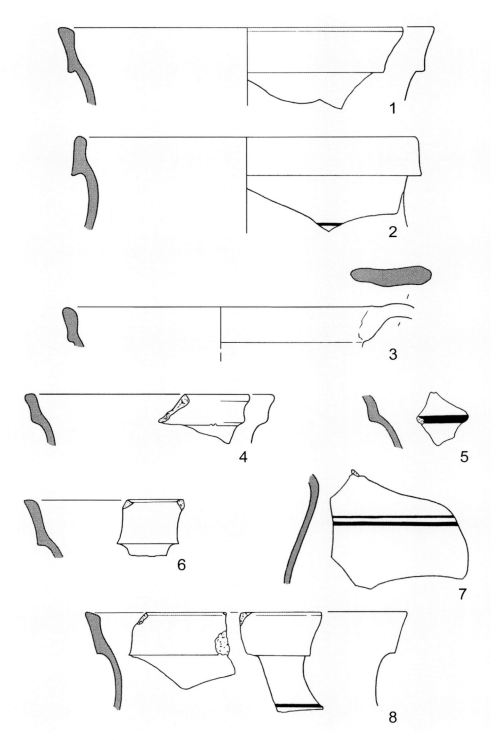

Taf. 6: Gefäßkeramik.

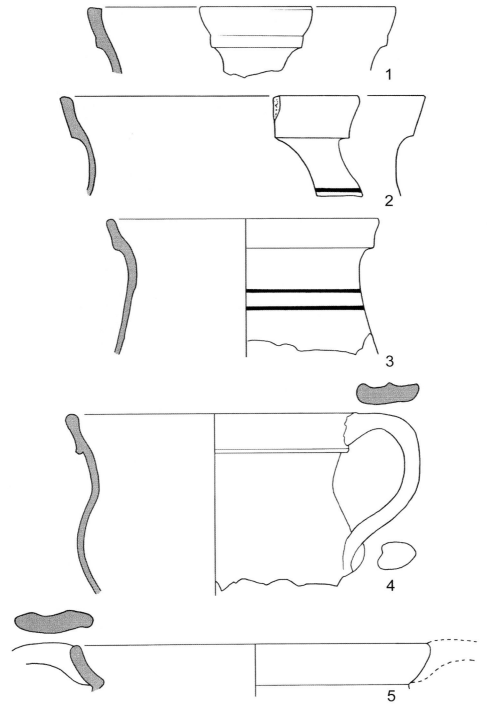

Taf. 7: Gefäßkeramik.

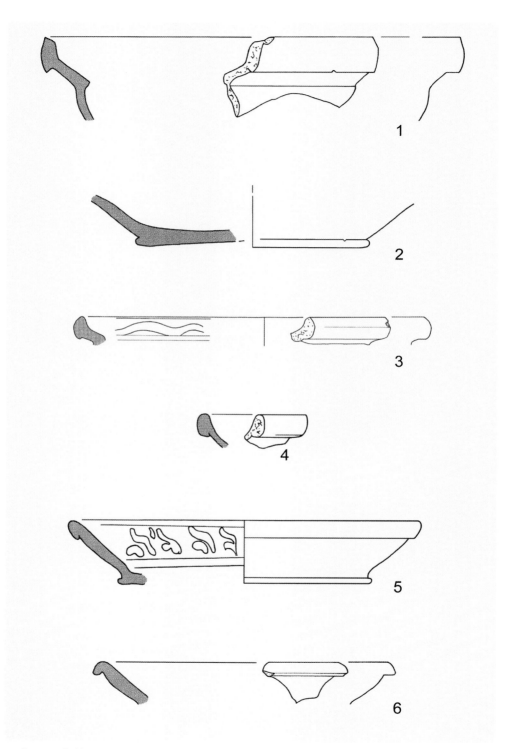

Taf. 8: Gefäßkeramik.

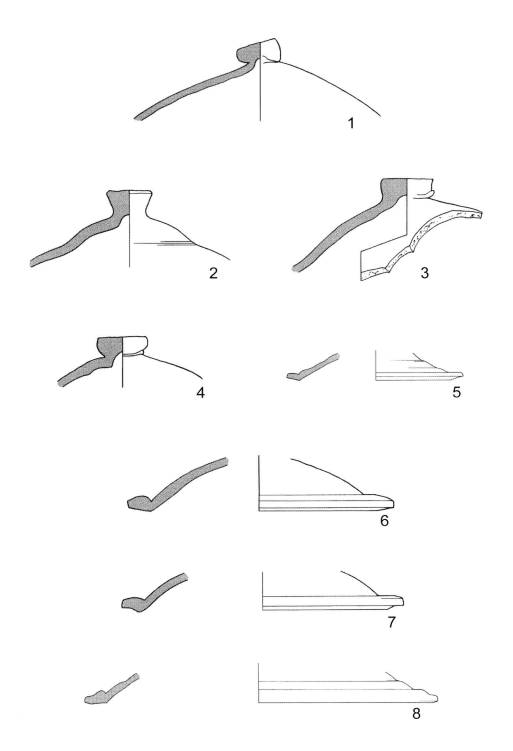

Taf. 9: Gefäßkeramik (Deckel).

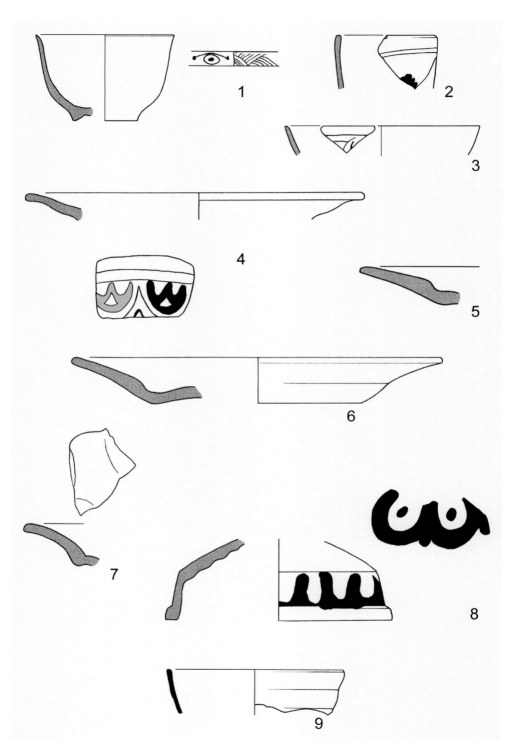

Taf. 10: Gefäßkeramik (1–8), Glas (9).

Taf. 11:
1 Jüngere Drehscheibenware;
2 Pingsdorf-Ware;
3 Deckel Jüngere Drehscheibenware;
4 unglasierte Ofenkacheln.

Taf. 12:
1 Glasierte Nischenkachel.
2 Glasierte Kranzkachel.
3 Becher Jüngere Drehscheibenware.
4 Glasierte Keramik.

Taf. 13:
1 Fayence (Tasse, Buckelplatte).
2 Fayence (Teller).
3 Glasierte Keramik mit Maldekor.

Küche des 16. Jahrhunderts mit Hausfrau und zwei Köchen.

Zwei Mainzer Räder in Neckarhausen.
Die Fundmünzen aus dem Gebäude Hauptstraße 379

Matthias Ohm (Stuttgart)

Bei den Grabungen im Keller des Hauses Hauptstraße 379 in Neckarhausen wurden auch zwei spätmittelalterliche Pfennige entdeckt. Dieser Beitrag beantwortet die Frage, wer die beiden Münzen wann und wo prägen ließ, und stellt zeitgenössische Quellen vor, in denen sich Bestimmungen zum Aussehen und Gewicht dieser Münztypen finden. Da der eine Pfennig aus Neckarhausen stark korrodiert ist und der andere auch nicht vollständig erhalten geblieben ist, werden ihnen Vergleichsstücke in gutem Zustand zur Seite gestellt. Diese Pfennige aus anderen südwestdeutschen Münzfunden können einen Eindruck vom ursprünglichen Aussehen der Fundmünzen aus Neckarhausen vermitteln.

Ein Mainzer Pfennig aus dem letzten Viertel des 14. Jahrhunderts

Die erste Münze wurde im Lehmfußboden des tonnengewölbten Kellers des Hauses Hauptstraße 379 entdeckt. Sie hat ein Gewicht von 0,47 g und einen Durchmesser von 14 mm.[1] Die Münze hat während der Jahrhunderte, die sie im Boden lag, stark gelitten. Auf der einen Seite ist in der Mitte noch ein Rad mit sechs Speichen zu erkennen (Abb. 1), auf der anderen Seite ist die ehemalige Prägung durch Korrosion vollständig zerstört (Abb. 2). Das noch sichtbare Bild genügt jedoch, um die Herkunft eindeutig zu bestimmen. Das Rad ist seit dem 13. Jahrhundert als Wappen der Erzbischöfe von Mainz nachgewiesen.[2]

Die Mainzer Erzbischöfe waren nicht nur geistliche Herren, sondern hatten auch bedeutende weltliche Rechte: Sie zählten zu den sieben Kurfürsten, die den römisch-deutschen König wählten. Die Mainzer Erzbischöfe besaßen ein ausgedehntes Territorium, in dem sie als weltliche Herren

Abb. 1: Der in Neckarhausen gefundene Mainzer Pfennig aus dem letzten Viertel des 14. Jahrhunderts, Rückseite (REM, Fund-Nr. BW 2011-137-01-100).

Abb. 2 (rechts): Der in Neckarhausen gefundene Mainzer Pfennig aus dem letzten Viertel des 14. Jahrhunderts, Vorderseite (REM, Fund-Nr. BW 2011-137-01-100).

die Landesherrschaft innehatten: Gebiete im Rheingau, am Main, an der Tauber, in Hessen, in Thüringen und im Eichsfeld. Zu den weltlichen Rechten der Mainzer Erzbischöfe gehörte auch die Befugnis, Münzen zu prägen und in Umlauf zu bringen. Sie nahmen dieses Recht in verschiedenen Münzstätten wahr, um alle Teile des großen erzstiftischen Gebiets mit Geld versorgen zu können.

Die Fundmünze aus Neckarhausen gehört zu einem Münztyp, der sich seit der Mitte des 14. Jahrhunderts von Franken aus in Süddeutschland verbreitete: der so genannte Pfennig auf Würzburger Schlag. Dieser Typ wurde am Mittelrhein um 1370 bereits wieder von einer neuen einseitigen Pfennigmünze verdrängt (Schneider 2003, 23f.). In fränkischen oder an der Grenze zu Franken gelegenen Prägestätten der Erzbischöfe von Mainz wurde der Pfennig auf Würzburger Schlag jedoch bis zum Ende des 14. Jahrhunderts geprägt. Aus einer dieser Münzstätten stammt auch die Neckarhausener Fundmünze: aus dem unterfränkischen Miltenberg (Kreis Miltenberg), aus (Tauber-)Bischofsheim[3] (Main-Tauber-Kreis), aus Neckarsulm (Kreis Heilbronn) oder aus Neuenstadt am Kocher (Kreis Heilbronn) (Steinhilber 1959/60, 195–197, Nr. 83-88).

Im Vergleich mit Pfennigen aus diesen Prägestätten kann die Neckarhausener Fundmünze ins letzte Viertel des 14. Jahrhunderts datiert werden. Als mögliche Münzherren kommen die Mainzer Erzbischöfe Adolf von Nassau (reg. 1381–1390) oder Konrad von Weinsberg (reg. 1390–1396) in Frage. Eine genauere zeitliche oder regionale Einordnung ist wegen des schlechten Erhaltungszustands der Fundmünze, insbesondere wegen der bis zur Unkenntlichkeit korrodierten Vorderseite, nicht möglich.

Vergleichsstücke zur ersten Fundmünze

Wie die stark korrodierte Münze aus Neckarhausen ehemals ausgesehen haben könnte, zeigen zwei mainzische Pfennige auf Würzburger Schlag in deutlich besserem Zustand, die Teil des Münzfundes von Erpfersweiler (bei Wittenweiler, Kreis Schwäbisch Hall) waren.[4] Bei der einen dieser Münzen handelt es sich um einen Pfennig, den Erzbischof Adolf von Nassau in Miltenberg prägen ließ. Die Münze zeigt auf der Vorderseite den Kopf des Prägeherrn mit einer Mitra von vorn (Abb. 3), auf der Rückseite das Mainzer

Abb. 3 (links): In Miltenberg geprägter Pfennig des Mainzer Erzbischofs Adolf von Nassau (reg. 1381–1390), Vorderseite (LMW, Inv. MK 16467). Abb. 4 (rechts): Rückseite.

Rad (Abb. 4). Die Inschrift auf den beiden Seiten verweist auf die Herkunft des Pfennigs: MONETA IN MILTENBG.[5]

Für die Prägung dieser Münze hat sich eine Anweisung des Münzherrn erhalten. In einer am 2. Januar 1388 in Aschaffenburg ausgestellten Urkunde legte Adolf von Nassau fest, „daz wir … eyne muntze haben und slahen wollen in unser stad zu Miltenberg mit namen eynen Miltenberger phennyng mit unserme zeichen" (Würdtwein 1789, 222).[6]

Abb. (links): 5. In (Tauber-)Bischofsheim geprägter Pfennig des Mainzer Erzbischofs Konrad von Weinsberg (reg. 1390–1396), Vorderseite (LMW, Inv. MK 16486a). Abb. 6 (rechts): Rückseite.

Der andere Mainzer Pfennig aus dem Fund von Erpfersweiler wurde unter Erzbischof Konrad von Weinsberg, dem Nachfolger Adolfs von Nassau, geprägt. Diese Münze stammt aus (Tauber-)Bischofsheim. Sie zeigt auf der Vorderseite das Wappen des Erzbistums, das Mainzer Rad (Abb. 5), und auf der Rückseite das Familienwappen des Erzbischofs, die drei (2:1) Schilde der Herren von Weinsberg (Abb. 6). Die nicht vollständig erhaltene Inschrift auf Vorder- und Rückseite nennt den Prägeort und den Münzherrn: MONETA IN [B] (für Bischofsheim) CORA[DI].[7]

Ein Mainzer Pfennig aus der Mitte des 15. Jahrhunderts

Die zweite Münze aus Neckarhausen wurde in einer Grube gefunden, die an der Innenseite des mittelalterlichen Fundamentes des Hauses Hauptstraße 379 angelegt worden war. In dieser Grube befanden sich neben spätmittelalterlichen auch einige barocke Scherben, durch die diese Baumaßnahme datiert werden kann. Unter den keramischen Resten fand sich auch

die Münze, die 0,24 g wiegt und einen Durchmesser von 14 bis 16 mm hat.[8] Sie ist leicht verbogen; in ihrer rechten Hälfte ist sie so stark abgegriffen, dass das Münzbild hier nicht mehr vollständig zu erkennen ist.

Die Prägung zeigt einen Schild mit einem sechsspeichigen Rad, darauf den Buchstaben B. Der Schild ist von einem Perlkreis eingefasst, der unten von einem fünfzackigen Stern unterbrochen ist (Abb. 7). Bei dieser Münze handelt es sich um einen einseitigen Pfennig. Deutlich zu erkennen ist, wie die Prägung der Vorderseite, insbesondere die Ränder des Schilds und der Perlkreis, auf die Rückseite durchschlug (Abb. 8).

Das B auf dem Schild steht für Bingen, den Prägeort der Münze. In Bingen (Kreis Mainz-Bingen) wurden bereits unter Karl dem Großen (reg. 768–814) Münzen geschlagen. Nach einer längeren Unterbrechung der Prägetätigkeit wurden in Bingen während des Spätmittelalters fast ein Jahrhundert lang Münzen geschlagen. 1365 verlagerte der Mainzer Erzbischof Gerlach von Nassau (reg. 1346–1371) die Münze von Eltville (Rheingau-

Abb. 7 (oben): Der in Neckarhausen gefundene Pfennig des Mainzer Erzbischofs Dietrich Schenk von Erbach (reg. 1434–1459), Vorderseite (REM, Fund-Nr. BW 2011-137-80-100). Abb. 8 (unten): Rückseite.

Taunus-Kreis) nach Bingen, das die wichtigste mainzische Münzstätte am Rhein wurde, bis Erzbischof Adolf II. von Nassau (reg. 1461–1475) die Münze ein Jahrhundert später nach Mainz verlegte (Koenig 1955, 141).

Der Pfennig aus Neckarhausen wurde von Dietrich Schenk von Erbach geprägt (Buchenau 1925, Taf. 229, Nr. 40f.; Link 1989, 270 und 276, Nr. 81f.; Slg. Pick, 2011, 46, Nr. 178f.). Er war ein Vierteljahrhundert lang, zwischen 1434 und 1459, Erzbischof von Mainz und zählte zu den einflussreichsten Fürsten im römisch-deutschen Reich (Voss 2004, 215). Auf die Familie des Erzbischofs, die Schenken von Erbach, verweist der Stern, der den Perlkreis unten unterbricht (Link 1989, 255f.). Das Wappen der Schenken zu Erbach, die im Odenwald begütert waren, zeigt in einem geteilten Schild drei (2:1) Sterne (Simon 1858, 282f.).

Vergleichsstücke zur zweiten Fundmünze

Auch zur zweiten Fundmünze aus Neckarhausen sind sehr gut erhaltene Exemplare überliefert, die einen Eindruck vom ursprünglichen Aussehen des Pfennigs vermitteln können. Zwei in Bingen geprägte Münzen von Erzbischof Dietrich wurden bei den Grabungen in Unterregenbach (Kreis Schwäbisch Hall) zu Beginn der 1960er Jahre gefunden. Beide Pfennige zeigen auf dem Wappenschild ein B für den Prägeort Bingen. Auf der einen Münze findet sich ein kleiner Ring rechts neben dem Buchstaben, auf der anderen ein Stern links neben dem B. Während der eine Pfennig einen durchgehenden Perlkreis hat (Abb. 9),[9] ist auf dem anderen Exemplar der Kreis – wie auf der Fundmünze aus Neckarhausen – unten von einem fünfstrahligen Stern durchbrochen (Abb. 10).[10]

Wie für die in Miltenberg unter Adolf von Nassau geschlagenen Pfennige hat sich auch für die in Bingen geprägten Münzen eine Urkunde erhalten, in der Aussehen und Gewicht geregelt sind. Im Gegensatz zur ersten Quelle, die nur knappe Angaben zu den Pfennigen macht, finden sich im Diplom Dietrichs von Erbach detaillierte Bestimmungen. Mit der Urkunde, die am 30. Juni 1447 in der Burg Ehrenfels, westlich von Rüdesheim am Rhein (Rheingau-Taunus-Kreis), ausgestellt wurde, machte der Mainzer Erzbischof „Johann Stuckarten von Mentze zu unserm Munctzmeister zu Bingen". In dieser Urkunde wurde festgelegt, dass der neue Münzmeister, Johann

Abb. 9: In Bingen geprägter Pfennig des Mainzer Erzbischofs Dietrich Schenk von Erbach (reg. 1434–1459), Vorderseite (LMW, Inv. MK Unterregenbach 129).

Abb. 10: In Bingen geprägter Pfennig des Mainzer Erzbischofs Dietrich Schenk von Erbach (reg. 1434–1459), Vorderseite (LMW, Inv. MK Unterregenbach 1).

Stockard aus Mainz, „zu Bingen und nyrgents anderswo phenninge muncsen slahen" durfte. Die neuen Pfennige sollten „uff das loit geheen zweie und viertzig". Das heißt, 42 Pfennige wurden aus einem Lot Silber (14,625 g) geschlagen. Wie wichtig Dietrich Schenk von Erbach der korrekte Silberanteil der Münzen war, zeigt sich daran, dass er seinen Münzmeister in der Urkunde ein zweites Mal auf diesen Punkt hinwies. Johann Stockard sollte Pfennige prägen, die „an silber und gewichte so gut sin", als die „phennige die unser Frunt herczog Steffan geslagen hat". Als Referenz für die mainzischen Münzen sind hier die Pfennige genannt, die unter Herzog Stefan von Pfalz-Simmern-Zweibrücken (reg. 1410–1459) geschlagen wurden, einem wichtigen Bündnispartner Dietrichs von Erbach (Voss 2004, 32f. und 41f.). Auch das Aussehen der Münzen wurde vom Erzbischof genau bestimmt: Die Pfennige sollten „getzeichet werden mit einem rade in einem Schilde und uber dem Schilde mit einem sterne und einem B. neben eynander". Der Münzmeister wurde verpflichtet, die Pfennige in gleicher Größe und von gleichem Gewicht herzustellen: Es sollen auch die „vorgenant phenninge in der obgenant unser Muntze glich groß gescheiden und durch einen regel geczogen werden in ein glich gewicht" (Würdtwein 1789, 305f.).

Die Bestimmungen zeigen, wie genau der Münzherr, Erzbischof Dietrich Schenk von Erbach, Aussehen, Gewicht sowie Edelmetallanteil bestimmte und welche Bedeutung er der Prägung der Pfennige zumaß.

Vom gleichen Datum wie die erzbischöfliche Urkunde liegt ein Revers des Münzmeisters vor, in dem Johann Stockard bestätigte, dass er „einen eydt zu Got und den heiligen gesworn" habe, die Bestimmungen „veste und unverbrochelich zu halten un dem also genczlich nachzukomen sunder intrag argeliste und geverde" (Würdtwein 1789, 309).

Zum Wert und zur Bedeutung der beiden Fundmünzen

Es ist nicht möglich, den Wert der Pfennige aus dem Spätmittelalter in einen konkreten Euro- oder Cent-Betrag umzurechnen. Die Preise für Lebensmittel waren damals deutlich höher; heute muss ein weitaus kleinerer Teil des Einkommens für Nahrung ausgegeben werden als im Spätmittelalter. Überlieferte Löhne und Preise können allerdings vermitteln, wie lange für einen Pfennig gearbeitet werden musste und was mit einem Pfennig erworben werden konnte.

Für das 14. und 15. Jahrhundert sind Wochen- und Tageslöhne von Handwerksmeistern und -gesellen dokumentiert. Fassbinder in oberschwäbischen Städten erhielten in der ersten Hälfte des 15. Jahrhunderts 16 Pfennig pro Tag sowie zusätzlich noch Sachleistungen in Form von Verpflegung. Aus Freiburg im Schweizer Kanton Freiburg/Fribourg ist überliefert, dass Zimmermeister mit 24 Pfennigen pro Tag sowie Essen und Trinken entlohnt wurden. Handwerksgesellen erhielten dort im Schnitte 37 Pfennige in der Woche, also gut 7 Pfennige pro Arbeitstag.

Um die Löhne einschätzen zu können, müssen ihnen Kosten für Grundnahrungsmittel gegenüber gestellt werden. In Augsburg kostete in der Mitte des 15. Jahrhunderts ein Roggenbrot mit einem Gewicht von gut 2 kg 2 Pfennige. In Ulm wurden 1476 für die Verpflegung von Gefangenen maximal 4 Pfennige pro Tag angesetzt, sie erhielten Wasser und Weißbrot. Gegen Ende des 15. Jahrhunderts mussten in Nürnberg für 1 Maß Bier gut 2 Pfennige bezahlt werden (Dirlmeier 1978, 197, 192, 127, 371, 429 und 175).

Die beiden im Keller des Hauses Hauptstraße 379 gefundenen Mainzer Pfennige sind keine numismatischen Raritäten, sondern zählen zu Münzen, die am Ende des 14. bzw. in der Mitte des 15. Jahrhunderts in großer Zahl geschlagen wurden und deshalb auch heute häufig erhalten sind. Doch führen uns die beiden Pfennige in die spätmittelalterliche Lebenswirklichkeit. Mit den zwei Münzen wurden in Neckarhausen vor 600 beziehungsweise 550 Jahren alltägliche Güter, wie Brot oder Bier, bezahlt.

Anmerkungen

1   Mannheim, Reiss-Engelhorn-Museen, Archäologische Denkmalpflege und Sammlungen, Fund-Nr. BW 2011-137-01-100.
2   Ins Mainzer Bistums- und Stadtwappen gelangte das Rad wahrscheinlich als Attribut des heiligen Martin, der Mainzer Stadtheiliger ist und unter dessen Patrozinium der Mainzer Dom steht (Kissel 1900).
3   Die Stadt hieß bis ins 19. Jahrhundert Bischofsheim. Um sie von anderen Städten oder Gemeinden mit gleichem Namen zu unterscheiden, wurde die Bezeichnung zu Tauberbischofsheim ergänzt.
4   Dieser um 1412 verborgene Schatz enthielt rund 450 Münzen vor allem süd- und westdeutscher Prägeherren (Schahl 1942–1955). Für freundliche Hinweise, u. a. auf den Fund von Erpfersweiler, danke ich Herrn Dr. Ulrich Klein, Stuttgart.
5   Stuttgart, Landesmuseum Württemberg, Münzkabinett, Inv. MK 16467. – Steinhilber 1959/60, 196, Nr. 84b.
6   Vom 1. Juli 1389 liegt eine weitere Urkunde Adolfs von Nassau vor, in der ebenfalls festgelegt wurde, dass in Miltenberg Pfennige mit unserm zeichen geprägt werden sollten (Würdtwein 1789, 229).
7   Stuttgart, Landesmuseum Württemberg, Münzkabinett, Inv. MK 16486a. – Steinhilber 1959/60, 196f., Nr. 87; Slg. Pick 2011, 36, Nr. 129.
8   Mannheim, Reiss-Engelhorn-Museen, Archäologische Denkmalpflege und Sammlungen, Fund-Nr. BW 2011-137-80-100.

9 Stuttgart, Landesmuseum Württemberg, Münzkabinett, Inv. MK Unterregenbach 129. – Nau 1972, 176, Nr. 22e.
10 Stuttgart, Landesmuseum Württemberg, Münzkabinett, Inv. MK Unterregenbach 1. – Nau 1972, 176, Nr. 22f.

Abbildungsnachweis

Abb. 1-10: Hendrik Zwietasch, Landesmuseum Württemberg, Stuttgart.

Literaturliste

Buchenau 1925: H. Buchenau, Untersuchungen zu den spätmittelalterlichen Münzreihen von Pfalz, Mainz, Elsass, Hessen (Halle 1925).

Dirlmeier 1978: U. Dirlmeier, Untersuchungen zu Einkommensverhältnissen und Lebenshaltungskosten in oberdeutschen Städten des Spätmittelalters (Mitte 14. bis Anfang 16. Jahrhundert). Abhandl. Heidelberger Akad. Wiss. Philos.-hist. Kl. 1978,1 (Heidelberg 1978).

Kissel 1900: C. Kissel, Das Mainzer Rad, historisch und künstlerisch erläutert (Mainz 1900).

Koenig 1955: A. Koenig, Hessische und Hessen benachbarte Münzstätten. Hess. Jahrb. Landesgesch. 5, 1955, 135–175.

Link 1989: E. Link, Die Erzbischöfliche Münze und ihre Erzeugnisse. In: H. Mathy (Hrsg.), Bingen. Geschichte einer Stadt am Mittelrhein. Vom frühen Mittelalter bis zum 19. Jahrhundert (Mainz 1989), 235–276.

Nau 1972: E. Nau, Münzen. In: G. P. Fehring (Hrsg.), Unterregenbach. Kirchen, Herrensitz, Siedlungsbereiche. Die Untersuchungen der Jahre 1960–1963 mit einem Vorbericht über die Grabungen der Jahre 1964–1968. Forsch. Ber. Arch. MA Bad.-Württ. 1 (Stuttgart 1972), 170–183.

Schahl 1942–1955: A. Schahl, Der Münzfund von Erpfersweiler in Württemberg (Kreis Crailsheim). Ein Beitrag zur Pfennigkunde des ausgehenden 14. Jahrhunderts. Dte. Münzbl. 62, 1942, 521–530, 63 und 1943, 13–22, 37–43 und 64–69 und Berlin. Num. Zeitschr. 2, 1953–55, 144–149 und 173–178.

Schneider 2003: K. Schneider, Pfennige – Heller – Kupfergeld. Kleingeld im Rheinland vom Spätmittelalter bis ins 19. Jahrhundert. Schr. Num. Ges. Speyer 43 (Speyer 2003).

Simon 1858: G. Simon, Die Geschichte der Dynasten und Grafen von Erbach und ihres Landes (Frankfurt am Main 1858).

Slg. Pick 2011: Sammlung Prof. Dr. Eckhart Pick. Mainzer Münzen und Medaillen. Dr. Busso Peus Nachf. Münzhandlung, Auktion 405 (Frankfurt am Main 2011).

Steinhilber 1959/60: D. Steinhilber, Die Pfennige des Würzburger Schlages. Jahrb. Num. Geldgesch. 10, 1959/60, 165–203.

Voss 2004: W. Voss, Dietrich von Erbach. Erzbischof von Mainz (1434–1459). Studien zur Reichs-, Kirchen- und Landespolitik sowie zu den erzbischöflichen Räten. Quellen Abhandl. mittelrhein. Kirchengesch. 112 (Mainz 2004).

Würdtwein 1789: S. A. Würdtwein (Hrsg.), Diplomataria Maguntina pagos Rheni, Mogani, Navæque Wetteraviæ, Hassiæ, Thuringiæ, Eichsfeldiæ, Saxoniæ etc. illustrantia, Bd. 2

Archäobotanische Untersuchungen

Julian Wiethold

Verkohlte Pflanzenreste, die in den Brand- und Auffüllschichten der Grabung Hauptstraße 379 erhalten geblieben sind, geben Aufschluss über die damalige Landwirtschaft und die Ernährungsgewohnheiten der Bewohner des spätmittelalterlichen Fachwerkgebäudes sowie ihrer Nachfolger. In den durchlüfteten Böden, die bei der Grabung angetroffen wurden, sind ausschließlich verkohlte Pflanzenreste erhalten. Es handelt sich um Getreidekörner, Samen von Hülsenfrüchten und Ölpflanzen sowie die mit den Kulturpflanzen vergesellschafteten Unkräuter. Mineralisierte Reste wurden bei den Analysen nicht festgestellt, und unverkohltes pflanzliches Material war vollständig von den Mikroorganismen abgebaut worden.

Bei der Grabung wurden aus fünf verschiedenen Brand- und Verfüllschichten jeweils 10 Liter umfassende archäobotanische Proben entnommen (Abb. 1). Diese Proben wurden in den Räumen der Stadtarchäologie Mannheim im Flotationsverfahren aufbereitet. Dabei wird die jeweilige Probe mit Wasser versetzt und die leichte Holzkohlefraktion

Abb. 1: Profil 2 der spätmittelalterlichen Brand- und Auffüllschichten des späten 13. bis 15. Jahrhunderts mit archäobotanisch analysierten Schichten 100 und 120. Foto: rem. Archäologische Denkmalpflege und Sammlungen.

Abb. 2: Roggen (Secale cereale L.) war im Spätmittelalter ein wichtiges Wintergetreide, das zum Backen von dunklen, schweren und nahrhaften Broten diente. (Foto: J. Wiethold, Inrap).

durch wiederholtes Abgießen über einen Satz handelsüblicher Laborsiebe mit Maschenweiten von 0,315 mm und 1,0 mm abgetrennt. Die Holzkohlen und andere verkohlte Pflanzenreste werden getrocknet und anschließend unter einer Stereolupe mit 7-facher bis 40-facher Vergrößerung analysiert. Verkohlte Pflanzenreste – außer Holzkohlen – werden ausgelesen und mithilfe einer Vergleichssammlung moderner Samen und Früchte sowie der üblichen Bestimmungsliteratur bestimmt.

Die älteste Probe stammt aus dem Bereich der Verfüllung der hochmittelalterlichen Grubenhütte des 11. und 12. Jahrhunderts. Sie lieferte leider keine verkohlten pflanzlichen Reste. Aus den anderen Schichten, die überwiegend dem 14. oder 15. Jahrhundert zuzuweisen sind, stammen 56 verkohlte pflanzliche Makroreste (Tab. 1). 36 Reste stammen vom Getreide. Es handelt sich um 35 Karyopsen (Körner) und um ein Spindelglied des Roggens, wie es bei der Getreidereinigung als Abfall anfällt. Getreidekörner und Samen von Hülsenfrüchten kommen besonders leicht mit Feuer in Kontakt und verkohlen, sei es bei der Reinigung des Getreides, dem Trocknen des Erntegutes oder bei der Zubereitung der Speisen am offenen Herdfeuer. Roggen *Secale cereale* ist ein typisches Wintergetreide (Abb. 2). Er wurde im Herbst gesät und im Spätsommer des nächsten Jahres geerntet. In Neckarhausen, Hauptstraße 379, war er im späten Mittelalter wohl die wichtigste Anbaufrucht. Hafer *Avena* sp., Nacktweizen – vermutlich Saatweizen *Tritium aestivum* – und Spelzgerste sind deutlich weniger in den vier spätmittelalterlichen Brand- und Auffüllschichten vertreten. 14 von 36 Getreideresten waren aufgrund schlechter Erhaltung und starker Fragmentierung nicht genau bestimmbar. Sie wurden als *Cerealia indeterminata*, unbestimmbare Getreide, in der Tabelle aufgeführt.

Von den Hülsenfrüchten des Mittelalters ist lediglich die Linse *Lens culinaris* mit acht Samen aus zwei verschiedenen spätmittelalterlichen Schichten vertreten. Die Linse konnte für sich auf kleinen Parzellen angebaut werden, jedoch auch als Mischkultur mit Sommergerste und anderen Getreiden. Die Kultur war aufwendig, da das Unkraut

Abb. 3: Die Kornrade (Agrostemma githago L.) war im Spätmittelalter besonders in den Winterroggenfeldern häufig. Ihre großen und schweren Samen waren nur schwer aus dem Erntegut zu entfernen. (Foto: J. Wiethold, Inrap).

in mühsamer Handarbeit in Schach gehalten werden musste. Mit Getreide als Deckpflanze war die Verunkrautung geringer, und die Getreidehalme dienten der Linse als stützendes Klettergerüst.

Die Hülsenfrüchte sind Quelle für Kohlenhydrate und pflanzliche Eiweiße und wurden, überwiegend passiert oder zerkocht, Brei- oder Grützspeisen zugesetzt. Wie die Getreidekörner bleiben sie verkohlt gut erhalten, während sie unverkohlt im feuchten Milieu rasch zersetzt werden.

Ölpflanzen werden bei Grabungen in den Brand- und Auffüllschichten selten nachgewiesen, da sie aufgrund ihres Ölgehaltes sehr leicht vollständig verbrennen und daher nicht überliefert werden. Umso bemerkenswerter ist deshalb ein verkohlter Leinsamen *Linum usitatissimum* aus der Schicht 120. Gebauter Lein *Linum usitatissimum* war im Mittelalter – zusammen mit Hanf – eine wichtige Faser- und Textilpflanze. Die ölhaltigen Samen waren besonders in der Fastenzeit eine wichtige Nahrungsergänzung zu Brei- und Grützspeisen.

In den verkohlten Fundensembles pflanzlicher Reste fehlen Steinkerne und Samen der im Mittelalter zahlreich angebauten Kulturobstarten, die in den rückwärtigen Gärten der Fachwerkgebäude gezogen wurden. Unter unserem Fundgut zeugt lediglich ein Stielchen einer kultivierten Weintraube *Vitis vinifera* ssp. *vinifera* davon, dass der Weinbau bereits im Mittelalter eine wichtige Rolle spielte. Andere Kulturobstarten würde man vermutlich in den Feuchtsedimenten von Brunnen finden, bei denen die Grundwassernähe und ein anaerobes Milieu für die Erhaltung zahlreicher unverkohlter Reste sorgen. In Brunnensedimenten zeugen die variablen Samen und Fruchtsteine von verschiedenen Varietäten von Pflaumen, Äpfeln, Birnen und Kirschen, die in den Gärten zur Bereicherung des Speisezettels gezogen wurden.

Unkräuter sind mit nur acht verkohlten Resten schwach im Fundspektrum vertreten. Die Kornrade *Agrostemma githago* war ein typisches Unkraut der spätmittelalterlichen Winterroggen- und Winterweizenfelder (Abb. 3). Im frühen Mittelalter sind ihre Nachweise meist seltener, eventuell waren die Felder kleiner, und die Unkräuter wurden durch intensives Jäten in Handarbeit zurückgedrängt. In Neckarhausen dürfte die Kornrade vor allem in den Roggenfeldern gestanden haben. Ihre warzigen Samen sind groß und von ähnlichem Gewicht wie Getreidekörner. Die Reinigung des Erntegutes von Kornradesamen war daher problematisch. Hohe Gehalte an Radensamen konnten dazu führen, dass das Getreide unverkäuflich wurde. Die anderen Unkräuter sind jeweils einmal vertreten. Der Ackersteinsame *Lithospermum arvense* bevorzugt lehmige und leicht kalkhaltige Böden und steht ebenfalls bevorzugt im Wintergetreide, also in Roggen- oder Saatweizenfeldern.

Rutenmelde *Atriplex patula* und ein nicht näher bestimmbarer Ampfer *Rumex* sp. sind Unkräuter der Kulturen oder von Ruderalflächen in Siedlungsnähe gewesen. Sie werden häufig bei archäobotanischen Analysen angetroffen und sind als Arten mit breiter ökologischer Spanne in der Lage, sehr unterschiedliche vom Menschen überprägte Bereiche zu besiedeln.

Die botanischen Analysen spätmittelalterlicher Brand- und Auffüllschichten haben ein kleines Fundspektrum von verkohlten Kulturpflanzenresten und der mit ihnen vergesellschafteten Unkräuter erbracht. Sie zeigen, dass es mithilfe systematischer Probenentnahme gelingt, Ackerbau und Ernährung der mittelalterlichen Siedler des heutigen Neckarhausens zu entschlüsseln. Neue Proben aus künftigen Grabungen werden das bereits gewonnene Bild ergänzen und für neue Überraschungen sorgen, die bei den Grabungsarbeiten mit bloßem Auge gar nicht zu erkennen sind. Erst das mühevolle Schlämmen der Proben und das Auslesen der pflanzlichen Reste liefern die archäobotanischen Funde. Der Vergleich mit den archäobotanischen Ergebnissen weiterer Ausgrabungen in Neckarhausen und Umgebung gestattet es später, ein umfassendes Bild des Ackerbaus, der pflanzlichen Ernährung und der Umweltsituation im Umfeld einer spätmittelalterlichen Siedlung zu zeichnen.

Literatur

E. Oberdorfer, Pflanzensoziologische Exkursionsflora, 8. Auflage (Stuttgart 2001).

J. Wiethold, Archäobotanische Untersuchungen zur Ernährungs- und Wirtschaftsgeschichte des Mittelalters und der Frühen Neuzeit. In: René Noël, Isabel Paquay u. Jean-Pierre Sosson (Hrsg.), Au-delà de l'écrit. Les hommes et leurs vécus matériels au Moyen Âge à la lumière des sciences et des techniques. Nouvelles perspectives. Actes du colloque international de Marche-en-Famenne, 16–20 octobre 2002. Typologie des sources du moyen âge occidental, hors-série (Louvain-la-Neuve 2003), 461–499.

J. Wiethold, Archäobotanik und Archäozoologie. Naturwissenschaftliche Beiträge zu Küche, Kochen und Ernährung. Bemerkungen zum Forschungsstand und zu aktuellen Forschungsproblemen. Mitteilungen der Gesellschaft für Archäologie des Mittelalters und der Neuzeit 19, 2007, 43–50.

K. Wirth, Ergebnisse archäologischer Ausgrabungen in Neckarhausen, Rhein-Neckar-Kreis. Bausteine zur Ortsgeschichte Edingen-Neckarhausen 2011 (Edingen-Neckarhausen 2011), 9–44.

Noms scientifiques Oberdorfer (2001)	Anzahl pflanzl. Reste	Anzahl pflanzl. Reste	Anzahl pflanzl. Reste	Anzahl pflanzl. Reste	Summe	Deutscher Namen Oberdorfer (2001)
Befund-Nr.	96	120	100	110		
Volumen/l	4	8	8	8	28	
Datierung	14./15. Jh.	14./15. Jh.	spätes 13./fr. 14. Jh.	14./15. Jh.		
Getreide						
Secale cereale		2	8	3	13	Roggen
Secale cereale, Spindelglieder		1			1	Roggen, Spindelglieder
Avena sp.			3		3	Hafer
Triticum sp.				2	2	Weizen
Triticum aestivum s.l./*durum*/*turgidum*		2			2	Saatweizen/Hartweizen
Hordeum vulgare fo. *vulgare*			1		1	Mehrzeil-Spelzgerste
Cerealia indeterminata	4		5	5	14	Unbestimmte Getreide
Hülsenfrüchte						
Lens culinaris		2	6		8	Linse
Ölpflanzen						
Linum usitatissimum		1			1	Gebauter Lein
Kulturobst						
Vitis vinifera ssp. *vinifera*, Stielchen	1				1	Kultur-Weinrebe
Unkräuter und andere synanthrope Vegetation						
Agrostemma githago			5		5	Kornrade
Rumex crispus/R. obtusifolius				1	1	Krauser/Breitbl. Ampfer
Lithospermum arvensis				1	1	Acker-Steinsame
Atriplex cf. *patula*	1				1	Ruten-Melde
Sonstiges						
Ranunculus sp.			1		1	Hahnenfuß
Rumex sp.	1				1	Ampfer
Summen	7	8	29	12	56	
						Analyse: J. Wiethold, Inrap, 2012

Tierknochenfunde des 11./12.–20. Jahrhunderts aus Edingen-Neckarhausen (BW 2011-137)

Reinhold Schoon

Einleitung

Bei archäologischen Grabungen im Bereich mittelalterlicher und neuzeitlicher Ansiedlungen werden nahezu in allen Fällen auch größere Mengen an Tierknochen geborgen, mitunter geht deren Zahl in die Zehntausende. Mit diesen Funden steht eine Quelle zur Verfügung, die vielfältige Einblicke in die Nutzung von Haus- und Wildtieren früherer Epochen erlaubt.

In der Regel finden sich in solchen Materialien vor allem die Schlacht-, Küchen- und Nahrungsabfälle der einstigen Bewohner; diese Abfälle geben sich durch ihren hohen Zerschlagungsgrad zu erkennen. Derartige Reste stehen bei den sogenannten archäozoologischen Untersuchungen im Zentrum des wissenschaftlichen Interesses. So geben unter anderem die Mengenanteile der verschiedenen Tierarten bzw. Artengruppen Auskunft über die Zusammensetzung der Fleischnahrung und damit über die Ernährungsgewohnheiten der betreffenden Konsumentengruppen. Weiter gehende Untersuchungen betreffen die wirtschaftliche Ausrichtung einer Siedlung, den sozialen Status der Konsumenten, die Körpergröße und Wuchsform der Haustiere sowie die landschaftlichen Verhältnisse.

Das aus Edingen-Neckarhausen (OT Neckarhausen, Hauptstraße 379) vorliegende Fundmaterial ist mit 127 tierartlich bestimmbaren Knochen aus statistischen Gründen leider viel zu klein für eine umfassende archäozoologische Materialanalyse. Doch tragen auch kleine Tierknochenkomplexe im Zusammenspiel mit anderen archäologischen Disziplinen dazu bei, die historischen und sozialen Gegebenheiten und Bezüge eines Siedlungsquartiers bzw. einer Verbrauchergemeinschaft zu klären.

Archäozoologische Untersuchungsmethoden

Die wissenschaftliche Beschäftigung mit Tierresten beinhaltet eine ganze Reihe an Arbeitsschritten. Zweckmäßigerweise werden entsprechende Untersuchungen in spezialisierten universitären oder archäologischen Forschungseinrichtungen vorgenommen, die über umfangreiche Sammlungsbestände an Knochen und Skeletten der einheimischen Tierwelt verfügen, die für dieses Tätigkeitsgebiet unbedingt erforderlich sind (Abb. 1).

Grundlage jeder archäozoologischen Materialanalyse ist die anatomische und tierartliche Identifizierung der einzelnen Knochen. Diese weisen je nach Tierart charakteristische

Abb. 1 Stiftung Schleswig-Holsteinische Landesmuseen Schloss Gottorf, Schleswig. Blick in das Arbeitslaboratorium der Archäologisch-Zoologischen Arbeitsgruppe (AZA).

Gestaltmerkmale auf, die durch Vergleiche mit Sammlungsmaterial eine genaue Zuordnung ermöglichen. Unter den Skelettbestandteilen zeigen besonders die Schädel- und Gelenkregionen der Extremitätenknochen eine große Merkmalsvielfalt, die auch bei den typischerweise stark zerschlagenen Grabungsfunden eine hohe Bestimmungswahrscheinlichkeit gewährleistet. Auch kleinere Fragmente aus diesen Partien sind größtenteils noch einer bestimmten Tierart zuzuweisen.

Größere Schwierigkeiten ergeben sich dagegen bei der Bearbeitung kleinerer Bruchstücke aus dem vergleichsweise merkmalsarmen Schaftbereich der langen Gliedmaßenknochen, die häufig unbestimmbar bleiben. In ungünstigen Fällen kann durchaus mehr als die Hälfte des Untersuchungsgutes in diese Kategorie fallen. Die bruchstückhafte Erhaltung der Skelettelemente ist eine Folge der Schlachtung und nachfolgenden Zerlegung der Tierkörper (Doll 2003). Nur in Ausnahmefällen liegen intakte Knochen vor; solche stammen etwa aus kulinarisch wertlosen Körperregionen, von verworfenen Kadavern oder von Arten, die nicht für Küchenzwecke genutzt wurden.

In verschiedenen Arbeitsschritten werden an den Tierknochen noch weitere Informationen zu den betreffenden Individuen gewonnen. So kann das Todesalter bzw. Schlachtalter durch eine Begutachtung des Durchbruchsgrades der Unterkieferzähne sowie des unterschiedlichen Abnutzungsgrades der Backenzähne verschieden alter Tiere ermittelt werden. Weitere Hinweise zum Alter liefern die vorhandenen Extremitätenknochen, die jeweils zu genau bekannten, genetisch fixierten Zeitpunkten mit den Gelenkenden verknöchern und somit oberhalb oder unterhalb einer bestimmten Altersstufe einzuordnen sind.

Vielfach sind auch Angaben zum Geschlecht der Tiere möglich. So zeigen beispielsweise die Eckzähne der Schweine Größen- und Formunterschiede zwischen den Exemplaren von Sauen und Ebern.

Des Weiteren werden die an den Knochen sichtbaren krankhaften Veränderungen und absichtliche Oberflächenläsionen, z.B. Schnitt- und Hackspuren der Tierkörperzerlegung, inspiziert. Längenmessungen von Langknochen der Säugetiere liefern Daten, mit denen unter anderem die Körperhöhe berechnet werden kann.

Ergebnisse

Fundübersicht

Bei den Grabungen in Edingen-Neckarhausen wurden insgesamt 352 Tierknochen geborgen (Abb. 2). Nur wenig mehr als ein Drittel dieser Funde ließ sich überhaupt näher taxonomisch determinieren, d.h. einer Tierart oder höheren Rangstufe der zoologischen Systematik zuweisen (z.B. Gattung). An der Mehrzahl der untersuchten Reste, bei denen es sich überwiegend um sehr kleine, oft nur wenige Quadratmillimeter große Fragmente handelt, blieben hingegen alle Bestimmungsversuche ohne Erfolg.

Das vorliegende Fundgut deckt einen weiten Zeitraum ab, der vom Hochmittelalter bis nahe an die Gegenwart reicht (vgl. Abb. 2). Betrachtet man die zeitliche Gliederung des Materials, so zeigt sich, dass die einzelnen Epochen sehr unausgewogen durch

Abb. 2: Edingen-Neckarhausen, Fundübersicht Tierknochen.

Epoche	Archäologischer Befund	artbestimmt n	artbestimmt %	unbestimmt n	unbestimmt %	Summe
11.–14. Jh.	100, 144	6	35,3	11	64,7	17
14./15. Jh.	101, 110, 111, 113–118, 122, 124	57	31,5	124	68,5	181
15./16. Jh	77, 90	0	0,0	9	100,0	9
17./18. Jh.	28, 32, 57, 64, 66, 67, 73, 80	62	43,4	81	56,6	143
18.–20. Jh.	25, 30	2	100,0	0	0,0	2
Total		127	36,1	225	63,9	352

Taxon	Zoologische Nomenklatur Name	Zeitstellung				Summe
		11.–14. Jh.	14./15. Jh.	17./18. Jh.	18.–20. Jh.	
Pferd	*Equus caballus* f. ferus	–	–	1	–	1
Rind	*Bos primigenius* f. taurus	2	–	10	1	13
Schaf /Ziege	*Ovis ammon* f. aries/ *Capra aegagrus* f. hircus	1	1	3	–	5
Schwein	*Sus scrofa* f. domestica	2	40	34	1	77
Haussäugetiere		5	41	48	2	96
Huhn	*Gallus gallus* f. domestica	1	3	8	–	12
Gans	*Anser anser* f. domestica	–	9	3	–	12
Hausgeflügel		1	12	11	0	24
Fisch	*Pisces* spec.	–	4	3	–	7
Wildtiere		0	4	3	0	7
Summe		6	57	62	2	127

Abb. 3: Edingen-Neckarhausen. Tierartenspektrum (Gesamtmaterial).

Tierknochen repräsentiert sind. Das Gros der Funde (92%) datiert in das 14./15. bzw. 17./18. Jahrhundert; dementsprechend schwach sind die übrigen Zeitstufen vertreten, auf die nur 8% der Tierknochen entfallen. Diese Materialkomplexe sind für Auswertungszwecke in keiner Weise sinnvoll zu verwerten und somit nur der Vollständigkeit halber mitbehandelt. Nur bei den durch größere Fundzahlen repräsentierten Epochen lassen sich tendenzielle Aussagen zum Ernährungsverhalten im betreffenden Dorfquartier herleiten, doch wird auch in diesen Fällen die Zusammensetzung des Materials erheblich vom Zufall mitbeeinflusst sein.

Im Untersuchungsgut sind mit Rind, Schaf/Ziege und Schwein die wichtigsten Fleischlieferanten jener Zeiten belegt (Abb. 3). Die kleinen Wiederkäuer werden in einer Artengruppe zusammengefasst, da nicht alle Skelettreste dieser Arten zuverlässig voneinander zu unterscheiden sind. Der auf die Schlachttiere entfallende Fundanteil ist der größte innerhalb des Tierartenspektrums.

Dass vom Pferd im Vergleich mit den übrigen Haustieren so wenige Knochenfunde vorliegen, ist kein Zufall, sondern ganz sicher dem Umstand zuzuschreiben, dass Pferdefleisch in Neckarhausen nur ganz ausnahmsweise gegessen wurde. Dies steht im Einklang mit Befunden aus zeitlich vergleichbaren Siedlungen. Die anfallenden Pferdekadaver wurden mutmaßlich außerhalb des Siedlungsareals beseitigt. Aus demselben Grund fehlen wahrscheinlich auch Hunde- und Katzenknochen im Untersuchungsgut, denn auch diese Arten sind ohne Zweifel vor Ort in größerer Zahl im Hausstand gehalten worden.

Den Knochenfunden nach zu urteilen, wurde von den Bewohnern des untersuchten Gebäudes regelmäßig Geflügelfleisch konsumiert. Dies belegen die vorhandenen Reste von Hühnern und Gänsen aus dem Fundgut mehrerer Epochen.

Unter den Tierresten aus Neckarhausen finden sich keine Stücke, die auf Wildbretmahlzeiten hinweisen. Die Wildtierfauna ist hier einzig durch einige Knochen von Fischen vertreten, an denen allerdings noch keine tierartlichen Bestimmungen vorgenommen wurden.

Epochen

Hoch- bis Spätmittelalter (11.–14. Jh.)
In den Fundschichten dieser Zeitstellung fanden sich insgesamt sechs taxonomisch bestimmbare Stücke von mehreren Tierarten (vgl. Abb. 3).

Das Rind ist durch ein Oberarmfragment und einen Handwurzelknochen vertreten; beide Knochen sind möglicherweise einem einzigen Individuum zuzuordnen. Von einem Schaf oder einer Ziege stammt ein vollständig erhaltener Zehenknochen. Schließlich liegen noch zwei einzelne Zähne von einem wohl halbwüchsigen Schwein vor. Diese Auflistung wird durch das Bruchstück eines Oberschenkelbeines von einem älteren Huhn vervollständigt.

Spätmittelalter (14./15. Jh.)
Die Siedlungshorizonte dieser Epoche erbrachten insgesamt 57 für Artenbestimmungen verwertbare Skelettelemente (vgl. Abb. 3).

Die Mehrzahl dieser Reste entfällt auf das Schwein (n = 40). Neben Schädel- und Unterkieferfragmenten fanden sich von dieser Art Knochenelemente der Wirbelsäule, des Brustkorbs und der Extremitäten, die fast ausnahmslos zerteilt vorliegen, was sie als Nahrungsabfälle kennzeichnet. Das Fehlen von Oberarm- und Oberschenkelknochen mag dabei Zufall sein. Wahrscheinlich wurden die Tiere in der näheren Umgebung der Fundstelle geschlachtet, zerlegt und fleischwirtschaftlich verwertet (Abb. 4). Diese Annahme ergibt sich aus dem Vorhandensein einer Anzahl an Knochen aus den fleischarmen Extremitätenenden (Mittelhand-, Mittelfuß- und Zehenknochen).

Die vorhandenen Schweineknochen passen zu wenigstens drei Tieren unterschiedlichen Alters. Von einem ungefähr drei bis vier Jahre alten Tier stammen ein Unterkieferbruchstück, in dem sich ein dritter Molar mit schwach ausgebildeten Abkauungsspuren befindet, sowie ein vollständig verknöchertes Schienbein. Auf zwei Schweine, die zum Zeitpunkt ihrer Schlachtung jünger als zwei Jahre waren, sind mehrere unverwachsene Mittelhand- und Mittelfußknochen zurückzuführen.

Die wenigen geschlechtsbestimmbaren Fundstücke stammen ausschließlich von Ebern. Es handelt sich dabei um den o.a. Unterkieferfund sowie ein weiteres Eckzahnfragment, das entweder zu diesem oder einem weiteren männlichen Tier gehört.

Abb. 4: Darstellung einer Schweineschlachtung im 17. Jahrhundert (Wolf von Hohberg, Georgica curiosa aucta).

Deutlich seltener als Schweineknochen fanden sich Skelettelemente von kleinen Wiederkäuern im Material des 14./15. Jahrhunderts. Nur eine zerbrochene Rippe belegt die Fleischnutzung eines Schafes oder einer Ziege.

Das Huhn ist durch drei Oberarmknochen im Fundgut dieser Epoche vertreten, einem intakten und zwei fragmentierten Exemplaren. Diese Knochenfunde lassen sich zwei oder drei ausgewachsenen Individuen zuweisen.

Die am zahlreichsten vertretene Geflügelart dieser Zeitstellung ist die Gans, von der neun Knochen vorliegen. Neben einem Schädelrest sind vorwiegend Knochen aus der fleischreichen Keulenregion vorhanden. Lediglich ein Knochen zählt zum kulinarisch kaum nutzbaren Flügelskelett. Die festen und glatten Knochenoberflächen belegen, dass ausschließlich ältere Gänse gegessen wurden.

Schließlich sind noch vier Fischwirbel anzuführen, die augenscheinlich von kleineren Fischarten stammen.

Spätmittelalter – Frühe Neuzeit (15./16. Jh.)
Aus den Grabungsbefunden dieser Zeitstellung des untersuchten Gebäudekomplexes

in Neckarhausen liegen insgesamt neun Tierknochenfragmente vor, die sich aber nicht tierartlich bestimmen ließen (vgl. Abb. 3).

Frühe Neuzeit – Neuzeit (17./18. Jh.)
Diese Epoche ist mit 62 bestimmbaren Knochen im Gesamtmaterial vertreten (vgl. Abb. 3).

Der einzige Pferdeknochen im Untersuchungsgut, ein leicht beschädigtes Fesselbein bzw. Zehenglied von einem älteren Tier, datiert in diesen Zeithorizont.

Von Rindern liegen zehn Knochenfunde vor; neben einem Schädelfragment und einem einzelnen Zahn sind Skelettelemente aus dem Schulter- und Beckengürtel sowie der vorderen und hinteren Extremität vorhanden. Während die Reste aus den Körperregionen mit einem hohen Anteil an Muskelfleisch bruchstückhaft erhalten sind, weisen die beiden Zehenglieder nur geringe Beschädigungen auf.

Alle Rinderknochen stammen sicher von ausgewachsenen, d.h. mehr als drei Jahre alten Individuen. Bei diesen könnte es sich um weibliche Tiere handeln, da das Milchvieh normalerweise erst zur Schlachtung geführt wurde, wenn seine Milchleistung nachließ.

Durch insgesamt drei Knochenfragmente von je einem Schulterblatt, einer Speiche und einer Rippe sind kleine Wiederkäuer auch für diese Epoche als Nahrungslieferanten nachgewiesen. Weitere Angaben zu diesen Tieren, etwa zum Schlachtalter, sind jedoch nicht möglich.

Auch im Material des 17./18. Jahrhunderts dominiert das Schwein die Faunenliste, diese Art stellt 34 Knochen, die sich ungefähr je zur Hälfte auf Schädel mit Unterkiefer einerseits und Stammskelett (Wirbelsäule) bzw. die vorderen und hinteren Gliedmaßen andererseits verteilen. Die Funde dieser Art stellen eindeutig Nahrungsabfälle dar, da sie vielfach zerbrochen sind.

Durch den unterschiedlichen Verknöcherungsstatus mehrerer Mittelhand- und Mittelfußknochen sind je ein Individuum oberhalb und unterhalb der Altersgrenze von 24 Monaten nachgewiesen.

Abb. 5: Schwein, Schulterblatt (Scapula) von einem Fetus (17./18. Jh.).

Mindestens ein männliches Tier wurde in den örtlichen Küchen verwertet, das belegt ein Oberkieferfragment mit erhaltenem Eckzahn, der aufgrund von Größen- und Formmerkmalen eindeutig einem Eber zuzuweisen ist.

Eine Besonderheit ist der Fund eines Schulterblattes dieser Art, das nur ungefähr 4 cm in der Länge misst. Dieser Knochen ist klar als Fetusrest zu identifizieren, stammt also von einem ungeborenen Tier (Abb. 5).

Von den insgesamt acht Hühnerknochen bilden sechs Exemplare ein Teilskelett von einem Küken, das aus unbekannten Gründen wohl als Kadaver zusammen mit den normalen Haushaltsabfällen entsorgt wurde. Überdies liegen vom Huhn noch zwei Knochenfunde eines älteren Individuums vor, je ein zerschlagenes Rabenschnabelbein und ein Unterschenkelknochen.

Neben dem Haushuhn ist auch die Gans als zweite Art aus der Gruppe des Hausgeflügels für den Zeitraum des 17./18. Jahrhunderts belegt, und zwar durch einen Unterkiefer und je einen intakten und zerbrochenen Flügelknochen. Diese Fundstücke gehören zu ausgewachsenen Vögeln.

Neuzeit (18.–20. Jh.)

Im vorliegenden Fundmaterial fanden sich nur zwei neuzeitliche Tierknochenreste (vgl. Abb. 3). Es handelt sich hierbei um die unvollständig erhaltene Rippe eines Rindes und ein kleines Fragment von einem Schweineschädel.

Zusammensetzung der Fleischnahrung

Alleine für die Epochen des 14./15. bzw. 17./18. Jahrhunderts sind auf einer statistisch einigermaßen belastbaren Materialgrundlage Aussagen zur Zusammensetzung der Fleischnahrung in dem untersuchten Gebäudekomplex aus Neckarhausen möglich (Abb. 6). Aus der vergleichenden Betrachtung der Artenhäufigkeit in den betreffenden Fundkomplexen geht hervor, dass in beiden Epochen aller Wahrscheinlichkeit nach das Schweinefleisch ganz oben in der Gunst der Verbraucher stand (Abb. 6). Diese Art stellt in beiden untersuchten Epochen mit 70,2% bzw. 60,7% stets die größten Kontingente an Knochenresten, jeweils mit großem Abstand zu den übrigen Schlachttieren, dem Geflügel und den Fischen.

Auffällig ist das Fehlen von Rinderknochen im Material des 14./15. Jahrhunderts, da mit Sicherheit anzunehmen ist, dass Rindfleisch in diesem Zeitraum ein weitverbreitetes Nahrungsmittel war, was übrigens auch anhand historischer Quellen zu belegen ist (Schubert 2006). An den Grabungsfunden des 17./18. Jahrhunderts ist diese Art hingegen wieder mit 17,9% beteiligt, so dass anzunehmen ist, dass das Defizit an Rinderknochen in der älteren Epoche auf Zufall beruht.

Die Überreste von Schafen oder Ziegen stellen in den angegebenen Zeiträumen 1,8% bzw. 5,4% der Funde, die kleinen Wiederkäuer hatten demzufolge als Nahrungstiere nur einen sehr geringen wirtschaftlichen Stellenwert.

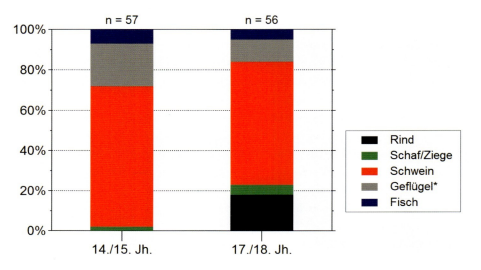

Abb. 6: Zusammensetzung der Fleischnahrung im 14./15. und 17./18. Jahrhundert (Daten aus Abb. 3). *)Beim Huhn wurde das Teilskelett (17./18. Jh.) aus methodischen Gründen als ein Knochen gerechnet.

Für das vorliegende Material wurde ein vergleichsweise hoher Prozentsatz an Geflügelknochen ermittelt; deren Fundanteile betragen 21,1% im 14./15. Jahrhundert bzw. 10,7% im 17./18. Jahrhundert. Diese Werte liegen im oberen Variationsbereich archäozoologischer Materialkomplexe – wobei hier aufgrund der schwachen statistischen Basis auf ausführliche Gegenüberstellungen verzichtet werden soll –, sind aber nicht unrealistisch hoch, wie das Beispiel Neuss zeigt, wo in Schichten des 11.–18. Jahrhunderts im Durchschnitt für das Hausgeflügel (Huhn und Gans) ein Anteil von 13,5% ermittelt wurde (Krull 1994, 123, Tab. 1).

Die Funde von Fischwirbeln aus den Siedlungshorizonten des 14./15. und 17./18. Jahrhunderts sprechen dafür, dass in Neckarhausen regelmäßig auch Fische zur Versorgung der dortigen Bewohner genutzt wurden (Abb. 7). Diese Skelettreste stellen 7,0% bzw. 5,4% der vorliegenden Grabungsfunde aus den genannten Epochen.

Aufgrund der überaus schwachen Materialgrundlage sollen die deutlichen Veränderungen der Anteile der verschiedenen Nahrungskomponenten im Material des 14./15. Jahrhunderts einerseits und des 17./18. Jahrhunderts andererseits nicht bewertet werden (vgl. Abb. 6). Es liegt durchaus im Bereich des Möglichen, dass sich in diesem Zeitraum in Wirklichkeit an der Ernährungsweise nur wenig verändert hat.

Schlussbemerkungen

Eine kleine Aufsammlung von Tierknochen des 11.–20. Jahrhunderts aus einem Gebäudekomplex in Edingen-Neckarhausen (OT Neckarhausen, Hauptstraß2 379) wurde archäozoologisch untersucht und ausgewertet. Aufgrund der zahlenmäßig kleinen Fundmenge bzw. der weiten zeitlichen Streuung des Materials halten sich die Aussagemöglichkeiten dieser Tierknochen in engeren Grenzen als üblich. So liegen etwa zu Rind, Schaf/Ziege und Schwein nur vereinzelte Alters- und Geschlechterdaten vor, die keine Angaben zu den Haltungszielen und dem Herdenmanagement der Nutzhaustiere erlauben.

Etwas überraschend ist in diesem Zusammenhang vielleicht der Nachweis eines Schweinefetus und eines Kükenskelettes im Fundgut der Frühen Neuzeit bzw. Neuzeit (17./18. Jh.). Diese Funde lassen für diesen Zeitraum auf die Anwesenheit von Tierhaltern innerhalb der Siedlung schließen.

In keinem der untersuchten Fundkomplexe aus Neckarhausen wurden Reste von Jagdwild identifiziert. Dass in dieser Siedlung in den fraglichen Haushaltungen zu keinem Zeitpunkt zwischen dem Hochmittelalter und der Neuzeit Wildbret gegessen wurde, ist allerdings nur wenig wahrscheinlich. Doch bewegt sich der Fundanteil an derartigen Relikten nach vergleichenden Untersuchungen in nicht von Adelsfamilien bewohnten Siedlungen normalerweise eher im unteren einstelligen Prozentbereich (Pasda 2004). Der fehlende Nachweis entsprechender Knochen muss jedenfalls dem Zufall angelastet werden.

Dass die natürlichen Ressourcen der Umgebungsfauna durchaus genutzt und ausgebeutet wurden, zeigt sich an den überlieferten Fischresten, die übrigens augenscheinlich von kleineren Individuen stammen, wahrscheinlich von Süßwasserfischen, die in der gewässerreichen Umgebung Neckarhausens gefangen wurden.

Trotz der relativ geringen Materialbasis lässt sich die Feststellung treffen, dass die Nahrungskonsumenten in dieser Ansiedlung – zumindest während der besser repräsentierten Epochen – wohl großen Wert auf eine abwechslungsreiche tierische Kost legten, die mehrere Komponenten umfasste. Hauptsächlich dienten jüngere Schweine, ergänzt um Rind- und Schaffleisch, der Versorgung mit tierischen Nahrungsmitteln. Dieser Speisezettel wurde aber durch Geflügel- und Fischmahlzeiten noch wesentlich bereichert.

Literaturhinweise

Doll 2003: M. Doll, Haustierhaltung und Schlachtsitten des Mittelalters und der Neuzeit. Eine Synthese aus archäologischen, bildlichen und schriftlichen Quellen Mitteleuropas. Internationale Archäologie 78 (Rahden/Westfalen 2003).

Krull 1994: H.-P. Krull, Tierknochen des 11. bis 18. Jahrhunderts aus der Neusser Innenstadt. In: Fund und Deutung. Neuere archäologische Forschungen im Kreis Neuss. Veröffentlichungen des Kreisheimatbundes Neuss 5 (Neuss 1994), 121–138.

Pasda 2004: K. Pasda, Tierknochen als Spiegel sozialer Verhältnisse in Bayern. Praehistorika Monographien 1 (Erlangen 2004).
Schubert 2006: E. Schubert, Essen und Trinken im Mittelalter (Darmstadt 2006).

Abbildungsnachweise

Abb. 1: Verfasser.
Abb. 4: Edition Ralf Fetzer.
Abb. 5: Verfasser.

Fundstücke

Elke Kurtzer

In Vorbereitung der fotografischen und zeichnerischen Dokumentation von Wohn- und Wirtschaftsgebäuden auf der Parzelle Hauptstraße 379 wurden diese aufwendig von Unrat und Inventar gereinigt. Mobile Fundgegenstände aus dem Vieh- und Hühnerstall, Scheune und Wohngebäude wurden zusammengetragen und fotografisch dokumentiert, da sie zum einen als Repräsentanten ihrer jeweiligen Epoche innerhalb des 20. Jahrhunderts gelten dürfen, zum anderen direkt mit ehemaligen Bewohnern des Anwesens in Verbindung gebracht werden können. Unter diesem Aspekt erscheint es nicht überraschend, dass diese „modernen" Funde der „historischen Archäologie" aus folgenden Lebensbereichen stammen.

Haushalt
Leitersprossen, Lampenfassung, Glühlampe, Isolierband, Pinsel, Sieblöffel, Kamm, Brotschneidemaschine, Messer, Gabeln, Zinnteller, Handmixgerät „3 MIX (eventuell der Fa. Krups)", Rasierapparat, Salatgabel, Dosenöffner Stropp, Wäscheklammern, Emailschüssel, Deckel eines Einmachglases („Rillenglas, MONOPOL"), Bienenwachs, Lampenschirm, Wandfliesen, Kondensmilchdose, DJK-Vereinsnadel, Kronkorken, Porzellanschälchen, Heiligenfiguren.

Abb. 1: Diverse Haushaltsartikel.

 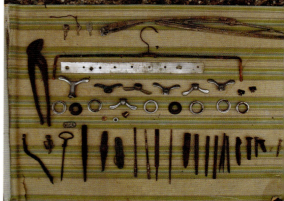

Abb. 2 und 3: Diverse Haushaltsgeräte und Werkzeugteile.

Fahrradteile
Hutchinson-Gebirgsreifen, Bremse, Pedale, Ritzel, Flügelmuttern, diverse Schrauben.

Werkzeug
Schraubendreher, Sägeblatt, Nägel, Fleischerhaken, Axtstiel, Handbohrer, Wetzstein, Feilen, Pinzette, Schaufeln, Türbeschläge, Scharnier, Schrauben, Beschläge.

Von den oben genannten Objekten wurden für eine ausführliche Beschreibung nur diejenigen ausgewählt, die eine interessante Geschichte ihrer Herstellung erzählen konnten oder Bezüge von international tätigen Herstellerfirmen erkennen ließen.

Libby's Kondensmilchdose

Die stark durch Rost korrodierte Weißblechdose mit der Höhe von 7,5 cm und einem Durchmesser von 6,5 cm trägt auf der stark eingerissenen und befleckten Originalpapierbanderole die Aufschrift der Marke „Libby's" mit der Produktbezeichnung „Kondensierte Milch" und das Produktlogo einer Milchkuh auf blauem Dreieck. Aufgrund der rückseitigen Hinweise „Grüne Woche" 1932, „Deutsche Landwirtschafts-Gesellschaft", Berlin 1933, „Anerkennung Internationale Hygiene-Ausstellung", Dresden 1930, und „Nationale Wanderausstellung Deutscher Wertarbeit", Hannover 1933, lässt sich die Entstehungszeit der Dose auf die Mitte der 1930er Jahre datieren.

Die Firma Libby's wurde 1868 als „Libby, McNeill & Libby" in Chicago von Archibald McNeill und den Brüdern Arthur und Charles Libby als Fleischkonservenfabrik gegründet. Um 1880 erweiterte die Firma die Produktpalette um Obst- und Gemüsekonserven.[1] 1926 siedelte sich ein Milchwerk der Deutschen Libby Gesellschaft M. B.

H. in Leer, Ostfriesland (ehemals Provinz Hannover), an,[2] wo Kondensmilch bis in die 1950er Jahre hergestellt wurde. Nach dem Kauf der „Libby, McNeill & Libby" durch die „Nestlé Alimenta AG" im Jahr 1971 kommt die Deutsche Libby G. m. b. H. zur deutschen „Nestlé". In den 1980ern wird der Teil der Gemüsekonserven von Libby's an „Seneca Foods" (USA) verkauft, die Obstkonserven verbleiben bei der „Nestlé Deutschland AG".[3] Die Produktion in Leer wurde eingestellt.

Kondensierte Milch ist das evaporisierende Verfahren, das Milch durch Zugabe von Zucker unter partiellem Wasserentzug haltbar macht. Als Erfinder der Kondensmilch gilt der französische Konditor Nicolas Appert.[4] Aber in einigen anderen Kulturen war das Reduzieren bzw. das langsame Einkochen von Milch zur Basis für Süßspeisen schon länger bekannt. Als Kaiser Napoleon die Versorgung seiner Armee sicherstellen wollte, schrieb er einen Wettbewerb aus, den Nicolas Appert mit der Konservierung von Obst gewann, indem er ein Verfahren entwickelte, Nahrungsmittel in einem luftdichten Behältnis zu erhitzen. 1827 gelang ihm ebenso die Konservierung in Dosen. 1831 veröffentlichte Nicolas Appert die Entdeckung in dem Buch „Le livre de tous les ménages ou l'art de conserver" in Paris.

Abb. 4: Libby's Kondensmilchdose.

1856 ließ der Amerikaner Gail Borden sein industrielles Herstellungsverfahren von gezuckerter Kondensmilch patentieren. Im selben Jahr gründete er in New York die „Borden Milk Products LP", die heute noch existiert. 1864 gründeten zwei Amerikaner die „Anglo-Swiss Condensed Milk Company" in Zürich, die 1905 mit „Nestlé" fusionierte. Henri Nestlé gelang es 1867, ein lösliches Milchpulver herzustellen.[5] 1885 entwickelte der Amerikaner Schweizer Abstammung, John B. Mayenberg, Kondensmilch ohne Zuckerzusatz bei der „Anglo-Swiss Condensed Milk Company" und gründete in den USA die „Helvetia Milk Condensing Company".

In Deutschland wurde Kondensmilch erstmals 1886 von der „Dresdner Pfunds Molkerei" angeboten. Der Hersteller „Nestlé" stieg erst 1911 in das Geschäft mit gezuckerter Kondensmilch ein.[6]

Gezuckerte Kondensmilch war besonders in Kriegen, wie z. B. im Amerikanischen Bürgerkrieg und während des Ersten Weltkriegs wegen ihrer hohen Nährwerte wichtig.

Bei der Herstellung der Kondensmilch wird Milch in einem Vakuumbehältnis durch Unterdruck unter Zugabe von Zucker bei 100 °C 10–25 Minuten bis zu 70 % Wasser entzogen. Dadurch erhält Kondensmilch eine leicht dunklere Farbe als Frischmilch und auch einen schwachen Karamellgeschmack. Moderne Evaporierungsverfahren machen jedoch heutzutage den Zuckerzusatz nicht mehr zwingend notwendig, weswegen die in

Deutschland verwendete Kondensmilch meist zuckerfrei ist. Heute wird die evaporisierte Kondensmilch nach der Homogenisierung sofort abgefüllt und ist deshalb heller und weniger dickflüssig als früher.[7]

Dosenöffner „Stropp"

Der teilweise korrodierte Hebeldosenöffner hat eine Länge von 14 cm, eine Breite von 5,5 cm und eine Höhe von 3,3 cm. Am Griff mit Spuren von schwarzer Emaillierung sind die Marke „Stropp", die Buchstaben IHR (oder auch als JHR, IXR, JXR) zu lesen und „Ges. Gesch." (gesetzlich geschützt) ist eingraviert. Der Dosenöffner dürfte um die Mitte des 20. Jahrhunderts zu datieren sein, als der Typ des Hebeldosenöffners am geläufigsten war.

Abb. 5: Dosenöffener „Stropp".

Die Konservendose aus Blech wurde 1810 vom britischen Kaufmann Peter Durand erfunden und zum Patent angemeldet. Ab 1813 belieferte die erste Konservenfabrik die britische Armee.[8] Die Soldaten öffneten die dickwandigen Blechbehälter im Feld mit Messern, Bajonetten oder mit einem Beil. Erst 1855 erfand Robert Yeats aus England einen Dosenöffner und ließ ihn 1858 patentieren. 1870 erfand der US-Amerikaner William Lyman den bis heute verwendeten Dosenöffner mit Schneidrad.[9]

Der „Stropp"-Dosenöffner ist ein Hebelinstrument mit Transportvorrichtung, wobei durch die Betätigung des Einhandhebels und einen zusätzlichen Drehmechanismus das Schneidwerkzeug, der Schneidedorn, am Dosendeckel entlanggeführt wird.

Einfach-, Hebel- und Zangendosenöffner mit Schneidrad sind im Handel noch erhältlich. Sie werden aber von elektrisch betriebenen Geräten abgelöst. Außerdem werden Konservendosen seit 1990 zunehmend mit dem Ring-Pull-System ausgestattet, das den Bedarf von Dosenöffnern weitgehend hinfällig macht.

Der „Stropp"-Hebeldosenöffner ist nur noch auf Auktionsplattformen im Internet unter Antiquitäten zu finden.[10]

Porzellanschälchen

Das kleine Porzellanschälchen in achteckiger Sternform mit den Maßen 11,2 x 11,2 cm zeigt in der Mitte ein Blumensträußchen mit Zyklamen, Veilchen und Butterblumen im

Umdruckverfahren und Federrocailles im leicht erhobenen Rand als Modelporzellan. Als Marke ist auf der Rückseite in Goldschrift „Kronach" unter einer Krone aus fünf Ringen und das Firmenlogo „OCA" über Kunst, Bavaria zu lesen. Als Seriennummer ist „61" eingestempelt. Eine der Ecken ist abgeschlagen. Das Schälchen dürfte aus den 1950er Jahren stammen.

„OCA" steht für die Porzellanfabrik Oechsler & Andechser, die 1950 in Kronach gegründet wurde und um 1960 an Alboth & Kaiser verkauft wurde.[11]

Abb. 6: OCA Porzellanschälchen.

Von der Porzellanfabrik OCA, Oechsler & Andechser, gibt es noch eine zweite Marke, die Kronach OCA Bavaria unter der Festung Rosenberg zeigt. Die Firma Oechsler Ceramics in Küps, Kronach, ist heute ein Großhandel für keramische Erzeugnisse und Glaswaren, der hauptsächlich Dekorationsporzellan wie Figuren, Vasen und Geschenke vertreibt.[12] Es ist auffallend, dass trotz einer relativ kurzen Produktionszeit äußerst viele Angebote von OCA-Porzellanteilen, besonders der Serie Delft (1103, Echt Kobalt, Unterglasur), auf internationalen Auktionsplattformen im Internet zu finden sind.

DJK-Vereinsnadel

Die 5,5 cm lange, mit einem Kopf von ca. 1,0 cm Durchmesser versehene vergoldete Nadel zeigt mit einem roten Emailglasfaden den Vereinsschriftzug „DJK", gerahmt von einem schmalen Lorbeerkranzrand.

1912 konstituierte sich in Neckarhausen der Katholische Jünglingsverein zum Katholischen Jungmännerverein. 1920 schloss sich der Verein dem eben gegründeten Reichsverband der Deutschen Jugendkraft, DJK, an. 1934 erfolgte das Verbot der DJK mit dem Einzug des gesamten Vereinsvermögens. 1953 fand die Wiederbegründung der DJK in Neckarhausen mit dem ersten Vorstand Edwin Zieher statt, dem 1954 Josef Zieher folgte.[13]

Abb. 7: DJK-Vereinsnadel.

Wandplatte

Die ungebrauchte Wandfliese der Firma Marazzi Ceramiche mit den Maßen 30 cm (Länge) x 30 cm (Breite) x 0,7 cm (Dicke) ist eine braune Scherbe mit dem schwarzroten Motiv einer Springreiterin auf weiß-türkisfarbenem Grund und trägt links unten die Signatur des Designers A. dalla Costa. Auf der Rückseite ist in der Mitte „Marazzi Ceramiche" und links unten „Made in Italy" zu lesen. Die Platten, von denen die gefundenen Reste stammen, dürften in den späten 1980er Jahren fabriziert worden sein. Neben zahlreichen Bruchstücken zeigt auch die vollständig erhaltene Platte Absplitterungen am Rand.

Die Firma Marazzi wurde 1925 von Filippo Marazzi in Sassuolo, Provinz Modena, die schon seit dem 17. Jahrhundert für das Terracotta-Handwerk bekannt war, gegründet. Seit den 1950er Jahren produziert die Firma Platten, Sanitär, Feuertone und Mosaik und entwickelte wegweisend Designlösungen. In den 1970er patentierte Marazzi Ceramiche das Einbrandverfahren, den Schnellbrand von Scherben und Glasur. In den 1980ern engagierte die Firma Marazzi Künstler für das Design. In der Keramiklinie wurde neben der hochwertigen technischen Ausführung in Härte und Abriebfestigkeit der Faktor Farbe im Design sehr wichtig. Die Fliesenkollektionen sind von großer chromatischer Vielfalt. Die Firma, die in Italien die Führungsrolle inne hat, expandiert als Marazzi Group am Weltmarkt. 2010 patentiert Marazzi kristallisiertes Feinsteinzeug. Heute ist die Firma Marazzi auf Oberflächenverkleidungen im Innen- und Außenbereich und auf die Realisierung von Doppelböden und hinterlüfteten Fassaden spezialisiert.[14]

Die signierte Wandplatte der Firma Marazzi Ceramiche wurde von dem Mailänder Designer Amleto dalla Costa in der zweiten Hälfte der 80er Jahre im 20. Jh. entworfen. Der Maler, Designer und Bildhauer Amleto dalla Costa ist 1929 in Mailand geboren. Bereits als Sechzehnjähriger arbeitete er für das erste Zeichentrickfilmunternehmen im Nachkriegsitalien (Calimero). Anfang der Fünfzigerjahre führte dalla Costa zusammen mit Giorgio Armani ein Atelier für Modefotografie. Danach folgen Möbeldesign, Bühnenbilder und Filmkulissen.

Abb. 8: Marazziwandplatte, Motivseite mit Signatur.

1958–61 betrieb dalla Costa ein Atelier für Werbegrafik und 1961–74 eine Werbeagentur für die Gestaltung von Presse- und Werbekampagnen. Seit 1974 ist dalla Costa ein freischaffender Künstler. 1975–1999 führte er eine eigene Galerie im Zentrum Mailands. Dalla Costa hat weltweit Ausstellungen in Galerien und auf Kunstmessen. Er hatte außerdem lange Zeit eine Werkstatt für Serigrafie. Heute stellt Amleto della Costa allerdings nur noch Originale her.[15]

Amleto dalla Costa war hauptsächlich 1986/87 für die Firma Marazzi Ceramiche tätig.[16] In dem Motiv der Springreiterin kombiniert dalla Costa zwei seiner Hauptthemen der Serigrafie: Frauen und Pferde. Auch die Farbgebung ist typisch für dalla Costas Stil. Das leuchtende Rot mit dem Schwarz-Weiß-Kontrast auf dem türkisgrünen Streifen ist in Variationen auf vielen Werken dalla Costas zu sehen. Eine ausgeprägte Farbigkeit bestimmte in den 1980er Jahren die Trendlinie der Marazzi-Fliesen. Dalla Costas leuchtende Farben und sein grafischer Stil passten sehr gut in die Marazzi-Fliesenkollektion der Zeit.

Tontechnisch gesehen, handelt es sich bei den Plattenstücken aus der Hauptstraße 379 um eine braune Scherbe mit weiß deckender Glasur und farbigem Dekor. Die Hauptmassebestandteile dürfte ein einheimischer Manganton sein.[17] Die Platte ist im Trockenpressverfahren hergestellt.[18] Die gebrannte Scherbe ist relativ hart. Sie weist aber noch eine Wasseraufnahme von 7–8%, nach der Kochmethode bestimmt, auf und kann deshalb nicht als Steinzeug, bei dem die Wasseraufnahme weniger als 1 % ausmacht, bezeichnet werden. Die Scherbe zählt daher eher zu den Ziegeleierzeugnissen, wie z. B. Baukeramiken, Mauer- und Pflasterklinker.

Die mit Zinn (SnO_2) oder Zirkon ($ZnSiO_4$) getrübte, weiß deckende Glasur ist gleichmäßig aufgetragen. Wie die Putzspuren an den Plattenrändern zeigen, dürfte die Glasur nach dem Pressen im Nassverfahren durch Spritzen, Schleudern oder Begießen aufgebracht worden sein. Sie wurde also nicht in die Pressform eingefüllt. Die Platten wurden vermutlich im Schnellbrandverfahren bei ca. 1100–1150 °C gebrannt, da mit bloßem Auge keine Entgasungslöcher – Nadelstiche – erkennbar sind. Die Glasur ist bezüglich ihrer Wärmedehnung gut an die Scherbe angepasst und sitzt haarrissfrei. Außerdem wird dadurch die rein optisch erkennbare gute Sinterung bestätigt, da auch durch die sogenannte Feuchtigkeitsdehnung keine Haarrisse in der Glasur entstanden sind. Der Dekor dürfte mittels Siebdruck aufgebracht worden sein. Wegen des zum Teil leuchtend roten Dekors in Selenrot, das eine maximale Brenntemperatur von 850 °C hat, war ein zweiter Brand der Platte erforderlich.[19]

Abb. 9: Marazzi-Wandplatte, Rückseite.

Heiligenfiguren

Die beiden farbig gefassten Gipsfiguren wurden stark beschädigt im Eingangsbereich an der nach unten zum Gewölbekeller der Scheune führenden Treppe im Anwesen der Hauptstraße 379 in Neckarhausen gefunden. Die Zimmerfiguren entstanden wahrscheinlich am Ende des 19. Jahrhunderts und dienten an Fronleichnam zur Ausgestaltung eines Außenaltars, an dem der Fronleichnamszug nach dem Austritt aus der Kirche die erste Station machte.[20]

Die größere, 82 cm hohe Figur mit bärtigem Antlitz steht auf einer achteckigen Platte und ist mit einer blauen Tunika unter einem braunen Mantel mit grünem Futter, goldener Bordüre und goldenen Königslilien bekleidet. In der rechten Hand hält der Heilige eine weiße Madonnenlilie, und in der linken Hand präsentiert er die Bibel.

Die Figur wurde in acht Teilstücken gefunden. Die großen Bruchstücke in der Figureninnenseite wurden an den Klebestellen mit Modellgips, zusätzlich mit Brücken stabilisiert. Die fehlenden Finger an der linken Hand, die Fingerkuppen an der rechten Hand, die fehlende rechte Schulter und der linke Fuß einschließlich der Bodenplatte wurden komplett mit Gips nachmodelliert. Die Kopfstellung wurde anhand kleiner Bruchstücke rekonstruiert. Nach der Entfernung der Splitter wurde der Halsbereich vollständig nachmodelliert. Sämtliche Ausbrüche und Beschädigungen wurden mit Modellgips ausgebessert. Die Fassung wurde nach partiell noch vorhandenen Farben mit Ölfarbe erneuert. Die Goldbänder wurden teilweise neu gefasst. Anschließend wurde die gesamte Oberfläche mit einem farblosen Schutzlack überzogen.[21]

Aufgrund der Symbolikonografie zu dieser Figur dürfte es sich um den heiligen Josef von Nazareth handeln. Im Neuen Testament, nach dem Matthäus- und Lukasevangelium, war Josef der Verlobte und dann Ehemann Marias und der gesetzliche Vater, der Nährvater, Jesu. Die weiße Madonnenlilie, das marianische Zeichen der Unschuld, bedeutet, dass die Ehe zwischen Josef und Maria nie vollzogen wurde. Die Königslilien

auf dem Mantel weisen darauf hin, dass Josef aus dem Geschlecht des Königs David stammt. Das Buch, die Bibel, zeichnet den heiligen Josef als einen Mann des Glaubens, des Vertrauens, als den Mitwisser göttlicher Geheimnisse und einen großen Schweiger aus. Das Braun des Mantels symbolisiert die Demut.[22] Grün steht für den Glauben, Blau ist die Farbe für Treue und Beständigkeit. Das Gold der Königslilien und der Bordüre ist Ausdruck für Hoheit, Ansehen und Tugend.

Laut der frühesten Erwähnung des Patronats des heiligen Josef an einem 19. März 850 war das Fest

Abb. 10: Große Heiligenfigur, restauriert.

der römischen Göttin der Handwerker, Minerva, durch das Fest für einen christlichen Heiligen zu ersetzen. Im Mittelalter wurde der heilige Josef als Patron der Handwerker und der Sterbenden mit dem Winkelmaß der Zimmerleute dargestellt. Erst seit der Barockzeit tritt Josef von Nazareth als „Nährvater Jesu" mit dem Jesuskind und der Lilie oder einem blühenden Stab auf und wurde außerdem zum Patron der Ehepaare, Familie, Kinder, Waisen, Jungfrauen und der Erzieher.

1870 wurde Josef von Nazareth von Papst Pius IX. zum Schutzpatron der ganzen katholischen Kirche ernannt, was zu einer besonderen Verehrung und zahlreichen Darstellungen führte.[23] Kurze Zeit später dürfte auch diese Josefsfigur aus Neckarhausen entstanden sein.

Die 48 cm hohe Gipsfigur zeigt das blondgelockte Jesuskind auf einer Halbkugel über einer Platte stehend. In der Halbkugel ist eine Vertiefung, die zur Halterung des Holzkreuzes dient, das von Jesus in der linken Hand gehalten wird, während er die rechte Hand im Segensgestus hochhält. Das lange, blaue Hemd zeigt auf der Brust das Christusmonogramm „IHS" im Strahlenkranz.

Die Figur wurde aus fünf Teilen mit Kleber zusammengefügt. Der Splitterbruch des rechten Arms, die fehlenden Finger an der linken Hand und die rechte fehlende Hand, die durch die Stellung nach oben nur die Deutung des Segensgestus zuließ, wurden in Gips justiert bzw. nachmodelliert. Eine kleine Einkerbung vor dem linken Fuß erschloss den Fixierpunkt des neu ergänzten Holzkreuzes. Die Fehlstellen der Fassung wurden mit Ölfarbe ausgebessert und mit einem Schutzlack versehen.[24]

Der Jesusknabe, mit Kreuz auf einer Weltkugel stehend, weist sich als Überwinder von Tod und Teufel aus. Die rechte Hand zum Segen erhoben, zeigt sich das Christuskind als der Friedenskönig. Die hellblaue Farbe des Hemdes bedeutet das Firmament. Das Christusmonogramm „IHS" besteht aus der Transkription der griechischen Buchstaben Jota (I), Eta (H) und Sigma (S), welches die ersten beiden und der letzte Buchstaben des griechischen Namens „IHSOUS" sind. Die lateinische Auslegung des Monogramms bedeutet „Jesus Hominum Salvator" (Jesus, Retter des Menschen). Im Volksmund wird das Christusmonogramm auch als „Jesus, Heiland, Seligmacher" gedeutet. Die Jesuiten haben „IHS" in der Bedeutung „Jesum habemus socium" („Jesus ist unser Gefährte" oder „Wir haben Jesus als Gefährten") zum Emblem gewählt.[25] Nach der Restauration wurden die beiden Figuren im Kapellenraum des Gemeindemuseums im Gräflich-Oberndorff'schen Schloss in Neckarhausen aufgestellt.

Abb. 11: Jesuskind, restauriert.

Abbildungsnachweis

© rem. Archäologische Denkmalpflege und Sammlungen; Abb. 5 und 6: Dr. Elke Kurtzer; Abb. 11 und 12: Kurt Hauck, Neckarhausen.

Anmerkungen

(alle Internetrecherchen wurden im Zeitraum von 13.1. bis 23.7.2012 durchgeführt)

1. www.encyclopedia.chicagohistory.org.
2. http://de.wikipedia.org/wiki/leer(Ostfriesland).
3. http://en.wikipedia.org/wiki/Libby's.
4. http://de.wikipedia.org./wiki/Kondensmilch.
5. Milchpulver oder Trockenmilch ist eine Variante von Kondensmilch, da der Milch das Wasser durch Kondensieren vollständig entzogen wird. www.lebensmittellexicon.de.
6. http://his-dhs-dss.ch/m.php?lg=&article=D41776.php.
7. http://de.wikipedia.org./wiki/Kondensmilch.
8. http.://de.wikipedia.org/wiki/Konservendose.
9. http.//de.wikipedia. org./wiki/Dosenöffner.
10. eBay, Juni 2012, Angebotswert: 1 Euro.
11. AL-KA-Porzellan wurde 1872 gegründet. 2010 werden Kaiser und Goebel unter dem Dach einer Kapitalgesellschaft fusioniert. www.steinmarks.co.uk.
12. www.marks4ceramics.com.
13. DJK Neckarhausen 1912 e. V. „Ein besonderes Jahrhundert – 100 Jahre DJK. Neckarhausen", Edingen-Neckarhausen, Januar 2012.
14. www.marazzi.it/de/unternehmen.
15. www.galerievita.ch/kuenstler,php?artist id=10.
16. Zu dieser Zeit entstand auch an der Eingangswand eines Fliesengeschäfts in Münster das Wandplattenbild aus 35 Marazzi-Fliesen. Das Bild zeigt eine Frauengestalt mit schwarzem Hut, wehendem Kleid und leuchtend roten Strümpfen mit einer schwarzen Katze. www.flickr.com/photos/dandalion-and-burdock.
17. Der färbende Bestandteil ist MnO_2. Knut Bertsch, Keramikingenieur, April 2012.
18. Dabei wird die keramische Masse als Sprühgranulat mit einer Restfeuchtigkeit unter 2 % in eine polierte Stahlform eingefüllt und mittels Oberstempel, der in der Regel profiliert ist – siehe Gitterstruktur auf der Rückseite der vorliegenden Platte –, gepresst. Der Pressdruck kann dabei je nach Dicke und Größe des Förmlings 100 bis über 100 bar betragen. Knut Bertsch, Keramikingenieur, April 2012.
19. Knut Bertsch, Keramikingenieur, April 2012.
20. Nach Auskunft von Frau Hildegard Egle, geb. Kraus, stammen die Figuren von ihrem Großvater, Peter Kraus I, dem Vorbesitzer des Hauses. Der Brauch der Ausgestaltung des Außenaltars an Fronleichnam wurde in den 1950er Jahren beendet.
21. Restaurationsbeschreibung Kurt Hauck, Neckarhausen, vom 21.09.2011.
22. Braun ist die Farbe des Erdbodens, und vom lateinischen „humus" wird „humilitas", Demut, abgeleitet. u0115161502.user.hosting- agency.de/malexwiki/index.php/Farbsymbolik.
23. Hiltgart L. KELLER, Reclams Lexikon der Heiligen und der biblischen Gestalten, Ditzingen 1987, S. 333.
24. Restaurationsbeschreibung, Kurt Hauck, 21.09.2011.
25. Hiltgart L. KELLER, Reclams Lexikon der Heiligen und der biblischen Gestalten, Ditzingen 1987, S. 147.

Autorenverzeichnis

Dipl. Ing. Dagmar Dietsche-Pappel, da.di.pa@t-online.de.

Dr. Ralf Fetzer, Edition Ralf Fetzer, 68535 Edingen-Neckarhausen, kontakt@edition-ralf-fetzer.de.

Dr. Uwe Gross, Regierungspräsidium Stuttgart, Berliner Straße 12, 73728 Esslingen/Neckar, uwe.gross@rps.bwl.de.

Claus Kropp M.A., Ruprecht-Karls-Universität Heidelberg, Zentrum für Europäische Geschichts- und Kulturwissenschaften, Grabengasse 3–5, 69117 Heidelberg, claus.kropp@zegk.uni-heidelberg.de.

Dr. Elke Kurtzer, IGM Edingen-Neckarhausen, 68535 Edingen-Neckarhausen, kurtzer@t-online.de.

Dr. Wilfried Maag, Arbeitsgemeinschaft, Inge Kumlehn/Dr. Wilfried Maag, Waldstraße 29, 69207 Sandhausen, ikumlehn@yahoo.de.

Dr. Matthias Ohm, Landesmuseum Württemberg, Schillerplatz 6, 70173 Stuttgart, Matthias.Ohm@Landesmuseum-Stuttgart.de.

Dr. Reinhold Schoon, Universität Regensburg, Lehrstuhl für Vor- und Frühgeschichte, 93044 Regensburg, reinhold.schoon@geschichte.uni-regensburg.de.

Benedikt Stadler M.A., Reiss-Engelhorn-Museen, D 5, Museum Weltkulturen, 68159 Mannheim, benedikt.stadler@mannheim.de.

Dr. Julian Wiethold, INRAP – direction interrégionale Grand-Est Nord Laboratoire archéobotanique, 12, rue de Méric CS 80005, F-57063 Metz cedex 2, julian.wiethold@inrap.fr.

Dr. Klaus Wirth, Reiss-Engelhorn-Museen, D 5, Museum Weltkulturen, 68159 Mannheim, klaus.wirth@mannheim.de.

Sonja Zacher, m.zacher@yahoo.de.